MENERVA HAMMAD

Vom **Muttertier** zum **WUNDERWEIB**

braumüller

Sämtliche Geschichten beruhen auf wahren Begebenheiten.
Nur die Namen wurden aus Datenschutzgründen geändert.

Bibliografische Information der Deutschen Nationalbibliothek
Die Deutsche Nationalbibliothek verzeichnet diese Publikation in der
Deutschen Nationalbibliografie; detaillierte bibliografische Daten
sind im Internet über http://dnb.d-nb.de abrufbar.

1. Auflage 2021
© 2021 by Braumüller GmbH
Servitengasse 5, A-1090 Wien
www.braumueller.at

Coverfoto: © Hibat-Ullah Khelifi
Druck: FINIDR, s.r.o., Lípová 1965, 737 01 Český Těšín
ISBN 978-3-99100-332-8

بِسْمِ الله الرَّحْمَنِ الرَّحِيمِ

Für Laila, Lina und Amelia

Inhalt

Ich bin eine Frau,
steh mitten im Leben,
habe beide Füße am Boden
und nicht daneben,
tanze durch die Welten
und dreh mich im Kreis.
Es juckt mich nicht,
dass ich nicht alles weiß.
Hauptsach' ich spür mich,
Hauptsach' ich spür mich
und hör auf das Gefühl in meinem Bauch.

Aus dem Original: „I bin a Frau" von Monika Rosenstatter

Einleitung

Sie kommen nicht oft vor, gefühlt nur jedes halbe Jahrhundert, aber wenn sie geschehen, dann sind sie grandios! Geplant werden sie schon viele Wochen zuvor via WhatsApp-Chats, es werden beinahe ganze Berge versetzt, damit sie überhaupt zustande kommen, und wenn es dann endlich so weit ist, atmen die glücklichen Frauen dieser ausgewählten Nächte nach einer langen Durststrecke wieder auf. Die Rede ist von den sogenannten *Mom's Nights Out*. Es handelt sich dabei um jene Nächte, in denen Mütter den Geist der einst ausgelebten Freiheit in die Gegenwart versetzen. An einem ausgewählten Tag, ab einer bestimmten Uhrzeit (meist abends, weil da die Väter die Aufsicht der Nachkommen übernehmen), schließen besagte Mütter die Tür hinter sich und laufen voller Freude einfach vor den eigenen Kindern davon, um sich mit anderen Müttern zu treffen. In dem Moment, in dem die Tür hinter einer von uns Mamis zuknallt, sind volle Windeln, klebrige Hände, schreiende Zwerge und schlafunwillige Menschlein nicht mehr unser Problem – jedenfalls nicht für ein paar Stunden.

An diesen Abenden – Gott allein weiß, wie selten diese Nächte für Mütter sind – habe ich mit der Zeit kleine, aber feine Rituale entwickelt. Normalerweise trage ich keine hohen Schuhe und laufe eher wie ein Hippie herum, das ist mein Style: bunter Schlabber-Casual. Aber an diesen Abenden bin ich en vogue. Ich hole meine eingestaubten High Heels heraus, poliere sie sorgfältig, suche mir ein Outfit heraus, das mir das Gefühl gibt, die einzige Frau auf dieser Welt zu sein, und schminke mich – nur zu diesem Anlass trage ich Rot, und zwar auf den Lippen. Zum Schluss folgt noch die Kirsche auf dem Sahnehäubchen: das Parfum. Denn in dieser Nacht soll niemand die Mutterschaft an mir riechen können. Und wonach riecht die Mutterschaft? Nach Kack-kotze. Wer will schon so riechen?!

Eigenlob stinkt, ja, das tut es. Aber an diesen Abenden liebe ich mein Auftreten, es erinnert mich an eine Frau, die ich einmal kannte und war. Sie hatte etwas Besonderes an sich. Sie war beinhart und unberechenbar. Sie wusste genau, was sie wollte, und arbeitete zielstrebig darauf hin. Sie hatte ihr Leben im Griff, sie existierte mit einer unbeschreiblichen Leichtigkeit, nichts konnte sie verunsichern oder ihr Image zum Bröckeln bringen, bis sie Mutter wurde. Sie wurde weich. Sie fing an, in Hoodies herumzulaufen.

Dabei muss ich an ein arabisches Sprichwort denken:

Möchtest du einen Mann verarschen, schicke ihm eine Frau.
Möchtest du eine Frau verarschen, schicke ihr ein Kind.

Ich habe diesen Spruch nie wirklich verstanden, aber mit meiner Mutterschaft wurde mir die Bedeutung dahinter schnell klar. Dieser Spruch stammt garantiert von einer Frau, wahrscheinlich von einer Mutter, die mitten in der Nacht, völlig übermüdet und den Tränen nahe, ihr Baby stillte, das nicht schlafen, sondern viel lieber an Mamas Brust nuckeln wollte, wobei die Mutter an jene Zeit zurückdachte, in der sie schlafen konnte, wann und so lange sie wollte und das auf der Seite, auf der *sie* schlafen wollte.

Dieser Abend gehörte mir, ich war schon fast draußen aus dem Haus und bei meinem eiskalten Virgin Mojito und meinen Freundinnen – Leidensgenossinnen der verflixten Mutterschaft –, die schon auf mich warteten. Als ich die Tür öffnen wollte (um möglichst schnell abzuhauen), hielt mich mein Kind auf, ich musste ihm vorher unbedingt sagen, wohin ich gehe. Ich wusste, dass alle Regeln der modernen und in den Himmel gelobten Achtsamkeit besagen: *Seien Sie ehrlich zu Ihrem Kind, es verdient Ehrlichkeit und ein Gespräch auf Augenhöhe, denn was Sie Ihrem Kind vorleben, bekommen Sie zurück.* Aber sie besagen auch, dass ich auf mein Herz hören soll, und mein Mutterinstinkt sagte mir, dass in dieser speziellen Situation die Wahrheit nicht die richtige Entscheidung wäre. Meiner Tochter zu sagen, dass ich nun rausgehen und mich ganz sicher *ohne* sie – oder mich *gerade deswegen* – amüsieren würde, weil weder ihre Schwester noch sie dabei waren und ich zum ersten Mal seit Monaten in Ruhe essen durfte, *ohne* alle drei Sekunden unterbrochen zu werden, *ohne* den Löffel auf den Kopf geschlagen zu bekommen oder ihnen das Essen aus der Nase fischen zu müssen, schien mir nicht richtig. Also entschied ich mich für den Klassiker: „Ich muss zum Arzt. Ich bekomme eine riesige Spritze." – Funktioniert immer. Toll, diese Achtsamkeit, oder? Zum Abschied kotzte mir die Jüngere, die gerade so das Gehen meisterte, auf die frisch gewaschene und mit Sorgfalt gebügelte Bluse. Karma? Ganz sicher, aber ich wäre auch nur in Unterhosen oder sogar ohne zu diesem Treffen und vor allem zu meinem Virgin Mojito gelaufen.

Dort angekommen, saßen meine Freundinnen schon da und taten etwas, das sie bei den Playdates mit den Kindern niemals taten: Sie lachten. Laut. Und es war herrlich. Mein Herz sprang förmlich vor Euphorie, fast so, als hätte ich im Lotto gewonnen. Wir konnten in aller Ruhe essen, das Essen noch warm genießen, wir lachten, quatschten, flirteten vielleicht auch mit dem einen oder anderen Kellner, denn hier kannte uns niemand. Die Crocs aber ließen wir zu Hause, an diesem Abend trugen wir glänzende High Heels und diese sagen vieles aus, nur eines mit Sicherheit nicht: „Mama!" Sportschuhe hingegen schon, genauso wie Hausschuhe, die frau auf der Straße trägt, Crocs rufen „Hilfe!" – nur damit Sie sich auskennen.

Obwohl wir uns extra rausgeputzt hatten (alle anderen, denn meine Bluse hatte ich gegen einen Hoodie tauschen müssen, Sie wissen noch, ja?!), so gut wie nie Zeit füreinander fanden und wir über jedes beliebige Thema sprechen konnten, sprachen wir dennoch über sie: die Kinder. Die Antichristen. Die kleinen Monster. Die Blut- und Energiesauger. Die undankbaren kleinen Gfraster! Verstehen Sie mich nicht falsch, ich liebe meine Kinder und Kinder generell (auch wenn alles bisher

Geschriebene als Beweis dagegen verwendet werden könnte), *aber* manchmal ist einfach alles scheiße. Darf ich das so sagen? Dürfen wir so ehrlich sein? Ich sage Ja. Hier wende ich die Regeln der Achtsamkeit sehr gerne an. Hier bin ich ehrlich zu mir selbst und hoffe, dass mir das meine Tochter einmal nachmacht. Denn das Aufräumen macht sie mir nicht nach, seit Jahren nicht, und dabei bemühe ich mich jedes Mal so sehr, ich mache es ihr vor, aber ich bekomme nur Geschrei und Geheule, weil sie überhaupt etwas von ihren Spielsachen, die überall am Boden verstreut liegen, aufräumen muss. Die Samthandschuhe der Achtsamkeit helfen mir hier nicht, auch nicht die Augenhöhe, daher räume ich die unzähligen Spielzeuge Abend für Abend meistens *vor*, nicht *mit* ihr auf. *Das* macht sie mir nicht nach, wird sie wahrscheinlich auch nie. Aber die Ehrlichkeit zu sich selbst wünsche ich ihr sehr, denn darauf kommt es an.

In der Anwesenheit meiner Freundinnen kann ich ehrlich sein, ohne über die Schulter zu schauen, einen verwerflichen Blick zu ernten oder in meiner Art der Mutterschaft verurteilt zu werden. Es gibt diesen einen berühmten Satz, den so gut wie jede Mutter mitten in einem Jammeranfall von Außenstehenden hören darf: *„Du brauchst Hilfe."* Nein, warten Sie, es gibt noch einen besseren Klassiker: *„Aber du wolltest doch Kinder haben."* Der erste Spruch ist die unverschämte Art, Ihnen zu sagen, dass Sie der Mutterschaft nicht gewachsen sind, der zweite steht für das überhebliche Achselzucken, das Ihnen mitteilen soll: *„Selbst schuld"*.

Na? Erkennen Sie sich wieder? Schön. Sie dachten, Sie sind allein? Nope. Wir sind mehr, als Sie zählen können, von uns gibt es mehr als Sandkörner am Meer, nur trauen wir uns nicht, über die Überforderung der Mutterschaft zu reden, denn wer ist schon gern vor allen anderen eine unfähige Mutter?

Ich. In meiner Runde von genauso unfähigen Müttern darf ich schamlos ehrlich sein.

Als gerade der Nachtisch auf dem Weg war, fing Melissa ein unerwartetes Thema an: „Hat sich einer eurer Männer sterilisieren lassen? Wäre das für eure Männer eine denkbare Option?"

Wir staunten nicht schlecht bei der Frage, ich bilde mir sogar ein, meinen Virgin Mojito vor Schreck ausgespuckt zu haben. Tina entgegnete erstaunt: „Ihr habt noch Sex?"

Melissa erwiderte noch erstaunter: „Warum sollten wir keinen Sex haben?"

Tina: „Na, ihr habt doch Kinder."

Dazu muss ich erwähnen, dass Tina zu diesem Zeitpunkt neugeborene Zwillinge hatte.

Melissa erklärte: „Wir haben genug Kinder, vier sind mehr als genug, darunter ein Spiralenkind und ein Kondomkind. Ich möchte keine mehr. Und ich finde, dass er jetzt dran ist mit ‚das Problem aus der Welt schaffen'."

Tina: „Ich weiß nicht einmal mehr, wie mein Mann nackt aussieht. Ich kann mich nicht exakt an seinen Penis erinnern. Sex ist für mich sehr weit weg, total verschwommen, irgendwo im letzten Eck meiner Erinnerung. Noch weiter weg als das Ausschlafen. Und ganz ehrlich, müsste ich mich zwischen beiden entscheiden, ich würde auf jeden Fall ausschlafen. Wahrscheinlich noch vorher masturbieren. Aber garantiert würde ich ausschlafen."

Wir lachten über Tinas Aussage, und Sarah konnte sie beruhigen: „Meine Kinder sind ja um einiges älter als deine. Lass dir gesagt sein, dass das Ausschlafen nach dem Abstillen kommt und nicht lange danach auch wieder der Sex, die Normalität kehrt wieder ein, also … wären da nicht die Kinder …"

Melissa verneinte: „Nach dem Abstillen kamen bei mir noch mehr Kinder."

Womit wir wieder am Anfang des Gesprächs waren. Wir sprachen in jener Nacht über so viele Dinge: über Sex, die Kinder, die Männer, das Arbeiten vor und nach den Kindern, das Leben und was uns das Universum eigentlich sagen will.

Dabei ist mir etwas Interessantes aufgefallen: Seit über fünf Jahren schreibe ich den Mamablog „Blog Hotel Mama", bin selbst Mutter von zwei Töchtern und kenne viele Mütter unterschiedlichster sozialer Schichten, Kulturen, Länder, Glaubensrichtungen, Altersgruppen und Ethnien. Eines ist in meinen Interviews sowie privaten Beobachtungen nicht zu übersehen: Wenn es um die Mutterschaft geht, begleiten uns von Anfang an meistens dieselben Ängste, Schwierigkeiten, Gefühle, Wünsche und Veränderungen. Die Mutterschaft ist neben der Menstruation das, was Frauen weltweit auf eine unbeschreibliche Art und Weise irgendwie miteinander verbindet. In jener Nacht, nach dieser Mom's Night Out, habe ich zu Hause unter der Dusche etwas beschlossen: Ich werde darüber schreiben. Nicht etwa, weil ich mich mit dem Muttersein besonders gut auskenne oder ein Talent des Multitaskings bin– glauben Sie mir, ich tu mir schon nur mit Tasking unheimlich schwer –, aber ich habe es satt, dass wir als Frauen und Mütter in bestimmte Konstrukte hineinwachsen und sozialisiert werden, denen kein Mensch gerecht werden kann. Ich möchte keine Frau sein, die zwar irgendwann die Hauptdarstellerin ihres eigenen Lebens war, aber mit der Mutterschaft plötzlich nur noch das Hausmädchen für die eigenen Kinder sein darf.

Mit diesem Mindset fing ich an zu recherchieren, aber wirklich fündig wurde ich nicht. Die Buchhandlungen sind voll von Ratgebern darüber, wie man mit Kindern zu leben, sie zu erziehen hat, dass man nicht schimpfen und ja nicht durchdrehen soll. Wir sind überinformiert, in der Theorie wissen wir alles über die unterschiedlichen Erziehungsmethoden, von Helikoptereltern bis hin zu bedürfnisorientierten Eltern. Immer liegt der Fokus auf dem Umgang mit den Kindern, und in dem Moment, in dem es um uns selbst geht, geht es darum, richtig zu atmen, den eigenen Körper zu akzeptieren und sich gefälligst selbst zu lieben, ja, danke schön, aber wie? Wo ist das Rezept zu dieser hochgepriesenen Selbstliebe, die angeblich alles vereinfachen soll? Wie funktioniert sie? *DAS* verrät Ihnen natürlich niemand, denn das ist subjektiv und irgendwie ein gut gehütetes Geheimnis. Und wenn Sie gerade nicht mit einer Yogamatte auf Bali sind, haben Sie Pech gehabt, denn dann können Sie ja auch gar nicht glaubhaft darüber auf Instagram posten, und wenn Sie es nicht posten, hat sie dann überhaupt stattgefunden, diese Selbstliebe? Dass Sie sich selbst lieben sollen, das ist mittlerweile überall zu lesen, sogar auf T-Shirts, aber über das *WIE* steht nichts, das ist unbekannt. Was wir eigentlich brauchen, ist eine Enthüllung, die uns zeigt, dass wir in all dem Wahnsinn nicht allein sind und dass es okay ist, nicht jeden Tag okay zu sein. Dass wir unsere Kinder zwar über alles lieben, aber nicht immer die Mutterschaft, und dass wir irgendwo auch eine eigene Identität haben dürfen, denn sie existiert.

In diesem Buch erwarten Sie genau solche Geschichten, meine persönlichen Anekdoten, Gedanken, Theorien sowie die anderer Frauen (deren Namen geändert wurden), denen ich in den letzten Jahren begegnen durfte, und mögliche Lösungsansätze für das eine oder andere Problem. Sie werden Ihre Freundin, Ihre Nachbarin, Ihre Arbeitskollegin oder mindestens eine Mutter, die Sie persönlich kennen, in der einen oder anderen Situation wiedererkennen, und wahrscheinlich auch sich selbst. Kommen Sie mit auf diese Entdeckungsreise ohne Tabus und Geheimnisse, die das Leben nach der Mutterschaft unter die Lupe nimmt und das Frausein, aber vor allem das Fraubleiben mit Händen, Zähnen und dem Herzen festhält. Wir suchen gemeinsam die Antwort darauf, ob und wie Frau als Mama überleben kann, und vor allem den Weg zu uns selbst, wie wir uns als Frau wieder- oder neu (er-)finden können. Auf die Mutterschaft also! Auf die guten, aber vor allem auf die Scheißtage, denn auch die gehen (irgendwann) vorbei. Prost!

Sex am Stiel

Hat es nicht etwas Ironisches, dass der einzig natürliche Weg, um Kinder zu zeugen, gleich das Erste ist, das sich grundlegend verändert, sobald diese da sind? Sex an sich ist ja eine wirklich schöne Sache, die schönste Nebensache der Welt, heißt es. Für ein Paar, das sich erst kennengelernt hat und sich noch in den Anfängen einer Kurzzeitbeziehungsphase befindet, ist es eine der schönsten Hauptsachen. Es wird so viel Zeit, Geld und Mühe in *diese eine Sache* investiert – vor allem Frauen legen sich da richtig ins Zeug. Überlegen Sie mal: Frau kauft sich verführerische Dessous, enthaart sich, geht zum Frisör, schminkt sich, sie nimmt sich richtig viel Zeit dafür – und als Noch-nicht-Mutter hat man die auch. Diese Flexibilität, mit der man am Morgen aufwacht, das Handy zückt und auf Social Media scrollt, dann in Ruhe ins Bad geht, vielleicht auch noch eine halbe Stunde Yoga macht, ausgiebig frühstückt, um richtig in den Tag zu starten, ist eine andere Philosophie des Lebens, als unfreiwillig nach bloß einer Stunde Schlaf von einer fremden Zehe in der Nase geweckt zu werden, von einem schreienden Zwerg, der gestillt werden möchte und von dem man sogar beim Kacken keine Pause hat, denn da nuckelt und zieht das Kind tanzend an der Brust weiter.

Was den Sex betrifft, ist der Unterschied zwischen kinderlosen Paaren und Eltern, dass Erstere lauten, versauten Sex haben können und das in der ganzen Wohnung, außerhalb der Wohnung, zu jeder beliebigen Tages- und Nachtzeit, während Eltern (von kleinen Kindern) viel vorplanen müssen: Wo machen wir's, wenn die Kinder im eigenen Schlafzimmer schlafen? Sind wir eh leise genug? Wir müssen jetzt schnell sein, es ist kein Wochenende, und wir müssen morgen früh raus. Aber selbst am Wochenende ist man zu müde und möchte es „möglichst schnell über die Bühne bringen". Quickies bedeuten oft, dass die Frau mit dem Orgasmus zu kurz kommt, denn Frauen brauchen ja so schon länger, um den Wink eines Höhepunkts zu erleben. Da sind Quiet Quickies mit Peppa Wutz als sexy Hintergrundmusik inklusive Grunzeffekt (so eine versaute Sau), die Angst, dass das Baby aufwacht, und die Erschöpfung vom Tag mit den Kindern, dem Wäscheberg im Nebenzimmer und dem Geschirr in der Küche im Hinterkopf, plus die negative Einstellung zum eigenen Körper auch nicht gerade hilfreich. Wer will schon leisen, unfertigen, null erotischen Sex? Niemand.

Das Einzige, das für Langzeitbeziehungen in puncto Sex spricht: Alle Fassaden fallen. Alle. Jede einzelne noch so sorgfältig geplante und gelebte Lüge geht den Bach runter. Wenn da die Beziehung noch besteht, sind Ihre inneren Werte die Gewinner – Gratulation! Ich kann aussehen wie ein abgetragener Schuh, die Haare zerzaust und mit Essensresten vom Mittagessen der Kinder geschmückt, überall unrasiert sein, in einem angekotzten Jogger nach Babyscheiße riechen und dennoch sicher sein: Heute werde ich flachgelegt. Ich muss mir keine Mühe mehr machen, keine Show hinlegen, ich brauche keine Spitzenunterwäsche, die wird ja sowieso ausgezogen, rasiert habe ich mich seit Jänner 2016 nur noch sporadisch (für die Besuche bei der Gynäkologin, denn die soll nicht schlecht von mir denken) und wenn man seit über zehn Jahren zusammen ist, wer schaut da noch auf die Frisur?

Ich habe das bei anderen und mir selbst beobachtet und den passenden Vergleich gefunden: Eine Beziehung entwickelt sich so wie das Anziehen einer Strumpfhose. Am Anfang ist es sehr leicht, angenehm und kann sogar sehr verführerisch sein, von den Füßen bis zu den Knien, da ist alles noch easy, straff, passend, anschmiegsam. Zu Beginn einer jeden Beziehung zeigt man sich von der besten Seite und das auf jeder Ebene, denn man möchte ja geliebt werden und beweisen, wie umgänglich und kompromissbereit man doch ist. Der Funke ist überall spürbar, die Schmetterlinge fliegen im Bauch und die Verliebtheit schlägt die Knie butterweich, allein, wenn man die neue Flamme anruft und deren Stimme hört, pumpt das Herz schon gefühlt hundertmal schneller, sodass es das schlagende Organ fast aus der Brust reißt. Alles ist aufregend, alles ist neu. Man fühlt sich lebendig. *Man lebt.*

Aber was ist dann? Dann kommen die Oberschenkel (aka Langzeitbeziehung), und es spielt (fast) keine Rolle, ob man Kinder hat oder nicht, eine Langzeitbeziehung bedeutet: *Man lebt nicht mehr, man überlebt.* Man kennt bereits die Fehler und Macken des anderen und hat die Fürze des anderen schon eingeatmet. Nicht die Zeit, die man miteinander verbracht hat, bestimmt, ob man die Phase der Kurzzeitbeziehung übertreten hat, nein, es ist der erste Furz und die Reaktion des anderen darauf.

Ein Furz ist am Anfang einer jeden Beziehung ein No-Go, er wird unterdrückt, um jeden Preis, denn ein Mensch, der gleich am Anfang einer festen Beziehung furzt, ist ein Schwein (Oh, Peppa!). Bei den ersten Dates möchte niemand von einer stinkenden Gaswolke attackiert werden, das gehört sich nicht, da möchte man vielmehr, dass sich die andere Person bitte um die eigene Fassade kümmert und diese aufrechterhält. Aber irgendwann geschieht es dann doch, denn Menschen furzen eben. Ab dem Zeitpunkt, ab dem man vor seiner oder seinem Partner*in ungeniert, laut und selbstsicher einen fahren lässt, darüber zu zweit lachen kann oder ihn gekonnt ignoriert, als sei es ein selbstverständlicher Bestandteil des Tages, ist man offiziell in der Langzeitbeziehung angekommen, zwar nicht mit rotem Teppich und Champagner, aber mit dem Geruch der wahren Liebe, und genau dann fängt man an, sich in diese „Strumpfhose" hineinzuquetschen, und die Beziehung verliert jede Fassade. Man kennt die andere Person schon in- und auswendig, mit all ihren guten und weniger guten Eigenschaften, wie die Oberschenkel, mit denen man leben muss. Überraschungen gibt es kaum mehr, und man zieht die Strumpfhose, so gut wie man kann, über die verdammte Beziehung (Oberschenkel) drüber. Bei manchen funktioniert das ganz gut, andere kriegen Laufmaschen und anderen passt die Strumpfhose zwar überhaupt nicht, aber sie tragen sie trotzdem.

Für mich war Sex sehr lange kein Thema. Ich bin praktizierende Muslima und habe ägyptische Wurzeln. Auch wenn ich selbst nie in Ägypten gelebt habe, so sind mir meine Eltern, die in Ägypten aufwuchsen, immer eine Brücke zur ägyptischen Kultur und Sprache gewesen, was mir Tür und Tor für Gespräche mit den unterschiedlichsten Frauen, die Arabisch sprechen, öffnete – und nach wie vor öffnet. Auch Deutsch ist meine Muttersprache, und Englisch spreche ich fließend. Ich führte – und führe nach wie vor – Gespräche in mehreren Sprachen mit Frauen unterschiedlichster Kulturen und religiöser Prägungen über Sex, Lust und weibliche Bedürfnisse im Bett, und in einem Punkt waren sich alle einig: Wenn es um den heterosexuellen Sex geht, ist noch sehr viel Luft nach oben, was das Stillen der weiblichen Bedürfnisse betrifft. Unabhängig von Bildungsgrad, sozialer Schicht und Alter haben Frauen dieselben Denkmuster und Wünsche. *Wieso ist das so?* Diese Frage ließ mich nicht mehr los. Bei meiner Recherche habe ich schnell gemerkt, wie weit ich ausholen muss, um dieses Thema wirklich von den Wurzeln weg zu behandeln …

Von Jungfernhäutchen und Jungfräulichkeit

Die Art, wie wir als kleine Mädchen unserem Körper gegenüber sozialisiert werden, spielt eine große Rolle. Sie bestimmt die Beziehung, die wir für eine lange Zeit, wenn nicht für immer, mit unserem Körper führen werden, und diese Beziehung wird alle anderen körperlichen Beziehungen, die wir führen werden, beeinflussen. Sie beeinflusst auch, wie wir zu unserem eigenen Körper stehen. In den meisten arabischen und muslimisch geprägten Ländern wird alles, was den weiblichen

Körper betrifft, als haram (nach islamischem Glauben verboten) dargestellt und / oder schickt sich nicht. Obwohl der Islam sehr offen mit der menschlichen Sexualität umgeht, wird diese in der Praxis eher verdrängt, vor allem wenn Frauen darüber reden, oder sich damit laut auseinandersetzen möchten, wird dies gerne als Perversion abgestempelt. So ist es zum Beispiel unangebracht, sich als Mädchen oder Frau zwischen den Beinen zu kratzen, wenn es juckt, da es sich um den sogenannten „Schambereich" handelt. Du musst dich dafür schämen, dass es dich dort juckt, dass du dich da kratzen musst, dass es den Bereich überhaupt gibt. Du darfst dich dort niemals anfassen, ansehen oder schön finden, denn da unten kann eine Frau nicht schön genug sein. Man erzieht Kinder mit dem Narrativ, dass die Ehre der ganzen Familie dort wohnt. Geschmückt wird das Ganze fälschlicherweise mit dem Etikett „haram". Woher sollen Kinder wissen, was haram ist oder nicht? Sie verlassen sich auf jene Werte, die ihnen von den Eltern mitgegeben werden. Die meisten Muslim*innen haben den Koran vielleicht gelesen und auswendig gelernt, aber nicht interpretiert. Sie haben jene Informationen, auf die sie ihr gesamtes Leben bauen, von ihren Eltern als Werte geerbt, und diese wiederum von deren Eltern. Viele von denen konnten weder lesen noch schreiben, geschweige denn, solch eine Schrift aus unterschiedlichen Perspektiven interpretieren. Die geschichtlichen Entwicklungen, die das Land durch den Kolonialismus mitgemacht hat, brachten fremde Traditionen nach Ägypten und in andere Länder, und die Idee, Frauenkörper zu regulieren, wurde als Religion abgestempelt, und dabei blieb es. Bis heute. Es hat für mich sehr lange gedauert, das Ganze sachlich, wissenschaftlich, aber vor allem objektiv und neu zu definieren. Das Schönheitsideal in arabischen und den meisten östlichen sowie südlichen Ländern ist für Women of Color unmöglich zu erreichen: Man merkt es an der Menge der Bleichungscremen in den Drogeriemärkten. Ich werde untenrum niemals hellhäutig sein, bin ich im Gesicht und sonst auf meinem Körper ja auch nicht, aber das Dunkelsein des Intimbereichs einer Frau gilt in vielen Ländern als Schlampigkeit. Genauso wie jedes Härchen zu viel, auch das ist ein Zeichen der Faulheit, der Unweiblichkeit und Unreinheit. Das Ideal ist die völlige Enthaarung. So wächst man als Kind auf. Ja nicht da unten anfassen, das tut man nicht, das ist nur zum Pinkeln und Gebären da.

Als Teenagerin war ich mehrmals im Sommer in Ägypten. Einmal – und das werde ich nie vergessen – bekam ich dort meine Periode. Vor fünfzehn Jahren gab es in den ärmeren Gegenden, wo meine Teta (Oma) lebte, noch keine großen Supermärkte, sprich, keine eigenen Drogeriemärkte. Man musste für Make-up und Hygieneartikel extra in die Apotheke gehen. Und wenn dort ein Apotheker stand, den man um Binden bat, lief er vor Scham rot an. Stand dort eine Apothekerin, forderte sie einen auf, leiser zu sprechen. So oder so, die Binden wurden in altes Zeitungspapier gewickelt, dann in eine schwarze Plastiktasche gegeben und so ausgehändigt. Fun Fact: Jede*r auf der Straße wusste, was sich in dieser schwarzen Tüte befand, nur sehen sollte man sie nicht, die Spuren der Periode. Die Spuren der heranwachsenden und fruchtbaren Weiblichkeit. Mich hat das damals enorm wütend gemacht, dass ich mich als offensichtlich menstruierende Person verstecken muss. So, als hätte ich eine Schandtat begangen, nur, weil ich eine Frau geworden bin.

Was von alledem ist nun tatsächlich haram und was ist ein Konstrukt der Gesellschaft, um Frauenkörper zu kontrollieren?

Vorehelicher Sex

Vorehelicher Sex ist aus islamischer Sicht für Männer und Frauen gleichermaßen verboten (haram). Im Islam sind beide Geschlechter gleichgestellt, aber gesellschaftlich kann der Mann herumvögeln, wie er möchte, ohne dafür jegliche Konsequenz tragen zu müssen. Frauen hingegen müssen durch das Bluten des Jungfernhäutchens in der Hochzeitsnacht beweisen, ob sie eine Hure oder Heilige sind, was ein völliger Nonsens ist, da nicht alle Frauen beim ersten Mal bluten und nicht alle, die bluten, Jungfrauen sind. Aber dieser Brauch hält sich sehr hartnäckig, und schlimmer noch: Er wird als religiös dargestellt, obwohl weder das Wort „Jungfernhäutchen" / „Hymen" noch das Bluten dessen auch nur ansatzweise im Koran oder in anderen heiligen Schriften erwähnt werden.

Dabei muss ich an ein offenes Gespräch mit meinen Cousinen in Alexandria über Sex denken. Ich bin die Älteste und damals war ich auch die Einzige, die verheiratet war, sprich: sexuell aktiv. Das Gespräch tat uns so gut, dass eine meiner Cousinen vorschlug: „Unsere Studienkolleginnen würden das auch besprechen wollen. Vor allem so persönlich." Obwohl ich ihnen mehrfach sagte, dass ich keine Sexualberaterin sei, sondern Autorin mit Schwerpunkt weibliche Sexualität, hielten sie es für eine gute Idee und erzählten ihren Kolleginnen davon. Meine Großmutter stellte uns ein Zimmer zur Verfügung und backte einen Kuchen, ich hatte meine Menstruationstassensammlung mit, erklärte, wie man diese Tassen richtig verwende, schenkte jeder von ihnen eine, und wir sprachen über Hygiene, Monatsblutung, den weiblichen Körper und vieles mehr (wir waren circa sieben Frauen). Eine von ihnen trug einen Niqab (Gesichtsverschleierung, bei der man nur die Augen sieht), als Tarnung, um nicht erkannt zu werden. Als alle anderen gegangen waren, blieb sie. Sie hatte noch eine Frage auf dem Herzen: „Ich trage eigentlich keinen Niqab. Ich wollte nur nicht von den anderen erkannt werden. Ich habe nächste Woche einen Termin zur Rekonstruktion meines Jungfernhäutchens und habe Angst. Können Sie mir bitte helfen?" Das überstieg definitiv meine Kompetenz, und in diesem Moment bereute ich diese Veranstaltung ein bisschen, ich war ratlos. Sie fing an zu weinen. Sie war so verzweifelt, dass ich mich zu ihr setzte: „Was ist passiert?"

„Er hat gesagt, dass er mich liebt, und ich habe mich fallen gelassen. Jetzt will er mich nicht mehr, und ich stehe da. Neben meinem Herzen ist nun auch meine Ehre zerbrochen."

Ich sah sie an: „Deine Ehre ist nicht zwischen deinen Beinen. Ist sie nie gewesen. Bist du eine praktizierende Muslima?" Sie nickte. „Im Koran steht nichts über ein Jungfernhäutchen oder ein blutiges Laken in der Hochzeitsnacht. Es steht, dass man sich einer Person im Bund der Ehe vor Allah verspricht. So wie die Pinguine", lachte ich, um die angespannte Situation aufzulockern. „Du hast dich in den Falschen verliebt, das kann jeder Frau passieren und kommt täglich vor. Sei nicht zu streng mit dir selbst, denn das war er schon zu dir, und mach dir das Leben nicht schwerer, als es ist. Er hat dich ausgenutzt, aber deine Ehre ist unberührt. Die Idee, dass Männer tun und lassen können, was sie wollen, und dann eine Jungfrau heiraten, Frauen aber verteufelt werden, sollten sie auch nur den Blick heben, ist nicht islamisch, es ist eine gesellschaftliche Konstruktion. Mach diesen Eingriff bitte nicht. Sprich mit deinen Eltern, wenn du das Gefühl hast, es ihnen anvertrauen zu können. Wenn nicht, dann überlege, wem du dich bedenkenlos anvertrauen kannst. Wie geht es dir überhaupt nach diesem Schock? Trau dich und verliebe dich wieder, aber vielleicht zuerst in dich selbst. Und das wird die schwierigste aller Aufgaben sein, glaube mir. Alles andere lenkt das Universum und kommt von selbst. Solltest du dich irgendwann wieder in einen anderen verlieben, dann sei ehrlich zu ihm. Der Richtige wird nicht wegen eines Hautfetzens auf dich verzichten wollen."

Später erfuhr ich von einer meiner Cousinen, dass sie den Eingriff nicht hatte machen lassen und ihre Mutter einweihte. Heute soll sie mit einem anderen Mann verheiratet sein und Kinder haben.

Ihre Geschichte ist kein Einzelfall. Beim Sex denken viele muslimische und / oder arabische Frauen – selbst die verheirateten – an Scham und Schuld und unbewusst daran, dass der Sex ein männliches Privileg ist und ihnen keinen Spaß bereiten darf, sondern in erster Linie dafür da ist, um Kinder zu kriegen, was auch die Menge an Genitalverstümmelungen bei Mädchen, bei denen so gut wie jeder Nerv weiblichen Empfindens abgetrennt wird, bestätigt.

Weibliche Beschneidung

Die weibliche Genitalverstümmelung ist nicht islamisch, der Prophet Mohammed s.a.w hat seine Töchter allesamt nicht beschneiden lassen, das war und ist ein gesellschaftlicher Brauch, bei dem man denkt, die eigene Tochter als tugendhafte Frau in die Welt zu setzen, ohne sexuelles Verlangen, um vorehelichen Sex zu verhindern.

Sex im Islam

Ich staunte nicht schlecht, als ich entdeckte, dass die weibliche Lust, Orgasmen und das Vorspiel schon in alten islamischen Schriften thematisiert wurden. So wird darin den Männern geraten, den Frauen ihre Zeit zu geben und das Vorspiel zu verlängern, damit möglichst beide Geschlechter auf ihre Kosten kommen. Zu Lebzeiten des Propheten s.a.w. wurden allerlei Fragen – auch sexueller Natur – in gemischten Versammlungen öffentlich gestellt und beantwortet. So etwas wie ein „Tabuthema" existierte damals nicht, denn Bildung und Wissen gingen vor, was sich mittlerweile drastisch verändert hat, denn heutzutage gilt es, alles, was dieses Thema betrifft, im Verborgenen zu halten, und wichtiger noch: als verboten, obwohl es dies gar nicht ist.

Erst muslimisch-arabische Frauen meiner Generation – und wenige der Generation vor uns – sind es, die beginnen zu lesen, zu interpretieren und aufzuklären. Via Social Media, Bücher und andere Medien kommen in einer Welle der Aufdeckung lauter Aha-Momente aus der verfälschten Geschichte unserer Tradition, die uns im Deckmantel der Religion verkauft wurde, ans Licht und sorgen für eine positive Entwicklung in Richtung einer selbstbestimmten, weiblichen Sexualität. Die Sexologin Heba Kotb hatte im ägyptischen Fernsehen sogar eine TV-Sendung, in der sie über alles rund um das Thema Sex aufklärte, und das, obwohl sie einen Hijab trägt – *das* war damals auf mehreren Ebenen etwas Neues, weil eine bedeckte Frau aus wissenschaftlicher Sicht sehr offen und ohne Tabus über Sex sprach. Die Gesellschaft war über den Inhalt und die Offenheit der Sexologin sehr schockiert, aber gleichzeitig wurden viele Wissenslücken gefüllt. Die Anzahl der anonymen Anrufer*innen in der Show war so hoch, dass die Sendezeit der Show verlängert werden musste. Heba Kotb ist mit ihrem Aktivismus gegen das Unwissen nicht allein, im arabischen Raum werden immer mehr Gynäkolog*innen und Sexolog*innen laut. Es ist noch ein langer Weg, aber die ersten Schritte sind getan und es geht weiterhin in die richtige Richtung, solange sich Frauen nicht einschüchtern lassen und anfangen, über ihre Bedürfnisse zu sprechen, wichtiger jedoch ist, deren Existenz überhaupt anzuerkennen.

Die Nacktheit der weißen Frauen

Viele weiße Frauen denken sich, sobald sie von anderen Traditionen lesen, hören oder diese miterleben: Als weiße Frau kann ich mich bei diesen ganzen frauenfeindlichen Regeln aus dem Süden und dem Osten zurücklehnen, denn mich beschneidet niemand zwischen den Beinen und es greift auch keiner ungefragt hin, außerdem ist dieses Sexthema bei uns schon lange kein Tabu mehr, mich betrifft das alles nicht, denn wir sind feministisch gesehen viel weiter und können schlafen, mit wem wir wollen.

Falsch gedacht. Auch in diesem Punkt bin ich mit einem bestimmten Narrativ aufgewachsen und habe dieses so objektiv und distanziert wie möglich unter die Lupe genommen: die deutsche Sprache. Die Vulvalippen sind nicht nur die Vulvalippen, sie werden in unserer sonst so vielfältigen Sprache als „Schamlippen" bezeichnet und sollen uns daran erinnern, dass wir uns zu schämen haben, unser Intimbereich deutet also auf die Scham hin, eine Frau zu sein. Ein Hymen ist auch nicht nur ein Hymen, sondern ein „Jungfernhäutchen".

Selbst die westlichen Länder, die sich einen Fortschritt in puncto sexueller Bildung und Offenheit zuschreiben, haben diesbezüglich einige Lücken zu füllen. So werden wir hier mit nackter Frauenhaut zwar tagtäglich überhäuft, auch dort, wo sie selten einen Sinn hat (Werbung für Lebensmittel und Werbung überhaupt), denn nackte Frauenkörper sind seit Generationen eine funktionierende Marketingstrategie (schlanke, eingeölte Frauen in Bikinis bei Autoausstellungen), aber was eine Frau im Bett braucht, wird nicht erklärt. Der Körper einer Frau dient als Objekt, damit andere Objekte gut bei den Leuten ankommen und verkauft werden, das wird dann auch als *Freiheit, Feminismus* und *Fortschritt* bezeichnet (was beim anderen Narrativ die islamische Komponente sein soll), damit keine*r dagegenspricht, sondern viel eher mitmacht. Wer im Westen möchte nicht frei und feministisch sein, nachdem all die BHs verbrannt wurden? Nackt und dadurch automatisch als frei, rebellisch und modern zu gelten, ist seit Jahrzehnten im Trend, viele Frauen bedienen sich dieses Narrativs, weil es einfach auszuführen ist und etwas Heroisches an sich hat. Außerdem bietet es den perfekten, bildlichen Kontrast zu den verschleierten, unterdrückten, *anderen* Frauen in anderen Ländern. In einem westlichen Land ist es viel einfacher, sich eines Minirocks zu bedienen, als zum Beispiel eines Kopftuchs. Man ordnet sich also in Wirklichkeit dem vorgegebenen Frauenbild unter, anstatt gegen dieses zu rebellieren oder es infrage zu stellen, und das auch noch, ohne es zu bemerken. Aber wehe eine Frau fühlt sich in ihrem Körper wohl oder liebt ihren Körper so sehr, dass sie nichts an ihm ändern möchte, auf andere Frauen nicht herabschaut und Freiheit für sie mehr ist als nur eine Einbahnstraße. So weit sind wir gesellschaftlich noch lange nicht.

Ich kann mich noch genau daran erinnern, dass ich als Teenagerin weder einen festen Freund hatte noch Schminke verwendete und somit bei den anderen Vierzehnjährigen, die sich in der Umkleidekabine vor dem Turnunterricht über die Pille und den neuesten Glitzer-Lipgloss unterhielten, nicht mitreden konnte. Obwohl ich in einem liberalen und weltoffenen Haushalt großgeworden bin, hatte ich erst sehr spät – als Studentin – meine erste feste Beziehung, die schnell eine Verlobung wurde. Das lag daran, dass davor einfach keiner da war, mit dem ich eine Beziehung eingehen wollte, auch nicht nur, *um einfach einen Freund zu haben*. Trotzdem war der Gruppenzwang so enorm und dessen Prägung bei den anderen gut zu beobachten. „Wenn du mit fünfzehn noch Jungfrau bist, dann will dich später keiner mehr", wurde oft von anderen Mädchen gepredigt. Und was in anderen Kulturen für die Ehre einer Frau steht, bedeutet im „ach so aufgeklärten" Westen Unerfahrenheit, die man unbedingt loswerden möchte.

Einmal im Unterricht ist eine Klassenkameradin von mir verschwunden und erst nach der Pause zur nächsten Stunde wiedergekommen. Als ich sie fragte, wo sie gewesen sei, erzählte sie mir, dass sie soeben ihre Jungfräulichkeit verloren hätte, an den *voll coolen Typen von der Nebenklasse*, der *ganze drei Jahre* älter war. Man konnte ihr ansehen, wie unangenehm es ihr war, dass sie Gesprächsbedarf hatte, dass da etwas nicht stimmte, dennoch agierte sie so, als wäre das normal und als würde sich das so gehören. Als sei die Demütigung, die sie spürte, als er Tage danach wieder zu seiner Ex zurückkehrte und schamlos vor ihr mit der anderen am Schulhof knutschte, ein Preis, den sie zu zahlen *hätte*. Mit dieser Aktion wollte sie einer Mädchenclique gefallen, die nur aus *echten Frauen*, also keinen Jungfrauen, bestand.

Das, was wir in westlichen Ländern als *Freiheit* bezeichnen, wenn es um den weiblichen Körper und Sex geht, ist eigentlich nichts anderes als das Objektivieren dieser, damit wir ja nicht so verschleiert und verklemmt sind wie die *ungebildeten und zurückgebliebenen* Frauen anderswo, die prüde zu sein scheinen, denn wir wissen es doch um so vieles besser und strecken auf Demos auch gern demonstrativ den blanken Busen raus, um diese Freiheit zu unterschreiben, mit der Gewissheit, dass uns nur so zugehört wird. Das erinnert mich sehr an das Konzept des Friedens, der angeblich nur durch die Führung von Kriegen zu erlangen ist.

Daran, dass man eine Sache nur erreichen kann, wenn man das Gegenteil tut, muss ich immer denken, wenn die leidige Diskussion über „das öffentliche Stillen" in den Onlineforen losgeht, denn diese Diskussion wird zwar in Europa geführt, aber in Ägypten und anderen arabischen / muslimisch geprägten Ländern zum Beispiel gar nicht. Denn dort verkörpert eine stillende Frau die Mutterschaft. Eine arabische Frau soll eine Mutter sein, aber keine Geliebte und ja nicht sexy. Ein nackter Busen ist in Europa kein großes Thema, denn man sieht überall tiefe Dekolletés, Werbesujets für Reizunterwäsche mit prallem Busen, aber sobald ein Kind dranhängt und das spaßige Duo plötzlich als Nahrungszufuhr fungiert, passt das konstruierte Bild der Gesellschaft nicht mehr, denn sichtbare Mutterschaft ist bäh und ein Busen ist sowieso nur zum Vergnügen der Männer da.

Was beide Gesellschaften gemeinsam haben? Sobald eine Frau sexuell belästigt oder vergewaltigt wird, lautet die erste Frage: „Was hatte sie an, als es geschah?!" Was danach folgt, sind bösartige Unterstellungen, die Frau habe sich das Ganze eingebildet oder gar erfunden, um der Karriere und der Reputation des Täters zu schaden. Darin sind sich die meisten Gesellschaften dieser Welt einig: Wenn es um sexuelle Belästigungen bis hin zu Vergewaltigungen und Feminiziden geht, liegt die Schuld bei der Frau, ganz unabhängig davon, was sie dabei trug.

Der Tinder-Typ

Zugegeben: Ich war zigmal verliebt, zweimal verlobt und bin seit sieben Jahren mit demselben Mann verheiratet – wir beide hatten keinen vorehelichen Sex. Das ist jetzt natürlich sehr privat, aber da ich praktizierende Muslima bin, die mit einem praktizierenden Muslim verheiratet ist, kein allzu großer Schocker und wahrscheinlich auch kein Insider. Mein Mann und ich waren also am Anfang unserer Ehe wie zwei Blinde im Wald, aber verliebt genug, um darüber zu lachen, daraus zu lernen und zu üben. Trotzdem interessieren mich die Erlebnisse von Menschen, die, ohne verliebt zu sein, mit Halbfremden Sex haben können. Ich könnte das nicht. Ich muss verliebt sein, um mit einer Person schlafen zu *wollen*.

Freitagvormittags bin ich meistens im Fitnesscenter in meinem Wohngebäude, mein Mann hat dann die Kinderaufsicht (bekommen Sie bitte kein falsches Bild von mir, ich treibe dort keinen Sport, sondern verstecke mich vor meinen Kindern und trinke Virgin Mojitos). Dort habe ich Mary kennengelernt. Sie ist Personal Trainerin aus Australien, lebt aber so wie ich in Abu Dhabi. Wir kamen ins Gespräch, weil sie eine Weile in Wien gelebt hatte und mich auf Deutsch sprechen hörte. Wir beide lieben Manner Schnitten und Semmelknödel (wobei man mir beides ansieht, bei ihr verwandelt sich alles in Bauchmuskeln). Es entwickelte sich sehr schnell eine liebe Nachbarschaftsbekanntschaft, das Fitnesscenter wurde eine Art Treffpunkt für uns.

Mary ist Single und liebt Tinder. Und ich liebe ihre Erzählungen über ihre Tinder-Typen. Für mich ist das eine gänzlich neue Welt und als Autorin eine seltene Inspirationsquelle. Auf meine Frage, ob es *den* perfekten Sex gäbe, antwortete sie: „Nein, aber den perfekten Mann gibt es. Nur der ist meistens nicht verheiratet und wenn doch, dann bekommt sicher nicht seine Frau den perfekten Sex von ihm."

Autsch. Da kann ich nur hoffen, dass mir mein Mann die gebotene Comedy-Show nicht vorspielt und ein geheimes, super aufregendes Sexleben mit einer anderen führt …

Hier und da hatte Mary auch One-Night-Stands, aus denen sogar Freundschaften oder kurze Zusammenarbeiten entstanden, aber einmal traf sie einen Typen, den sie als „Sex am Stiel" beschrieb und der für sie *der* perfekte Mann war. Sie sah dieses tolle Foto auf Tinder, das ein männliches Unterwäschemodel zu zeigen schien, und las erst gar nicht, welche Eigenschaften er angegeben hatte. Sie vereinbarte ein Treffen mit ihm.

„Wir haben uns bei ihm in der Wohnung getroffen, er hatte für mich gekocht, er hat ausgesehen wie ein Adonis, mit diesen dunklen, langen Locken und diesen hellen Augen, den breiten, muskulösen Schultern, seiner glatten Haut und einer Größe von fast zwei Metern, und stell dir vor: Sobald ich die Wohnung betreten hatte, hat er mir die Weste abgenommen, mich in die Küche geführt, die super simpel eingerichtet war, aber mit viel Wert auf Details, und mir ein Glas Rotwein gereicht. Während er dem Essen noch den letzten Touch verliehen hat, haben wir über unseren Tag gesprochen, und im Hintergrund war ‚Sway' von Dean Martin zu hören. Beim Essen, wirklich mittendrin, hat er mir eine Rose entgegengestreckt, mit einer Karte dran und einem süßen Spruch. Details spielen eine enorme Rolle. Ich habe mich als Frau, als Mensch und als Gast wertgeschätzt gefühlt. Das Essen war frisch zubereitet, kein halb fertiges Zeugs, das hat man geschmeckt, er war geistig anwesend, hat mir in die Augen gesehen, mir beim Reden sanft über die Hand gestreichelt und sich gemerkt, was ich gesagt habe – ich wurde gesehen. Ich war ihm wichtig. Verstehe mich nicht falsch, ich finde ja, dass sich das so gehört, aber das tut heute keiner mehr. Jetzt kommst bei einem Typen in die Bude rein, der macht Netflix an, du kannst froh sein, wenn du den Film aussuchen darfst, und bestellt wird eine lauwarme

Pizza von irgendeinem Lieferservice, während er am Sofa lümmelt und erwartet, dass du ihm einen bläst. Findet das Treffen draußen statt, dann sitzt du im Café, und wenn er dein Getränk bezahlt, dann tut er so, als hätte er dir gerade ein Penthouse gekauft. Danke. Nein. Ich will kein ‚Netflix und chill', ich will keinen Kaffee, ich will verdammt noch mal, dass der mit mir swayt – und zwar ins Bett. Und genau das haben wir getan, wir haben es schamlos getrieben. Der Typ hat nicht nur ausgesehen wie Sex am Stiel, er *war* Sex am Stiel und er *hatte* einen riesigen Stiel. Er war keine dreißig Jahre alt, dem hast aber nicht erklären müssen, dass er seine Fingernägel gefälligst zu schneiden hat, wenn er vorhat, eine Frau zu fingern. Sein orales Solo an meiner Klitoris war der Hammer, der wusste, wo sie ist, und ich kann dir versichern, besser war es noch nie, er war ein Klitorisflüsterer. Er hat nicht wie wild daran gerubbelt, sie zerdrückt oder ziellos herumgeleckt und auf meine Bestätigung gewartet, nein! Der wusste, was er tat, und er tat es gut, auch das wusste er, und er ließ sich Zeit. Danach hat er mich nicht gefragt, wie gut *er* gewesen sei, sondern, ob es *mir* gefallen habe. Es war kein Gefallen, den er mir getan hat, es war für ihn etwas Selbstverständliches, das auch ihm Spaß gemacht hat. Und für den Fall der Fälle hatte er neben Kondomen die Pille danach zu Hause. Zudem hatte er mir vor dem Treffen klar und deutlich zu verstehen gegeben, dass er kein Typ für eine feste Beziehung sei. Er hat sich sehr gentlemanlike verhalten, sodass Frau sich automatisch in ihn verknallen muss, was aber nicht seine Schuld sein kann, da er von Anfang an ehrlich war. Er war ein Genie, das ficken kann, und die sind wirklich selten, solche Männer sind aber garantiert nicht verheiratet, denn wer es so gut machen kann, der beglückt sicher nicht nur eine Frau."

Diese Art von Sex ist für Eltern ein ferner Traum, so wie Sex überhaupt, und allein schon in Ruhe zu essen, gilt als Luxus, wenn man Kinder hat …

Nachdem Mary mir ihre Geschichte erzählt hatte, musste ich automatisch an Katharina denken, denn auch sie hatte mir einmal eine ihrer Sexgeschichten anvertraut, diese Geschichte ist der absolute Kontrast zu Marys Sexleben. Woran das liegt? Katharina ist Mutter. Sie hat drei Kinder, davon schläft eines – die kleine Sophie – noch bei ihrem Mann und ihr im Bett. Als ihr Mann und sie eines Nachts beschlossen, im Wohnzimmer auf der Turnmatte der Kinder Sex zu haben, kam es zu mehreren Erschwernissen. Katharina lag da, bereit für ein paar Minuten – mehr würden es nicht werden – Elternsex, hoffentlich ohne Unterbrechung. Ein grundlegendes Problem war: Katharina ist trocken. Eigentlich ist sie das meistens, und an jenem Abend war es nicht anders. Selbst in der Sahara ist mehr Feuchtigkeit zu finden als zwischen ihren Schenkeln.

Die Idee ihres Mannes war da auch nicht wirklich hilfreich: „Ich hole das Babyarschöl", rief er voller Euphorie.

„Wieso holst du das jetzt?"

„Dann flutscht es besser."

„Kannst du mich nicht einfach verdammt noch mal lecken?! Ich will das scheiß Öl nicht", entgegnete Katharina *leicht* wütend.

Das war natürlich kein Eisbrecher, ihr Mann wagte dennoch einen Versuch, der leider völlig danebenging. Laut Katharina war er mit seiner Zunge *nicht einmal in derselben Zeitzone wie ihre Klitoris.*

Katharina ließ sich den Mut nicht nehmen, drei Minuten Sex, alle zehn Tage, man musste das Beste daraus machen! Sie versuchte das bisschen Erotik zu retten und schmierte ihm das Babyarschöl auf seinen Penis, damit irgendetwas in die Gänge kommen konnte, als sie etwas im Hintern zwickte.

„Hast du deinen Finger wieder in meinem Hintern? Du weißt, dass ich das nicht mag."

„Nein! Nein, habe ich nicht. Wirklich nicht."

Mit ihrer Hand fischte sie einen harten Gegenstand aus ihrem Po – eine Peppa-Wutz-Plastikfigur. Und als sie endlich bei der Sache

waren, ging plötzlich eine Sirene los! Genau genommen, war es keine
Sirene. Ein Spielzeug der Kinder fing an zu singen. Vor Schreck zog
sich das Glied ihres Mannes in die Schlaffheit zurück. Er musste
Katharina nicht auffordern, seine Männlichkeit wieder zum Ersteifen
zu bringen, sie tat das von sich aus – wie viele Frauen – und hatte
dabei keinerlei Orientierungsprobleme.

Als ob das Ganze nicht schlimmer hätte werden können, hörte
Katharina tapsige, kleine Schritte, die näher kamen.

„Ich glaube, Sophie kommt."

„Ich komme auch", sagte ihr Mann völlig aus der Puste und tat
das, was er angekündigt hatte.

Keine Sekunde danach kam auch schon die kleine Sophie weinend
um die Ecke, die von ihrem Papa wieder ins Bett gebracht wurde, während Katharina halb nackt auf der Turnmatte lag, von der Plastiksau
– fast schon schadenfroh – angestarrt wurde und nicht gekommen war.
Nicht einmal annähernd. Sie war nicht einmal unterwegs gewesen.

Volle Windeln zum Frühstück

Wenn man sich an einem Wochenendmorgen im Bett wälzt, noch
halb verschlafen, halb nackt – und das mit enormem Selbstvertrauen –,
im Geruch des Parfums des gestrigen Abends gebadet, der Partner neben
einem liegt, man sich gegenseitig streichelt, küsst und tief in die Augen
blickt, wenn die Blicke, jedes Gelächter und jede Berührung eine eigene
Geschichte erzählen und Morgensex einfach der beste Start in den Tag
ist, fast schon eine Selbstverständlichkeit – was für ein Leben! Was für
ein Gefühl der Geborgenheit in einer Beziehung! Was für eine Leichtigkeit im Sein! Was für ein nostalgischer Moment, der mir die Tränen in
die Augen treibt, während ich am Morgen die Windeln meiner jüngsten
Tochter wechsle, denn seit über fünf Jahren habe ich wie die meisten
Mütter nur noch volle Windeln zum Frühstück, die gewechselt werden

müssen, und vom Selbstvertrauen sowie vom Geruch eines Parfums ist nur noch der Geruch des Windelinhalts geblieben.

Der Ist-Zustand des Sexlebens eines Paares mit Kindern, die noch im sogenannten *Familienbett* schlafen, ist meistens bemitleidenswert, und ich würde sogar sagen: eine echte Beziehungsprobe. Einige Mütter haben gar keine Libido mehr und die, die noch den Hauch einer Lust verspüren, vergnügen sich eher mit sich selbst (oder holen sich Hilfe von elektrischen Geräten, die durch Knopfdruck wissen, wie und wo sie funktionieren müssen, ohne Babyarschöl und dergleichen), weil die Zeit zu einem Faktor geworden ist, der gegen einen agiert und weder für Sex noch Kommunikation darüber eine Sekunde übrig ist. Wäre sie das, nützte man sie doch eher für anderes: für die verdammten Kinder. Es dreht sich gerne, aber unfreiwillig und einfach alles nur noch um die Kleinen.

Das muss man sich in den meisten Haushalten in etwa so vorstellen: Bereits beim Aufwachen hat die Frau schon die Kinder an der Backe, den ganzen Tag lang wird nur geschrien, gestritten, kaum geschlafen, gestillt, Windeln gewechselt, die Frau hat gar nicht die Möglichkeit, mal kurz zu verschnaufen, sie schmeißt den Haushalt, kocht so ganz nebenbei, und irgendwo liegt noch ein Wäscheberg, der darauf wartet, zusammengefaltet zu werden – natürlich mit einer Hand, denn am zweiten Arm hockt ein Kind. Ihre Schulter spürt die Frau sowieso nicht mehr, weil das eine Kind ständig getragen werden *muss*, während das andere Kind irgendwo am Klo sitzt und nach ihr ruft, da es sich noch nicht allein abputzen kann. Dann trudelt irgendwann der Partner zu Hause ein – und das in schlechtester Laune. Es war natürlich ein Scheißtag, weil der Chef ein Trottel ist und der Kollege über ihm ein Schleimscheißer, der nur befördert werden möchte und deswegen alles mit sich tun lässt. Wenn das letzte Mal *Elternsex* (was für ein beschissenes Wort, oder?) über eine Woche her ist, kann man mit Sicherheit davon ausgehen, dass der Partner, sobald die Kinder eingeschlafen sind, den Po der Mutter zu streicheln beginnt und sie küsst, was ein Stichwort für „*Gehen wir ins andere Zimmer*" ist. Beide sind unausgesprochen müde, gestresst und mit der momentanen Lebenssituation generell unglücklich. Sie, weil sie denselben Tag mit den Kindern immer wieder erlebt und in einer Zeitschleife gefangen zu sein scheint. Er, weil er versucht, die Familie finanziell über Wasser zu halten, ohne den letzten Funken an Selbstwert zwischen den Idioten im Büro zu verlieren. Ihre Köpfe sind voller Gedanken und Sorgen, sie verspüren ein Ohnmachtsgefühl und sind gefangen in der Routine des Familienalltags. Unter diesen Bedingungen sollen diese zwei Personen ein- bis zweimal die Woche, innerhalb von einer Viertel- bis halben Stunde oder länger, bombastischen, super feuerwerksmäßigen Sex haben, danach auch noch romantisch und nackt in der Löffelchenstellung miteinander kuscheln, lachen und flirten, bis sie beide wunschlos glücklich einschlafen. Pustekuchen.

In der Realität läuft es ein wenig anders ab: Die Wahrheit über Sex ist hässlich. Sie ist so hässlich, dass sie keiner sehen will. Filme enden ja auch meistens dann, wenn ein Paar heiratet oder endlich zusammenkommt. Im ganzen Film geht es darum, dass die zwei checken, dass sie einander von Anfang an geliebt haben, und in dem Moment, in dem sie es endlich realisieren, kommt ein Kuss und dann ist Schluss. Und wissen Sie, wieso das so ist? Weil es nicht romantisch ist zu zeigen, wie die Frau am Klo sitzt und der Mann plötzlich hereinstürmt, seine Hosen runterlässt und ihr, während sie kackt, seinen Hintern ins Gesicht streckt, um ihr stolz den Pickel zwischen seinen Pobacken zu zeigen, den sie, sobald sie die Toilette verlässt, ausquetschen darf. Wir sind noch nicht bereit für die Wahrheit, nicht diese, nein, das sind wir nicht, auch wenn wir wie verzweifelt nach ihr verlangen. Auf Social Media wollen wir mehr Authentizität, im Film und sonst wo auch, weil wir uns andernfalls betrogen fühlen, aber eigentlich wollen wir sie dann doch nicht, denn dann müssten wir ja der Tatsache ins Auge blicken, dass Frauen nach dem Sex aufs Klo gehen und ordentlich pinkeln müssen, und sollte es länger als eine halbe Minute dauern, steigt die

Chance, dass man zu einem schon eingeschlafenen Mann zurückkehrt und somit nicht mehr romantisch kuschelt, sondern daneben hinfällt und pennt. Im Film sieht man in den heißen Sexszenen die Menschen oft komplett nackt, sie ziehen sich sogar gegenseitig aus. Eltern haben dafür keine Zeit. Eins, zwei, drei, die entsprechenden Teile werden entblößt, jeder ist für seine eigenen Klamotten verantwortlich, vier, fünf, Sex, wieder anziehen und dann, er mit dem Handy in der Hand, sie mit dem Handy in der Hand, als sei nichts geschehen. Ist es ja meistens auch nicht wirklich. Jedenfalls nicht für sie.

Diese Phase dauert bei den meisten Eltern so lange an, so lange es in ihrem Leben noch Stillbabys, Kindergartenkinder und ein Familienbett gibt. Paare gehen damit unterschiedlich um. Die einen können darüber lachen und diese Zeit mit den Quiet Quickies sozusagen überbrücken, wissend, dass dies ein temporärer Zustand ist. Bei anderen häufen sich hingegen die Probleme. Die unausgesprochenen Gedanken, die Emotionen werden kalt bis non-existent, vielleicht nicht wegen der veränderten Sexsituation, aber sie ist meist ein zusätzlicher Punkt, der die Fronten verhärtet und die Kommunikation des Paares auf Eis legt. Was übrig bleibt, sind Ungewissheit, Überforderung und jede Menge volle Windeln in der Leere der Emotionen zwischen zwei Menschen, die sich nicht mehr viel zu sagen haben.

Vögelei – die drei goldenen Regeln für besseren (Eltern-)Sex

Ich habe die Gespräche, die ich mit Frauen über ihre Sexualität und Sex generell geführt habe, niemals gezählt. Ich würde auch niemals behaupten, dass ich ein Sex-Guru bin, eine Sexualpädagogin oder Sexualtherapeutin, denn das bin ich alles nicht, aber ich bin eine Autorin mit dem Schwerpunkt „Weibliche Sexualität". Anhand der

Lebenserfahrungen unterschiedlicher Frauen und meiner eigenen Erlebnisse habe ich mir eine Art Kodex zusammengestellt, denn auch wenn einiges überlebt wird, so bin ich auf dieser Welt, um zu *erleben.*

„Volle Extase, oida" – so lautet mein Mantra. Ich lasse mir meinen Sex nicht verderben und noch wichtiger: Ich lass mir den Orgasmus nicht nehmen! Selbst ist die Frau! Auch in dieser Angelegenheit! *Vor allem* in dieser Angelegenheit. Männer nehmen ihre Vaterschaft und die Kinder nicht als Ausrede, sie biegen es sich so hin, wie es für sie passt, das ist ein menschlicher Trieb, die machen es schon richtig. Wir leben zwar – noch! – in einer Man's World, aber – hallo! – auch die Männer wurden von Frauen geboren, und jede Woman formt aus der Kraft ihres Körpers einen Mann. Ich bin every Woman! Sie auch! Wir alle! Aber wir haben verlernt oder gar nicht erst gelernt, uns als solche zu sehen – besonders Mütter haben sich von den Kindern und dem Alltag ficken lassen (excuse my French) –, und wundern uns, dass im Überraschungssackerl kein Höhepunkt für uns drinnen ist. Das machen wir sofort rückgängig. Jetzt! Kommen Sie (hallo Zweideutigkeit)!

1. Regel:
Die Haut, die dich umgibt, ist perfekt.

Eines Tages sagte meine ältere Tochter aus dem Nichts heraus, sie hätte viel lieber glattes Haar, denn Locken seien hässlich. Sie hat lange, braune, wunderschöne Locken, die in der Sonne wie dichte, goldbraune Schnüre aus Schokolade glänzen. Bei der Aussage traf mich der Schlag. Es war ein tief sitzender Schlag mitten in mein Herz, weil ich mit demselben Gedanken aufwuchs, nur sagte ich es nie wirklich laut und sicher nicht in ihrem Alter. Mir wurde schlecht, und ich wusste nicht, wie ich darauf reagieren sollte, ohne *etwas Falsches* zu machen oder sie in ihrer negativen Meinung über sich zu bestärken. Ich ging ins Badezimmer, als müsste ich auf die Toilette, um ein paar Minuten nachzudenken, ich zitterte am ganzen Körper und meine Hände waren eiskalt, dabei blickte ich zufällig in den Spiegel und da sah ich es. Meine langen, glatten Haare, die ich seit über einem Jahrzehnt gekonnt verborgen hatte, starrten mich an. In diesem Moment wurde mir klar, warum meine Tochter ihre Haare nicht lieben konnte. Seitdem ich fünfzehn war, ließ ich meine Haare chemisch glätten. Es war so eine On-and-off-Sache. Ich habe meine Haare seit über zehn Jahren nicht mehr oder nur sehr selten in ihrer richtigen Form getragen. Eigentlich sind sie lockig, so lockig, dass ich sie richtig spüren konnte. Sie waren eine eigene Welt, sie tanzten im Wind und sangen, ich konnte sie hören. Weil ich dachte, dass meine Haare nicht schön sind, weil ich zu blind war, um ihre Schönheit zu erkennen, sie mit dem Herzen und den Augen zu sehen, brachte ich sie zum Schweigen. Ich ließ sie glätten und blondieren, um mich nicht mit ihnen auseinandersetzen zu müssen. Ich habe vergessen, wie ich wirklich aussehe. Ich habe mich blenden lassen von einem Schönheitsideal, in welches ich sowieso nicht passte, aber unbedingt hineinpassen wollte. Ich lebte meiner Tochter das Gegenteil dessen vor, was ich ihr eigentlich vorleben wollte und sollte: zu sich selbst zu stehen, in Liebe. Ich tat dann etwas, das ich viel früher hätte tun müssen. Nachdem ich die Kinder ins Bett gebracht hatte, wusch ich mir die Haare und fing an zu schneiden. Alles, was nicht lockig war, kam ab. Aufgrund der Schwangerschaft und der Geburt meiner zweiten Tochter hatte ich zwei Glättungstermine beim Friseur nicht in Anspruch genommen und ein guter Ansatz lockiger Haare war schon zu sehen.

„Ja, sie hat Humor, aber sie ist nicht so schön und hellhäutig wie ihre Mutter. Sie ist nicht graziös, hat eine große Nase und ihr Busen hängt, obwohl sie noch keine Kinder hat", hatte ich die Worte meiner Verwandten in Ägypten im Ohr, während ich mir im Badezimmer die glatten Haare abschnitt. Ich erinnerte mich, woher meine

Meinung über meinen Körper kam und warum ich gelernt hatte, mich zu verstecken, zu verkleiden, um woanders hineinzupassen. Die Fähigkeit, mich zu lieben, war mir fremd. Vielmehr habe ich mich einfach mit mir abgefunden.

„Es ist okay, du kannst die Verlobung ruhig auflösen, ich wollte eh nie eine Dicke heiraten", sagte mein erster Verlobter zu mir, als ich mit ihm Schluss machte. Obwohl ich weiß, dass diese Aussage nur ein Schutzschild für sein angekratztes Ego war, höre ich sie noch immer in meinem Kopf – und glaube ihr.

„Möchtest du die Zahnlücke nicht mal schließen lassen", fragte mich eine Bekannte, als wir gerade gemeinsam aßen, und machte mehr als deutlich, dass Zahnlücken hässlich sind. „Irgendwer wird dich schon nehmen, es stehen nicht alle auf schöne Frauen." Solche Sätze sind plötzlich in meinem Kopf, sobald ich richtig glücklich bin mit meinem Mann. Aus dem Nichts kommt dieser Zweifel, wieso er denn überhaupt mit mir zusammen ist, wenn er doch mit jeder anderen Frau auf der Welt zusammen sein könnte?!

Mit Sicherheit ist vieles davon nicht böse gemeint, wahrscheinlich sogar in meinem Interesse, mit Sicherheit habe ich es falsch verstanden und verdrehe die Worte aus jenen Mündern, nach denen ich mich jahrelang definiert habe und es an manchen Tagen nach wie vor tue. An Tagen der Verzweiflung höre ich diese Worte lauter, als ich meine eigenen Gedanken hören kann, es sind nicht viele, aber sie sind so verdammt stark und präsent. So präsent, dass ich vergessen habe, wie meine echten Haare aussehen, und bei jedem zufälligen Blick in den Spiegel automatisch wegschaue.

Als ich aus den Erinnerungen, die meine Meinung über meinen Körper geformt hatten, wieder in die Realität zurückkehrte, war ich fertig. Meine Haare waren nun um einiges kürzer, aber es waren meine. Meine echten Locken. Alles, was geglättet war, fiel ab und da lag sie am Boden, die glatte Lüge, auf einem Haufen. Übrig blieb ich, meine Wahrheit. Ich begrüßte mich selbst im Spiegel wie eine alte

Freundin, die man schon seit Ewigkeiten nicht mehr gesehen hat, denn so war es ja auch. Haare machen einen enormen Unterschied, sodass ich das Gefühl hatte, eine andere Frau zu sein.

Ich ging zu meiner schlafenden Tochter, küsste sie und versprach ihr leise: „Für dich werde ich mich lieben." Sie konnte mich vielleicht schlafend nicht hören, aber sie würde es bald sehen.

Ich bin mit dem Narrativ aufgewachsen, hässlich zu sein. Nicht direkt als Menerva (das auch manchmal), aber viel eher aufgrund der mangelnden Präsentation von Frauen, die aussehen wie ich, in den Medien. Das kommunizierte Schönheitsideal ist sehr eintönig, und nur die wenigsten Frauen passen in diese Zielgruppe. Aber was ist mit uns anderen? Existieren wir denn nicht?

Nackt im Spiegel betrachtet hängt bei mir vom Hals abwärts alles. Und wenn ich alles sage, dann meine ich auch alles. Würde ich keinen BH tragen, würde ich über meinen Busen stolpern. Das war nicht immer so, der war einmal prall, hatte die perfekte Größe und stand schön ab. Ich hätte als Busenmodel arbeiten können, aber dann kamen die Kinder und nach fast drei Jahren des Stillens küssen beide Nippel nun meinen Bauchnabel. Mein Hintern ist so groß, dass er eine eigene Postleitzahl verdient hätte, und meine Oberarme schwabbeln um die Wette. Einen flachen Bauch hatte ich nie, also das letzte Mal vielleicht mit zehn Jahren, und nach zwei Schwangerschaften sind da einfach drei Bäuche in einem – die Dehnungsstreifen nicht zu vergessen. Hinzu kommen noch die Cellulite und die Tatsache, dass ich mit meinen 1,55 m ein Zwerg von Frau bin, und ganz ehrlich: Mein Gesicht ist auch nicht der Bringer.

Ich habe also schon vor Jahren der Wahrheit ins Gesicht geblickt: Mein Aussehen ist nicht meine Stärke. Ich hatte mich auch damit abgefunden, nicht mehr viel darüber nachgedacht und es einfach hingenommen, so wie viele Frauen. Aber dann ist etwas passiert, das mir einen Spiegel vor das Gesicht klatschte und mich zwang, mich mit meiner Meinung über meinen Körper auseinanderzusetzen: Ich wurde Mutter. Mutter von zwei Töchtern. Diese Mädchen werden eines Tages zu Frauen heranwachsen. Was ich ihnen auf keinen Fall wünsche, ist, dass sie sich selbst so sehen, wie ich mich selbst sehe: unvollkommen, nicht Frau genug, hässlich, nicht liebenswert.

Die Bemerkung meiner Tochter war ein Wake-up-Call. Am nächsten Morgen begrüßte ich sie mit meiner echten Haarpracht. Auch mein Mann hatte meine Locken zuvor nie gesehen. Seit zehn Jahren sind wir ein Paar, sieben davon verheiratet, aber meine echten Haare kannte er nicht. Beide waren zwar begeistert, aber überrascht, und mir bestätigte sich: Ich muss *in* mir *an* mir arbeiten. Für mich, aber vor allem auch für meine Kinder. Darauf folgte ein ehrliches, offenes und langes Gespräch mit meiner Tochter, was für uns beide sehr emotional war. Ich erzählte ihr meine Geschichte und hoffte, dass sie mit ihren fünf Jahren verstehen konnte, was ich meinte. Aber reden ist nur die halbe Miete; vor*reden* kann ich ihr vieles, nur was ich ihr vor*lebe*, hört sie tatsächlich und prägt sie langfristig. Es war meine Zeit, um *das* Narrativ zu ändern.

Tagelang war ich am Recherchieren, wie man am besten selbst Gels für Locken mischt – Leinsamengel ist mein Favorit –, wie man Locken am besten stylt – Curly Girl Methode –, und obwohl meine Haare viel kürzer waren und ich in der Öffentlichkeit stets ein Kopftuch trage, spürte ich meine Haare zu Hause wieder tanzen und konnte sie singen hören. Sie atmeten auf. Und ich irgendwie auch. Nun kümmerte ich mich um den Rest meines Körpers, denn ich gehörte zu jenen Frauen, die den Bauch einzogen. Immer. Wenn man mich fotografierte, wenn mein Mann seine Hand auf meinen Bauch legte, wenn ich neben ihm lag oder daran dachte, es zu tun, tat ich es. Ich zog ihn ein, trug beim Sex einen BH, damit mein Busen meinem Mann nicht ins Gesicht klatschte, wenn ich auf ihm lag, und am liebsten hätte ich meine Oberschenkel unsichtbar gemacht. Aber es gelang mir nicht. Ich konnte diesen Körper nicht lieben. Für mich war er nicht schön, und was nicht schön ist, ist nicht liebenswert, oder? Das glauben doch die meisten von uns, und ich gehörte zu den meisten, die es nicht anders können, auch wenn sie diese selbstlose, bedingungslose Liebe zum eigenen Körper gerne fühlen würden.

Klick hat es auf einer ganz anderen Ebene gemacht: Ich hatte ein Online-Mentoring für Journalistinnen gebucht, um mich auf diesem Gebiet weiterzubilden, und die erste Frage an mich lautete: „Was ist Ihre Definition von einer Journalistin?" Und hier lag der Hund begraben. Ich hatte jahrelang ein Problem, mich selbst als Journalistin zu bezeichnen, obwohl es seit über einem Jahrzehnt Artikel von mir gibt. Als Journalistin definierte ich eine Frau, die in einer Redaktion angestellt ist und mit einem fixen Gehalt vom Schreiben leben kann. Diese Person war ich aber nicht. Diese Person sind die wenigsten Journalistinnen. Ich fing in der Hoffnung, eines Tages Autorin zu werden, als freie Journalistin an. In den ersten Jahren konnte ich nicht davon leben. Es war also kein Wunder, dass ich auf die Frage „Was machen Sie beruflich?" als Antwort meistens nur stotterte.

Meine Definition von meinem Beruf war falsch. Eine Journalistin ist man auch ohne fixe Anstellung und Gehalt, von dem man leben kann. Was, wenn meine Definition von Schönheit auch falsch war? Was, wenn ich mich zu lange fremd definieren ließ? Ich ließ andere viel zu lange für mich entscheiden, was für mich schön sein darf, und noch länger ließ ich den Stimmen in meinem Kopf die Macht, mir zu sagen, was ich sein darf.

An diesem Punkt fing ich an, (meine) Schönheit neu für mich zu definieren: In meiner Garderobe befand sich eine Kiste, in der ich einige Jeanshosen, Crop Tops, sexy Unterwäsche und ein paar andere Kleidungsstücke aufbewahrte. Alles ein paar Nummern kleiner als meine damalige Konfektionsgröße, denn dies war meine „Wenn ich einmal abnehme …"-Kiste. Diese Kiste spendete ich. Das war mein erster Schritt. Außerdem hatte ich für eine Shopping-Tour „wenn ich mal so und so viele Kilos wiege" Geld gespart. Ich entschied ad hoc:

Ich gehe *jetzt* einkaufen, mit dem Körper, den ich *jetzt* habe, denn das Leben ist zu kurz für später, und ich verdiene es verdammt noch mal, mich in jeder Kleidung in meinem Körper schön zu finden! Ich startete den Versuch, meinen Körper jetzt zu lieben – so wie er ist. Nur weil ich es mir nicht jeden Tag eingestehen kann, heißt es nicht, dass es nicht so ist. Das war mein zweiter Schritt.

Da uns von unterschiedlichsten Marken der Beauty-, Lifestyle- und Modeindustrie vorgeschrieben wird, was schön sein darf, und keine dieser Frauen auch nur annähernd aussah wie ich, konnte ich mich nicht als schön betrachten. Uns wird ein sehr schmales Konzept der Schönheit vorgelegt, das sich kaum weiterentwickelt. Diesem Konzept folgen wir jedoch blind und wollen es unbedingt erreichen. Wir haben kein Problem damit, uns so lange zu verbiegen, bis wir in dieses Ideal passen. Und dann? Dann ändert sich dieses Ideal, und wir müssen uns erneut ändern.

So war in manchen Epochen Nahrung ein teures Gut. Damals war jedes Kilo mehr an den Hüften das Schönheitsideal schlechthin, je üppiger eine Frau war, umso schöner galt sie, Cellulite war ein Zeichen von Reichtum. Heute könnten wir uns den Bauch mit aller-lei Lebensmitteln vollschlagen und jedes Kilo weniger ist ideal. Vor einigen Jahren galten Sommersprossen noch als unästhetisch und wurden mit Make-up abgedeckt, heute gelten sie als Schönheitsmerk-mal und werden mit Henna und Kajalstift auf Gesichter getupft, um „den perfekten Sommerlook" zu kreieren.

Als ich schwanger war, empfand ich mich als schön, obwohl ich diesen runden Bauch mit mir herumtrug. Der Bauch einer Schwangeren wird öffentlich mehrheitlich als etwas Schönes ange-sehen, denn er trägt Leben in sich, er muss wachsen und gedeihen. Werdende Mütter strahlen pure Weiblichkeit aus. Stichwort: Mama-Glow. Trotz seiner Größe ist der Bauch einer Schwangeren schön. Sobald das Baby da ist und der Bauch nur noch der Frau gehört, ist er nicht mehr so schön, außer er sieht wie glatt gebügelt aus. Aber es ist derselbe Bauch, der von den Blicken der Gesellschaft sowie meinen Händen liebevoll gestreichelt wurde, nur ist er nicht mehr genauso liebenswert, weil er jetzt *nur* noch mich verkörpert und ein Teil von *mir allein* ist. Warum reicht das nicht?

Wir alle folgen diesen Trends und Perspektiven, die gerade *in* sind, denn wir alle möchten schön sein, aber mehr noch wollen wir die Blicke der Bestätigung über diese Schönheit in den Augen anderer sehen und die Komplimente hören. Das ist so etwas wie ein Gütesiegel für den ganzen Zirkus. Heute bin ich *die anderen* für mich selbst. Das habe ich irgendwann so entschieden, und es war eine der besten Entscheidungen meines Lebens. Ich wollte nicht mehr, dass „die anderen" so viel Macht über mich haben, also beschloss ich, mich von den Definitionen der Schönheit jeder Gesellschaft zu befreien, indem ich meine ganz persönliche Definition schuf ...

Es war also ein sehr langer Weg, bis ich meinen Körper schön finden konnte. Die Liebe zum eigenen Körper ist eine der größten und wichtigsten Befreiungen vom gesellschaftlichen Zwang und seinen Erwartungen überhaupt. Und es ist eine aufregende und unterschätzte Art der Selbstliebe, wenn man beim Sex nicht an den BH, das Baucheinziehen, das richtige Liegen und anderen inszenierten Körpereinsatz denken muss, sondern sich selbst einfach in den eigenen Körper fallen lassen kann und das in einem Wohlgefühl, als sei man in der eigenen Heimat, was man genau genommen ja auch ist, denn der eigene Körper ist das einzige Zuhause, das einen von Geburt an bis hin zum Tod begleitet, und wäre er eine Person, so wäre er von mir zurecht gekränkt, denn ich habe sehr selten gut zu oder über ihn gesprochen. Ich habe ihn nie liebkost, immer nur kritisiert und ignoriert, ihm seine Schönheit aberkannt, bis sie unsichtbar für mich wurde.

Ich habe mit langsamen und realistischen Schritten angefangen, mich jeden Tag länger und bewusst im Spiegel betrachtet, nackt von Kopf bis Fuß gemustert, Merkmale an mir entdeckt, die ich zuvor nicht einmal kannte, ich wusste zum Beispiel nicht, dass ich ein paar kleine, feine Sommersprossen auf der Nase (keine aufgemalten, sondern echte) habe. Ich hatte zwar immer mein schlechtes Bindegewebe an den Oberschenkeln bemängelt, aber hässlich ist es nicht, es wurde mir nur angelernt, es so zu sehen. Es wurde meine Hausaufgabe, mir einzuprägen, was mir an jedem Tag an mir gefällt. Zu meiner eigenen Überraschung gefiel mir viel mehr an mir selbst, als ich für möglich gehalten hätte.

Ich wollte nicht mehr die Gefangene meiner eigenen, negativen Gedanken über mich selbst sein, sondern die Erschafferin der positiven und hohen Meinung über meinen Körper, die jede*r von ihrem oder seinem Körper haben sollte.

Mit der Zeit wurden die Dinge, die mich störten, immer weniger, weil ich mich nicht mehr auf sie konzentrierte, sondern das Schöne in ihnen sah. Ich konnte sehen, wie die schlechten Gedanken richtig verschwanden, ich konnte ihnen fast schon zuwinken. „Auf Nimmerwiedersehen, ihr Zweifler und Lebensenergiesauger", rief ich ihnen noch hinterher, und als ich dann stark genug war, wusste ich gar nicht mehr, was mir nicht gefallen hatte, bis ich es bemerkte: Es war nicht mein Körper, der mich störte, sondern die Idee vom perfekten Körper, in die mein Körper, so wie er nun einmal war, nie hineinpasste und niemals hineinpassen würde, denn ich bin weder weiß noch blond, noch habe ich Modellmaße. Ich bin eine Frau of Color mit dunklen Locken, Kopftuch und ein Zwerg.

Es kam der Tag, an dem ich in den Spiegel schaute und die Frau sah, die ich gerne war und noch immer bin. Keine andere wäre ich lieber.

Am längsten brauchte ich, um mit den Dehnungsstreifen auf meinem Bauch Frieden zu schließen. Für mich waren sie niemals die „hart verdienten Tigerstreifen", wie sie so oft bezeichnet werden, sondern hässliche, violette, riesige Risse in meiner Haut. Und weil man wirklich nur begrenzt etwas gegen sie tun kann, habe ich sie einfach toleriert. Eines Tages, als ich meine Tochter stillte und mit ihr kuschelte, strich sie mit ihrem Finger die von mir gehassten Streifen am Bauch nach und sah lächelnd zu mir hoch. So, als würde sie zu mir sagen: „Schau Mama, die habe ich für dich gemalt." Und auf einmal empfand ich sie nicht mehr als hässlich, sondern als einzigartige Zeichnungen meiner Tochter auf meiner Haut, als die ersten Liebesbriefe von ihr an mich, die sie mit ihrer Existenz in und auf meinem Körper verewigt hat. Was für ein Perspektivenwechsel!

Es waren nicht nur meine Dehnungsstreifen. Es war auch ich. Mittlerweile sehe ich mich als wunderschöne Frau. Ich *bin* eine wunderschöne Frau. Das mag arrogant klingen, das ist mir bewusst, weil Frauen, die von sich selbst behaupten, wunderschön zu sein, und auch noch so agieren, nur arrogant sein können. Dann bin ich eben arrogant, in einer Welt, die die ehrliche Liebe zum eigenen Körper als Arroganz bezeichnet. Aber ich bin endlich dort angekommen, wo ich einmal in meiner Kindheit war. Ich hatte den Weg durch die Meinung anderer verloren. Heute sehe ich mich selbst als eine hübsche Frau, die verdammt noch einmal den BH weglassen, ihre Dinger baumeln lassen kann, ohne den Bauch einziehen zu müssen (auch der baumelt) und sich dabei sauwohl und schön fühlt.

Es startete alles mit einer Revolution, aber nicht *gegen* den eigenen Körper, sondern *für* ihn. Nicht aus Hass, sondern aus der Sehnsucht nach (Selbst)Liebe. Nicht mein Körper musste verändert werden, sondern meine Idee von dem, was ein idealer Körper ist. Ein idealer Körper ist einer, in dem Sie glücklich leben, weil Sie dankbar sind, dass er Sie durch das verflixte Leben trägt und Ihre Haut Sie ein Leben lang umarmt. Lernen Sie seine Schönheit neu zu definieren und zu sehen. Ihr wahres nacktes Ich ist einzigartig schön. Ihr Aussehen ist kein Zufall, das ist das Design, das Mutter Natur für Sie ausgesucht hat. Wir alle sind die Vielfalt der Schönheit von Mutter Natur in über sieben Milliarden Varianten. Was also bemängeln Sie?

Das ist ein Prozess, der dauert. Sie brauchen viel Bewegung (ich mache Bauchtanz, Wassersport und Yoga), um Ihren Körper bei

Laune zu halten, Zeit, damit er reift, Akzeptanz, dass einiges eben so bleiben wird, wie es nun einmal ist (der hängende Unterbauch nach zwei Schwangerschaften), gute wie schlechte Tage für das Gleichgewicht, lautes Lachen und den Glauben an sich selbst. Irgendwann werden Sie für diese Arbeit belohnt werden. Das Universum schickt Ihnen dann auf seine Weise ein Zeichen, dass Sie den richtigen Weg zu Ihrem Körper gegangen sind und den Zugang zu ihm gefunden haben – *Ihretwegen*.

Ich bin die Tochter der Wüste und ihre Farbe ist meine Haut. Der Nachthimmel Alexandrias ist die Farbe meiner Augen und auf die Kurve des Nils sind meine Lippen von Mutter Natur gezeichnet worden. Meine Haare tragen die Weiblichkeit der ersten Generation von Frauen meines Landes, deren Stärke, ihre Geister tanzen im Wind, wenn meine Haare singen, und wenn ich mein Kopftuch binde, sehe ich den Kern meiner Identität, nicht um mich zu verstecken, sondern um zu zeigen, wer ich (auch) bin und sein möchte. Die Dellen an meinen Beinen sind keine Dellen, sondern Wellen, die der Ozean, der mein Körper ist, schlägt, um mir zu sagen, dass ich lebendig bin, in Bewegung, und das im Rhythmus mit meiner Haut. In meinen Armen ist die Liebe zum Leben zu Hause, aus meinem Körper kamen zwei Kämpferinnen zur Welt, und dieser Körper, den ich so lange nicht lieben konnte, hatte sich gefühlt fast halbiert, nur damit diese beiden Leben ins Leben finden konnten. Entstanden sind sie in Nächten der Liebe, der Hingabe, der völligen Schwerelosigkeit – wie konnte ich den Körper nicht lieben? Wie konnte ich ihn und seine Leistung nicht sehen?

Nie wieder! Nie wieder werde ich einen negativen Gedanken an meinen Körper verschwenden, der nicht nur Schönes leistet, sondern Schönes ist und Schönes darstellt – *mich*!

Ja, es ist wahr, die Schönheit liegt im Auge der Betrachterin, aber man hat vergessen, Ihnen zu sagen, dass *Sie* die Betrachterin sind.

Ungeniert hab ich sie geküsst,
die unglaublich schöne Frau.
Ungeniert griff ich ihr auf die Hüft'
und dachte dabei nur „Wow".
Gestreichelt hab ich sie auch,
übers Gesicht und am Bauch.
Und umarmt habe ich sie fest,
ihre Arme sind mein sicheres Nest,
ihre Augen mein Zuhaus',
für ihren Charakter ein Applaus –
eine echte Frau! Eine echte Frau!
Aber was keine*r weiß,
von sich selbst hält sie einen Scheiß.
Lieben kann sie sich nämlich nicht,
nicht jeden Tag bedingungslos,
obwohl sie ist die Quell' des Lichts,
sieht sie sich als hoffnungslos.
Also küsste ich sie wieder,
legte mich zu ihr nieder,
musterte sie noch mal von Kopf bis Fuß,
gab ihr einen innigen Kuss,
und als der Zweifel endlich wich,
merkte ich: Sie bin ich.

2. Regel:
Mach's your way!

Was gefällt Ihnen beim Sex? Ganz einfach: ausprobieren, herausfinden, machen! Ganz einfach? Nun ja, es klingt einfach, dabei ist es eigentlich wirklich schwierig, wenn man damit aufwächst, dass man entweder nicht darf / soll oder aber so schnell wie möglich muss, damit Frau Mann gefällt, dann steht man dazwischen und weiß nicht wirklich, was man jetzt tun soll?!

Auch von diesen Narrativen muss Frau sich befreien. Mein Körper gehört mir, und ich finde heraus, was ich beim Sex will. Ich habe meine Vulva durch einen Spiegel betrachtet, mir die „Frau" da unten mal angesehen und sie angefasst. Klingt jetzt nicht sehr aufregend, war es aber. Ich bin langsam den Kurven nachgefahren, habe mit Fingerspitzengefühl ertastet, was mich zum Beben bringt, und bin dortgeblieben, ohne Scham, ohne Schuld, ohne schlechtes Gewissen – einfach nur für mich. Nicht, um jemandem zu gefallen, nicht, weil es erwartet wurde, sondern, weil ich mich danach sehnte zu wissen, was ich alles fühlen kann.

„Woher weiß man, dass der Sex zu Ende ist?"
Wenn der Mann *fertig* ist. Das ist in Pornos so, das ist im unausgesprochenen Verständnis so.

„Woher weiß man, dass der Sex anfängt?"
Wenn der Mann ein Zeichen gibt. Das ist die Realität vieler Paare.

Stellen Sie sich vor, Frauen könnten nur dann schwanger werden, wenn sie beim Geschlechtsverkehr den Anfang machten *und* wenn sie selbst auch zum Orgasmus kämen – die Welt wäre ein menschenleerer Ort.

Die Tatsache, dass nur die wenigsten Männer mit der Klitoris umgehen können, geschweige denn wissen, wie groß sie tatsächlich ist, ist wahrscheinlich einer der Hauptgründe, warum der Frauenfrust im Bett da ist. Das ist nicht meine persönliche Meinung, sondern längst wissenschaftlich bewiesen: Rund 80 % aller Frauen erleben durch bloße Penetration *keinen* Orgasmus. Durch Masturbation erreichen rund 95 % aller Frauen einen Orgasmus, bei gleichgeschlechtlichem Sex erleben über 70 % aller Frauen den ersehnten Höhepunkt. Mit anderen Worten: Frauen sind nicht das Problem. Aber sie sind es, die es haben, sollten sie in einer heterosexuellen Beziehung leben und nicht regelmäßig masturbieren. Der männliche Partner *muss* sich also mit dem Körper seiner Frau auseinandersetzen, ihn verstehen und mit ihm umgehen können, so, dass auch sie ihren Spaß haben kann. Aber wie viele Männer wollen das? Also im Ernst?

Frauen brauchen länger als Männer, um einen Höhepunkt zu erleben. Zudem *muss* zusätzlich zur Penetration auch der äußere Teil der Klitoris stimuliert werden, das ist viel Arbeit, über die keine*r spricht und die die wenigsten Männer machen *möchten*, also ist der Sex bei den meisten Paaren dann vorbei, wenn der Mann *gekommen* ist, die Frau jedoch bloß den halben Weg hinter sich hat. Viele Frauen täuschen dann entweder etwas vor, denken sich, „ach egal", oder sagen einfach nichts, um „keine Probleme" zu machen, denn wer möchte schon im Bett und zwar *mittendrin* Staub aufwirbeln und über die richtige Stimulation der Klitoris oder ihre richtige Größe sprechen? Niemand.

Der weibliche Orgasmus gehört zu den Dingen, die Frau in die Hand nehmen soll, indem sie für sich herausfindet, was sie im Bett möchte, was ihr gefällt, was sie auf keinen Fall will, und nach und nach den Mut, aber vor allem die Gewissheit verinnerlicht, dass es ihr Recht ist, danach *zu verlangen*.

3. Regel:
Talk to me, Baby!

Kommunikation ist das A und O einer jeden Beziehung, selbst keine Kommunikation ist eine Kommunikation. (Habe ich Sie gerade mit dieser bahnbrechenden Neuigkeit überrascht?) Wir kommunizieren ständig via Mobiltelefon, Textnachrichten, Social Media und offenbaren dabei alles, jede noch so banale Sache. Was werden wir heute essen? Was schauen wir heute auf Netflix? Wohin gehen wir mit den

Kindern? Welche Farbe soll die neue Wand haben? Und wir kotzen! Wir kotzen den noch so kleinsten Furz unseres Lebens via Social Media aus, versehen diesen mit einem „Häshtäg", damit ihn auch viele Menschen sehen, liken und ein*e jede*r daran teilhaben kann.

Geht es aber um den Sex, um die nackte Wahrheit zweier Menschen, verstummen wir. Den ungenießbaren Fraß als Mittagessen erörtern wir bis ins kleinste Detail, aber die körperliche Liebe besprechen wir nicht, die machen wir. Irgendwie zusammen, irgendwie jede*r für sich, weil es schwierig ist zu sagen, dass man den Finger nicht im Po haben möchte, lieber geleckt werden will oder eigentlich noch nicht fertig ist, der Partner sich aber schon wieder umgedreht hat.

Es ist sehr hart für Frauen, erst durch die Unlust beim Sex zu bemerken, dass man mit dem Partner nicht offen darüber sprechen kann. Wenn die eigenen Wünsche und Bedürfnisse ein gut behütetes Geheimnis sind, weil man Angst hat, verurteilt zu werden, sich verletzlich zu machen oder als unbefriedigt dazustehen. Immerhin sagt man der anderen Person damit ja auch, dass *etwas fehlt*. Und wirklich niemand möchte diese Spaßverderberin sein, die als beleidigte Leberwurst mit den Extrawünschen daherkommt.

„Sex ist keine Kunst" – was für eine Lüge. Nach wie vor wird Sex meist als die alte und einfache Rein-raus-Geschichte verkauft, was er definitiv nicht ist. Pornos und andere Filme, in denen Frau schon durch die kleinste Berührung den besten Orgasmus überhaupt zu haben scheint, haben dabei geholfen, diesen Nonsens zu verbreiten. Dadurch ist unsere Erwartungshaltung ins Unrealistische gestiegen. Denn schauen Sie: *Beim Sex geht es nicht nur um den Sex.* Sex kann ein Spiegel für die gesamte Beziehung sein. Wie offen ein Paar wirklich ist, wie ungeniert man tatsächlich miteinander über alles sprechen kann und ob für die Bedürfnisse beider Personen Platz ist.

„In einer Beziehung, in der nichts mehr funktioniert, nimmt man alles, was man kriegt, selbst den unvollkommenen Sex", sagte einmal eine Dame zu mir, bei der die Kommunikation in der Ehe nicht mehr existierte. Da war nichts, was sie als Paar ausmachte – abgesehen vom Sex, zumindest für ihn, für sie waren es die einzigen Liebkosungen, die sie von seiner Seite noch hatte, und diese wollte sie nicht verlieren, also sagte sie nichts. Sie wollte nicht selbstsüchtig sein, sondern aufopfernd, damit er in seiner Männlichkeit nicht verletzt würde und kein Streit entstünde oder der Sex ganz wegbliebe.

Ich sage Ihnen jetzt, seien Sie selbstsüchtig. Seien Sie egoistisch und reden Sie darüber. Das habe ich ihr auch geraten, als Freundin, aber vor allem als Frau. Es mag sein, dass der Alltag, das Leben und die Zeit, die wir mit einem anderen Menschen verbringen, hier und da für Probleme, Uneinigkeiten und andere unangenehme Dinge sorgen, aber ist das nicht auch ein Zeichen der Lebendigkeit dieser Beziehung?

Sprechen Sie! Vor dem Sex. Während des Sexes. Nach dem Sex. Hören Sie nicht auf, darüber zu reden, zu scherzen, ja, es soll spaßig sein, mal versaut und mal erotisch, mal witzig, mal romantisch, mal schnell und leise (für Eltern), aber deswegen nicht weniger schön. Wünschen Sie sich laut, was Sie wollen, ja, es *ist* ein Wunschkonzert, wenn es überhaupt etwas ist, dann ist es das! Geben Sie damit nicht nur bekannt, was Sie mögen, finden Sie so auch heraus, was Ihr Partner mag und was nicht.

Hinterfragen Sie dabei auch ruhig alte Gewohnheiten. Mein Lieblingsbeispiel ist das Vorspiel. Das Vorspiel hat einen sehr schlechten Ruf, denn es ist eine Sache, die für Frauen gemacht werden muss, damit diese überhaupt in Fahrt kommen. Männer brauchen kein Vorspiel, sie wollen sofort schießen, ohne sich davor aufzuwärmen. Aus meiner Sicht hat das Vorspiel zu Unrecht einen schlechten Ruf, es wird als etwas kommuniziert, das Frauen *in die Gänge* bringen soll. Aber so stimmt das nicht ganz. Das Vorspiel wird unterschätzt, es ist nicht nur eine Einleitung, sondern beinhaltet auch die ersten paar Absätze des Hauptteils. Das Vorspiel eignet sich perfekt, um die Vorlieben des anderen zu ertasten. Es muss nicht unbedingt der Pograpscher sein; erogene Zonen sind überall am menschlichen Körper verstreut, auch dort, wo man sie nicht zu finden glaubt: etwa zwischen den Fingern oder hinter den Ohren; die Haut ist das größte Organ, *fühlen Sie es*. Sprechen Sie spielerisch, ohne viel nachzudenken, und erfragen Sie, was ihr*e Sexpartner*in mag und was nicht. Das trockene Land wird zu einer spaßigen Wasserrutsche und, glauben Sie mir, niemand – also wirklich niemand – möchte vor einer trockenen Wasserrutsche stehen und dort rutschen müssen.

Bei Eltern – hauptsächlich von kleinen Kindern – kommt erneut der Zeitfaktor ins Spiel. Hier habe ich vielleicht kein Wundermittel erfunden, aber so etwas Ähnliches: Nein, wir können uns keine Nanny leisten und wir leben auf einem anderen Kontinent als unsere Eltern, aber zweimal im Jahr sind wir keine Eltern, sondern ein Paar das glücklich, ungeniert, laut, versaut und hemmungslos vögelt. Geplaudert wird auch ein wenig, aber hauptsächlich wird gebumst. Wenn die eine Oma zu Besuch ist und später im Jahr die andere, verschwinden wir für ein paar Tage, drehen die Telefone ab, sind für die Welt unerreichbar, bei gutem Essen, guter Aussicht und purer Vögelei. Meine Mutter wird mich für diese Zeilen wahrscheinlich lynchen, denn *Damen* sprechen nicht über ihr Sexleben, denn das ist privat, aber wissen Sie was, ich bin hier nicht privat mit Ihnen, sondern persönlich. Und diese „paar Tage" im Jahr haben – nein, ich übertreibe nicht – meine Ehe, aber viel mehr meine Beziehung zu der Liebe meines Lebens gerettet, damit meine ich nicht meinen Mann – den mag ich auch –, sondern mich selbst. Ich habe endlich herausgefunden, was ich möchte, und offen, in meiner Zeit und meinem Tempo mit meinem Mann darüber geredet. Das hat mir geholfen, weil ich zuerst einiges für mich und mit mir selbst klären musste. Dadurch habe ich auch von meinem Mann erfahren, was er möchte und was nicht. Sich auf dieser Ebene zu begegnen, wenn alle Karten aufgedeckt auf dem Bett liegen, ist eine der kostbarsten Erfahrungen, durch die eine Beziehung wachsen kann. Das erste gemeinsame Wochenende nach diesem Gespräch war unbeschreiblich intim. Was wir gemacht haben, das verrate ich Ihnen nicht, denn *das* wäre tatsächlich privat.

Nehmen Sie sich, was Sie gerade brauchen

Lieben Sie Ihren Körper.

Er ist liebenswert, auch wenn wir so sozialisiert werden, diesen nicht lieben zu können, rebellieren Sie und tun Sie es doch, denn es gibt keinen Grund, dies nicht zu tun. Vergleichen Sie sich nicht mit anderen Frauen, denn selbst wenn wir alle das Gleiche äßen und uns gleich bewegten, hätten wir nicht die gleichen Körper und Einstellungen dazu. Das Erblühen kommt von innen. Ich dachte immer, es war die Schönheit der anderen Frauen, die ich beneidet habe, denn sie waren im Vergleich zu mir unglaublich schön, vor allem eine. Aber als sie sprach, dachte ich, vielleicht ist es doch ihre Intelligenz, die mich staunen lässt. Dann erzählte sie einen Witz, und es kam mir die Theorie, ihr Humor könnte es sein, warum ich so sein will wie sie. Bis sie weinte, und in ihrer Verletzbarkeit anfing zu tanzen, um ihren Schmerz weg zu lächeln. Erst in dem Moment habe ich verstanden, dass es die Leichtigkeit war, mit der sie atmete, mit der sie schwebte, die sie durch das Leben trug – das war ihre Attraktivität. Das ist auch *Ihre,* denn selbst das allerschönste Gesicht ist kalt, wenn es nicht von Herzen lachen und lieben kann. Flirten Sie mit sich selbst, streicheln Sie Ihre Haut und übertreiben Sie es ruhig mit dem Küssen Ihres Selbst, hören Sie bitte nicht auf, sich selbst zu küssen. Und schauen Sie doch, wie schön Sie sind, jeden Tag ein bisschen mehr.

Finden Sie heraus, was Ihnen gefällt.

Finden Sie heraus, welche Art der Berührung Ihnen guttut, und befreien Sie sich von Narrativen, die Sie daran hindern. Lust ist ein Recht und ein Bedürfnis, das gestillt werden muss, was zum Teil in Ihrer Verantwortung liegt, denn dieser Körper gehört Ihnen und die Lust dazu auch. Probieren Sie die Fantasien Ihrer Träume aus, dort sind Sie doch mutiger, bewegen sich anders, gewagter und lauter. Auch das sind Sie und können es genauso in der Realität sein, denn

Ihre Vorstellungen haben ein Recht darauf, gelebt zu werden. Sie sind die einzige Tür dieser Träume in die Realität – Ihre Realität. Wagen Sie den ersten Schritt, der Rest kommt von selbst.

Scham hat keinen Platz.
Machen Sie kein Geheimnis daraus, sobald Sie wissen, was Sie mögen. Sprechen Sie mit Ihrem Partner über Ihre Gedanken, Gefühle, Wünsche und Bedürfnisse. Kommunikation ist alles: Das wissen wir bereits. Trotzdem bleiben die Worte oftmals wie gelähmt auf der Zungenspitze kleben, vor allem dann, wenn es um Sex geht. Weil wir gelernt haben, dass Frau darüber nicht spricht, und die, die es doch tut und außerdem noch ihre Wünsche äußert, ist pervers oder ungezogen. Nun gut, wir lernen um: Sprechen Sie darüber. Sex ist ein Zusammenspiel. In einem Spiel gibt es Regeln, und wir möchten bitte alle möglichst viel gewinnen: vor allem Spaß. Wenn es generell unangenehm ist, über Sex zu sprechen, so sollte das Kommunizieren darüber zumindest mit dem Partner – was vielleicht nicht immer leicht ist – möglich sein. Ist es das nicht, sollte man sich ernsthaft fragen, wie es beim Rest der Beziehung mit der Kommunikation und auch sonst so aussieht? Lassen Sie Ihren Gedanken durch Ihre Zunge freien Lauf und beobachten Sie, welche Taten danach geschehen.

Endlose Liebe

Kennen Sie die Geschichte von Franz Kafka und dem Mädchen mit der verlorenen Puppe?

Franz Kafka soll eines Tages bei einem Spaziergang durch den Berliner Steglitz-Park ein kleines Mädchen getroffen haben, das sich die Augen förmlich ausweinte, weil es seine Lieblingspuppe verloren hatte. Er bot seine Hilfe an, und die beiden suchten nach der Puppe – erfolglos. Kafka schlug dem Mädchen vor, es solle ihn am nächsten Tag wieder hier treffen und sie würden die Suche fortsetzen. Am nächsten Tag gab Kafka dem Mädchen einen von der Puppe „verfassten" Brief, in dem stand, dass das Mädchen nicht zu weinen brauche, denn sie sei auf Reisen gegangen, um die große, weite Welt zu sehen. Mehrere Briefe würden folgen. Kafka und das Mädchen trafen sich weiterhin, um gemeinsam die Abenteuer der reisenden Puppe zu lesen, die Kafka geschrieben hatte. Das Mädchen war entzückt davon und sah über seinen Schmerz hinweg. Schließlich las Kafka einen Brief vor, der davon handelte, dass die Puppe nach Berlin zurückkehre, und schenkte ihr eine Puppe, die er gekauft hatte.

„Das ist nicht meine Puppe", sagte das Mädchen enttäuscht.

Kafka las aus einem weiteren Brief vor, in dem er (die Puppe) erklärte: „Meine Reisen haben mich verändert."

Das Mädchen umarmte die neue Puppe und nahm sie mit nach Hause, im Glauben, es sei ihre alte Puppe.

Diese Geschichte ist niemals zu 100 % bewiesen worden, sie wurde aber so von Dora Diamant (Kafkas letzter Lebensgefährtin) in einem Interview geschildert.

Mit Kafkas Puppe und der Liebe zwischen zwei Menschen verhält es sich ähnlich. Nach Jahren verändert sich nicht nur die Liebe, sondern auch wir verändern uns. Veränderung ist Teil des Lebens, ohne Veränderung läuft das Rad des Lebens nicht. Die erste große, meist gescheiterte Liebe eines jeden Menschen geht wahrscheinlich nach einer gewissen Zeit an der Veränderung dieser Person oder auch an der eigenen Person zugrunde. Zustände ändern sich, die Liebe auch. Vor allem die Liebe. Aber hin und wieder, hauptsächlich dann, wenn es die große Liebe war, hätte man gerne seine alte Puppe zurück. Die echte. Das Original. Nicht jede Veränderung tut einer Beziehung gut, nicht jede Veränderung ist gesund, und vor allem übersteht nicht jede Beziehung die unvorhersehbaren Veränderungen, die das Leben manchmal mit sich bringt.

Ich durfte einmal von Weitem eine solche Veränderung beobachten, ohne aktiver Teil davon zu sein. Ich wurde mit meinem Mamablog „Hotel Mama" zu einem Blogger*innen-Event eingeladen und sogar für einen Workshop gebucht – für mich war das damals ein Highlight. Es war fair bezahlt, gut organisiert, und ich würde endlich alle Bloggerkolleg*innen persönlich treffen, die ich bis dato nur virtuell kannte. Eine dieser Bloggerkolleg*innen war „Frau Bettina". Frau Bettina und ich hatten regen Chat-Austausch auf Instagram und wurden richtige Cyber-Freundinnen. Auf sie freute ich mich besonders. Bei der Veranstaltung sah ich bekannte Gesichter, wurde herzlich begrüßt, suchte aber nur Frau Bettina. Irgendwo, ganz hinten im Garten des Gebäudes, saß eine Person, die mit dem Kopf über einem Teller hing und Kuchen aß. Es war Frau Bettina.

Mit einem breiten Lächeln und einem riesigen Blumenstrauß ging ich in flotten Schritten in ihre Richtung und hörte nur ein lautes Schluchzen. Frau Bettina weinte, und mit jeder neuen Träne, die ihr über die Wangen floss, nahm sie einen Bissen vom Schokokuchen.

„Was ist passiert?", fragte ich sie, als würden wir uns nicht zum ersten Mal sehen.

„Meine Frau will sich von mir scheiden lassen. Und sie hat keinen besseren Tag gefunden, um es mir zu sagen. Vor nicht einmal einer Stunde hat sie es mir mitgeteilt."

Schockiert setzte ich mich zu ihr und hörte ihr zu.

„Ich weiß, dass sie viel mit mir durchgemacht hat, das weiß ich wirklich, aber das kann doch nicht sein, dass man vor Gott, Familie, Freunden und der Welt steht, sich gegenseitig verspricht, dass nur der Tod einen scheiden würde, und dann seine Meinung ändert. Ich habe es mit dem Gelübde ernst gemeint vor fünfzehn Jahren. Ich will sie immer noch. Ich fühle mich betrogen, ich fühle mich verraten und ich nehme es ihr übel, dass sie es mir genau heute sagt, wo all die Presse da ist, und ich mich so sehr darauf gefreut habe, endlich gesehen zu werden."

Die Veränderung in Frau Bettinas Leben war eine der gravierenden Sorte, denn als Frau Bettina und Brigitte den Bund der Ehe schlossen, war Frau Bettina noch der Bernd. Brigitte verliebte sich in den Bernd, heiratete den Bernd und setzte mit dem Bernd zwei Kinder in die Welt. Niemals hätte sie damit gerechnet, dass aus Bernd, dem blonden Kickbox-Trainer, die rothaarige Frau Bettina in High-Heels werden würde, die nun ihr eigenes Nail-Art-Studio führt. Brigitte hatte versucht, diese Veränderung selbstlos mitzumachen, so gut es ihr eben gelang, aber sie schaffte es nicht, und als ihre Kompromissgrenze erreicht war, sagte sie das auch. Manchmal liebt es sich aus, immer zum schlechtesten Zeitpunkt, meistens mit gebrochenem Herzen, und meist trägt niemand wirklich die Schuld, auch wenn wir wie besessen danach suchen. Frau Bettina und Brigitte waren eher so etwas wie beste Freundinnen, auch wenn beide noch Gefühle füreinander hatten, so war inzwischen zu viel an Veränderung geschehen, die weder übersehbar noch überspürbar war, das konnte Brigitte nicht mehr leugnen, und auch wenn sie Frau Bettina noch liebte – oder den Bernd in ihr –, so hat sie eingesehen: Vielleicht ist für das Bestehen einer Beziehung / Ehe Liebe allein nicht genug. Ein guter Grundboden, ein schöner Anfang, eine gesunde Voraussetzung, ja, jedoch keine der Säulen, auf die man bauen kann.

Aber kann das sein? Die *Liebe* soll nicht genug sein? Die Liebe ist doch alles. Das unerklärbare Phänomen schlechthin, von dem sogar die Wissenschaft kein greifbares Wissen schaffen kann, sie ist überall, unantastbar und einer der wenigen magischen, mysteriösen Zustände, die die Menschheit kennt.

Die Liebe ist unlogisch. Entweder flattern die Schmetterlinge im Bauch und lassen uns euphorisch mit einem beknackten Grinsen auf Wolke sieben schweben oder sie schlägt vor Liebeskummer in die Magengrube und lässt uns am Boden der Realität verbluten, ein Mittelding gibt es nicht. Sie ist Allheilmittel, ohne Rezept, aber sie kann auch pures Gift sein. Sie friert Verstand und Hirn ein. Einfach so. Und selbst bei den rationalsten Menschen löst sie Chaos aus. So ist sie nun mal und frau / man kann nichts dagegen tun.

Solch einem Chaos durfte ich auch einmal beiwohnen, aber diesmal als aktiver Teil und beinahe als dritte Person in der Beziehung von zwei anderen.

Irgendwann war mein Name als Journalistin (aber erst richtig als Autorin) in der österreichischen Medienlandschaft bekannt, und das bedeutete, dass man hier und da auf Events von Medienhäusern, auf Spenden-Galas sowie diverse andere Veranstaltungen eingeladen wird. Ich bin auf diesen Events meistens die einzige Frau of Color, immer die einzige mit Kopftuch und auch die einzige, der man es ansieht, dass sie in diese soziale Schicht der Reichen und Schönen nicht hineingeboren wurde. Einige Damen dieser Gesellschaft begrüßen mich mit einem bemitleidenswerten Blick, andere fragen sich, ob ich mich hier verlaufen habe, wo mein Putzfummel stecke, und mit wenigen habe ich richtige Freundschaften geschlossen, das sind meistens jene, die in diese Schicht hineingeheiratet haben oder dort über drei Ecken angekommen sind.

So lernte ich Monika kennen. Monika wurde mit einem goldenen Löffel im Mund geboren, wir trafen uns mehrmals unfreiwillig, weil irgendjemand anderer dabei war, die / den sie oder ich kannte, und man dann aus Höflichkeit eine Tasse Kaffee miteinander trinken *musste,* man möchte ja nicht unhöflich sein. Aber selbst der Gruß fiel uns schwer, denn wir mochten einander nicht. Sie wuchs in einer Villa im besten Bezirk Wiens auf, ist eine Lady der High Society und wird aufgrund ihres Reichtums in so gut wie allen Magazinen porträtiert. Ich wuchs in jenen Bezirken auf, in denen die meisten Bewohner Sozialhilfe beziehen, auf den Straßen in unterschiedlichen Sprachen laut geflucht wird und man nachts eher nicht allein unterwegs sein will. Für sie war es ein Rätsel, wie ich am selben Tisch wie sie sitzen, dabei lauthals lachen konnte und darüber hinaus noch selbstbewusst war. Während die anderen Kaviar mit Käse und Champagner genossen, tunkte ich meine Baklava in den Ayran, den ich selbst mitgebracht hatte. Nein, wir verstanden einander nicht, wir mochten einander auch nicht, aber wir trafen uns so oft zufällig durch andere, dass wir unfreiwillig auch vom Leben der jeweils anderen einige Details mitbekamen. Wir wurden sicher keine Freunde, auch keine guten Bekannten, aber später eher so *Bekannte plus* oder *Freinde.*

Eines Tages rief sie mich an und teilte mir mit, dass sie mich un-be-dingt sehen müsse! Es gehe um Leben und Tod. Dass sie bei einer Angelegenheit von „Leben und Tod" an mich dachte, war mir suspekt, aber ich lebe für Überraschungen und ging mit ihr auf einen Kaffee.

„Nicht, dass ich das gerne vor dir zugebe, aber ich brauche deine Hilfe. Richard betrügt mich. Ich bin mir fast sicher und habe bei einer Wahrsagerin einen Termin vereinbart, da sollst du mitkommen. Bitte."

„Richard betrügt dich? Wieso denkst du das?"

„Er ist jetzt vegan."

„Ok … und?"

„Was und? Wieso wird ein Mann Mitte fünfzig vegan?"

„Vielleicht möchte er sich einfach gesünder ernähren?"

„Vegan ist ungesund."

„Monika. Gibt es vielleicht noch etwas?"

„Er ist vegan, er mag nicht mehr mit dem Flugzeug verreisen, trägt jetzt komische, markenlose Kleidung – ein bisschen wie du – und fährt eine minimalistische Schiene, die mir nicht gefällt. Er trinkt auch keinen Alkohol mehr, ich bin am Verzweifeln."

Stille.

Meine hochgezogenen Augenbrauen bemerkte sie sofort.

„Was ist? Was schaust mich so an?"

„Ich warte noch immer darauf, dass du mir von einem fremden Lippenstiftabdruck auf seinem Kragen oder irgendwelchen flirty WhatsApp-Nachrichten auf seinem Handy erzählst."

„Ich sage es dir, der vögelt sicher eine Mitte zwanzigjährige Hipster-Göre, eine, die mit Stofftaschen, Birkenstockschlapfen und Messy Bun rumläuft und zum Spaß in Männerunterhosen schläft."

„Und was soll jetzt diese Wahrsagerin machen?"

„Die soll mir sagen, ob ich richtig liege."

„Und wieso soll ich mitkommen?"

„Weil das total bescheuert ist und du die einzige Person bist, die bescheuert genug ist, um so was zu machen. Du bist spirituell und wirst mich für so einen Blödsinn nicht verurteilen."

„Du findest mich spirituell?"

„Du bist auch die Einzige, die das als Kompliment sieht. Und noch etwas, bevor ich es vergesse: Ich habe eine Bedingung."

„Du brauchst meine Hilfe, stellst aber auch eine Bedingung?"

„Natürlich."

„Schieß los."

„Du gibst dort keinen Mucks von dir. Du lachst nicht so wie ein Bauarbeiter, du bringst deine verdorbene Milch nicht mit, redest nicht dazwischen und stellst keine komischen Autorinnen-Fragen. Du bist dort mein Requisit, weil ich Schiss habe, sonst wäre ich ja gar nicht in dieser misslichen Lage."

„Das kann ich … versuchen. Sag mal, woher hast du überhaupt ihren Kontakt?"

„Von einer vertrauenswürdigen Quelle."

„Von der Facebook-Gruppe, die ich mal zum Spaß auf WhatsApp vorgeschlagen habe?"

„Ich hasse dich."

Einige Tage später fand das Treffen statt. Als ich am Gehsteig unter der Wohnung der Wahrsagerin wartete, kam eine Frau mit Seidenkopftuch, schwarzer Sonnenbrille und in einem beigen Trenchcoat auf mich zu: „Wie schaust du denn aus? Warum trägst du dieses komische Kostüm?"

„Was für ein Kostüm? Das ist meine normale Kleidung."

„*Das* ist deine normale Kleidung? Und was ist das für eine Tasche? Sind da Eulen drauf?"

„Ich mag Eulen. Wie schaust du überhaupt aus? Warum verstecken wir uns?"

„Weil wir etwas Bescheuertes machen. Sind das Clown-Schuhe?"

„Nein, das sind *meine* Schuhe."

„Für die hast du bezahlt? Egal, gehen wir jetzt rauf. Und du bist leise."

Wir klopften an die Tür, und eine Frau Mitte dreißig öffnete uns das Portal zur spirituellen Welt – so empfand ich es zumindest. Die Wahrsagerin war aus dem Iran, lebte aber seit ihrer Kindheit in Wien, sie trug eine Art Negligé, war groß und hatte einen sehr großen Busen, den sie uns vor die Gesichter presste. Sie hatte lange, schwarze, glatte Haare, war intensiv, aber schön geschminkt, und ihre Wohnung wirkte wie eine Kunstausstellung. An der Wand hingen viele Teppiche, wir konnten Regale mit bemaltem Geschirr bewundern, es roch nach Blumen und Kardamom und das mitten im Herzen Wiens. Am liebsten hätte ich alles fotografiert.

Es begann mit dem Kartenlegen. Monika musste aus mehreren Karten drei Karten aussuchen, ohne die Karten dabei gesehen zu haben. Jede Karte stand für eine andere Zeit, und je nachdem, welche Karten sie wählte, war ihre Lage. Die erste Karte (Vergangenheit) zeigte die Liebe, die die beiden zusammengeführt hatte. Die zweite Karte (Gegenwart) zeigte eine Frau, die mit dem Rücken zu einer Art Pokal saß, das Glück sei zwar da, aber Monika müsse etwas dafür riskieren und sich umdrehen. Die dritte Karte (Zukunft) zeigte „etwas Neues", was Monika als beunruhigend empfand, aber Nesli (die Wahrsagerin) verneinte: „Das ist gut, das ist eine schöne Wendung für Ihre Beziehung. Ihr Mann betrügt sie nicht, das zeigen jedenfalls die Karten."

Aber Monika vertraute dem Ergebnis nicht, also trank sie noch Tee und wollte wissen, was der Sud ihr zu sagen hatte. „Auch hier, es wird zu einer Veränderung kommen, einer guten, aber nur dann, wenn Sie sich öffnen. Eine andere Frau ist nicht zu sehen."

Aller guten Dinge sind drei, dachte sich Monika und ließ Nesli zuletzt aus ihrer Hand lesen: „Sie werden ein langes, glückliches Leben führen und das mit demselben Mann."

Nesli hatte einen sehr geheimnisvollen Blick und eine sehr tiefe, angenehme Stimme, sie sprach auf eine sehr verführerische Art und Weise. Während Monika neben mir zappelte, war die Wahrsagerin sehr ruhig, und ich saß fasziniert da und beobachtete alles um mich herum. Ich hätte ihr tausend Fragen stellen können – und wollen.

Wir waren etwa drei Stunden bei Nesli, denn pro „Methode" brauchte es eine Stunde; hinzu kam die Überzeugungsarbeit, um Monika zu bestätigen, dass Richard sie nicht betrog. Ich hielt mich brav an die Abmachung, war still geblieben, bis die Wahrsagerin mir eine Frage stellte: „Möchten Sie nicht auch etwas wissen?"

„Ja! Ist es eine Gabe, was Sie da machen? Träumen Sie oder haben Sie Visionen von fremden Menschen? Berühren Sie wen und sehen dann etwas?"

Sie lachte, während sich Monika peinlich berührt an die Stirn griff.

„Nein, das hat mir meine rumänische Großmutter beigebracht. Ich habe keine Visionen. Ich kann aber die Aura von Menschen spüren. Sie haben eine sehr starke Aura, das ist gut, das haben nicht viele."

„Das ist keine Aura, das sind die komischen Klamotten, die sind wie ein Unfall: Man will nicht hinschauen, muss es aber", konnte sich Monika nicht verkneifen.

Nesli sah mich an, als würde sie mir etwas sagen wollen, sagte aber nichts, sie lächelte mich bloß an. Da war etwas. Als wir uns von ihr verabschiedeten und an der Türschwelle standen, sah sie mich an und meinte zuversichtlich: „Bis bald, Menerva." Erst später fiel mir ein, dass ich ihr meinen Namen gar nicht verraten hatte. Monikas Namen wusste sie übrigens auch nicht, aber mich sprach sie mit meinem Namen an.

Monika war sich nach wie vor nicht sicher, bereute bereits im Stiegenhaus den Besuch und auf meinen komplett verrückten und aus dem Nichts gegriffenen, völlig weit hergeholten Rat „einfach offen mit Richard zu reden", reagierte sie mit einem nervösen Lacher und zeigte mir den Stinkefinger.

Für mich war der Besuch sehr faszinierend, besonders die Tatsache, dass Monika ihn überhaupt in Erwägung gezogen hatte. Denn zu einer Wahrsagerin zu gehen, sich wie eine Irre zu verhalten, weil man liebt, das ist vielleicht für Menschen normal, die ihren Gefühlen gemäß handeln und verrückt genug sind, um dem Ruf der Liebe zu folgen, aber Monika ist nicht so jemand. Sie ist eine höchst rationale Person, eine Dame der hohen Gesellschaft. Sie atmet durch Filter, alles an dieser Frau ist geplant und kontrolliert. Obwohl sie Richard über alles liebt, so würde sie das niemals zugeben, nicht einmal vor

Richard oder sich selbst, aber in Versace getarnt von einer fremden Frau seine Treue erfragen, das machte sie der Liebe wegen, denn in ihr herrschte ein Chaos, eine Unsicherheit, und sie wusste nicht mehr weiter. Ein Liebeschaos, das ein Tofu-Filet und ein paar markenlose Baumwollhemden aus Marokko ausgelöst hatten.

Wochen später meldete sie sich bei mir und mir war bewusst, dass sie sich niemals bei mir bedanken würde, so gut kannte ich sie dann doch, aber im Grunde wollte sie genau das, nur eben in ihren Worten: „Du bist ja bescheuert."

Mittlerweile weiß ich, dass dies ein Kompliment ist, jedenfalls aus ihrem Mund. Nach einem Nervenzusammenbruch hatte sie sich mit Richard dann doch ausgesprochen, weil sie die Ungewissheit nicht mehr ausgehalten hatte. Er machte kein Geheimnis aus seiner Verwandlung, die er seinem Geschäftspartner zu verdanken hatte, und brachte nun neue, nachhaltige Produkte auf den Markt, die er aber, dem Tipp seiner PR-Beraterin nach, auch ausprobieren sollte. Überraschenderweise empfand er diese als gut und übernahm die Einstellung, die er anderen verkaufen wollte, weil die sich momentan gut verkauft, *wirklich* für sich. Keine neue Flamme, keine Midlife-Crisis, einfach eine Veränderung im Mindset. Und was die Liebe betrifft: Monika und er kamen einander näher. Denn sie taten etwas, das sie normalerweise nicht taten: Sie hatten ein offenes, emotionales, ehrliches und langes Gespräch mit Rotz, Tränen und schnulzigem Kuss am Ende, erzählte mir Monika bei Kaffee in einem Restaurant in der Innenstadt mit einem Funkeln in ihren Augen, bevor sie mir eines ihrer Komplimente machte.

Hinter Monikas Misstrauen verbarg sich allerdings noch ein Grund, warum sie den Verdacht hatte, er würde sie betrügen: Monika kann keine Kinder bekommen. Für sie ist das kein Problem, denn sie mag keine Kinder, aber Richard dagegen liebt sie. Und immer dann, wenn sie sich daran erinnert, dass dies für ihn ein Punkt sein könnte, um sie zu verlassen, zittert ihr Herz, aber auch das hat er ihr bei dem

Gespräch offenbart: dass sie ihm die Welt bedeute und er ohne sie keine Kinder haben wolle.

Sie erzählte mir das und sah mich dann fragend an. Sie kannte meinen Mann nicht, wusste aber, dass wir schon seit einiger Zeit verheiratet waren und (damals noch) ein Kind hatten. Für sie komme ich ja aus einem völlig anderen Kulturkreis, mit dem sie nichts anfangen kann. Als sie von mir erfuhr, dass mein Mann und ich aus Liebe geheiratet hatten, fiel sie glatt vom Stuhl, glaubte sie doch, dass „wir anderen" alle zwangsverheiratet würden.

„Dein Mann und du, wie ist es denn bei euch? Was liebst du an ihm? Was, denkst du, ist das Geheimnis eurer Beziehung?"

Ich musste bei der Frage lächeln. Wie oft habe ich schon versucht zu eruieren, warum ich meinen Mohamed liebe. Diesen schüchternen, fast zwei Meter großen Ingenieur, der von seiner Persönlichkeit her so gut wie nichts mit meiner zu tun hat. Aber ich habe eine Theorie: „Ich denke nicht, dass man sagen kann, warum man eine Person liebt. Es gibt Eigenschaften, die man an einer Person liebt, ja, das schon, aber warum man ohne einen Menschen nicht mehr leben will, das kann man, glaube ich, nicht in Worte fassen, weil es einfach so ist, man weiß nicht warum. Könnte man es erklären, wäre es dann noch Liebe?"

„Du kannst es versuchen, du bist doch Autorin. Worte sind dein Ding. Wie fühlst du dich denn in seiner Gegenwart?"

„Er ist der Einzige, der mich wirklich sieht. Weißt du, wir wissen nicht wirklich, wie wir aussehen. Oder woher weißt du, wie du aussiehst? Durch Spiegel und Fotos? Durch die Spiegelung deines Gesichtes im Wasser oder in den Autoscheiben? Das sind doch auch verzerrte Bilder, und je nachdem, welchen Winkel du erwischst, siehst du dich anders. Also gehen wir eigentlich durch das Leben, ohne genau zu wissen, wie wir aussehen, und selbst die wenigen Ressourcen, die wir zur Verfügung haben, sind entweder verzerrt oder inszeniert. Aber die Person, mit der du lebst und dein Leben teilst, die sieht dich. Die sieht dein Lachen, dein Weinen, dein überraschtes Gesicht, deine Wut, deine Müdigkeit, deine Verzweiflung und dein wahres Gesicht, das du selbst nie wirklich sehen wirst und das in Echtzeit. In meinem Fall möchte ich, dass *er* das ist, weil ich an seinen Reaktionen und Blicken sehe, wie lebendig ich bin. Ich bin bei ihm nur ich, ich muss mich nicht verstellen und liebe die Person, die ich sein kann."

Auch wenn jede Beziehung einzigartig ist, so gibt es einige Liebessymptome, die bei vielen ähnlich sind, ein zwanghaftes Verhalten oder ein zustimmendes Nicken auslösen, sobald sie es hören oder lesen. Nach einigen Jahren (vielleicht auch mit Kindern), die man gemeinsam verbracht hat, kann sich Frau schon vernachlässigt fühlen, egal, wie verliebt man am Anfang war. Mit der Zeit wird man als Frau vom Partner für selbstverständlich genommen, die Liebkosungen werden weniger, der Abstand im Bett größer und selbst, wenn man nebeneinander liegt, so hat man manchmal das Gefühl, es würden Welten dazwischen liegen.

Es gibt Phasen in einer Beziehung, in denen man am liebsten die Zeit zurückdrehen würde. Am liebsten zum ersten „Hallo", wo noch alles aufregend war und die Passion richtig spürbar. Zu einer Zeit, in der man noch ein richtiges Paar und nicht einfach nur Mitbewohner mit Kindern war. Viele Frauen würden dem eigenen Partner sogar am liebsten wieder fremd sein, den ersten Kuss wieder schmecken und das Gefühl der ersten Dates wieder herbeizaubern.

Bevor Kinder im Spiel sind, hat man füreinander als Paar oberste Priorität. Sobald die Kleinen da sind, wird man zu Eltern und die Kinder kommen stets zuerst, die Eltern als Liebespaar geraten dabei immer mehr in den Hintergrund, bis sie beinahe verschwinden. Die Liebe spielt dann nicht mehr die Hauptrolle. Es sind nicht die großen Dinge wie die Elternschaft und die Verantwortung, die die Liebe mit sich bringt, der nie enden wollende Haushalt, die angestauten Gefühle, sondern die ungesagten, unbemerkten Kleinigkeiten, die bei vielen Frauen das Gefühl der Unsichtbarkeit auslösen, nicht mehr als Frau, sondern nur noch als Mitbewohnerin, Kinderbetreuerin,

Putzfrau und Köchin gesehen zu werden. Diese Phase ist für viele Frauen unerträglich, weil die Ungewissheit sie in den Wahnsinn treiben kann und die Beziehung als Ganzes beeinflusst. Es wird hinterfragt, ob der eigene Mann einen noch liebt, und wenn ja, warum frau dann nicht wirklich etwas davon merkt.

Auf der Suche nach einer Antwort sprach ich mit Sandra. Sie war bei einem Praktikum für angehende Journalist*innen meine Mentorin. Lustigerweise sprachen wir während des Mentorings nicht viel Persönliches miteinander, aber danach wurden wir sehr enge Freundinnen.

„Das klingt nach der klassischen Projektion der Selbstzweifel von uns Frauen auf die Männer. Wir zweifeln an uns und suchen dann bei ihnen die richtigen Gesten und Worte, die unsere Selbstzweifel ersticken sollen, weil wir in diesem Moment nicht in der Lage dazu sind. Vieles macht man sich damit in Wirklichkeit selbst kaputt, weil der Partner nicht weiß, wie er damit umgehen soll, und vor allem nicht, wie er es einem recht machen soll. Wenn Frauen zum Beispiel eifersüchtig sind, noch bevor es dafür einen triftigen Grund gibt, spinnen sie sich etwas im Hirn zusammen, das sogar bis zum krankhaften Kopfkino gehen kann, vor allem, wenn der Mann etwa seit Neuestem mit einer attraktiven Frau zusammenarbeitet. Man legt ihm schnell emotionale Ketten an und unterstellt ihm etwas, das noch gar nicht eingetroffen ist. Das kann in einer Beziehung die Giftspritze sein, verbunden mit der Verlustangst, die uns ständig vor die Frage stellt: Was wäre wenn? Und dann hängt man sich an Dingen auf wie „sein Bedürfnis" zu kuscheln, das plötzlich nicht mehr da ist, und gerät in Panik. Aber das ist normal und der Lauf der Dinge. Wir alle sind unterschiedlich. Die eigene Art oder das Kommunikationsbedürfnis kann man keinem anderen aufzwingen, das müssen wir uns stets bewusst machen. Manche Menschen reden nun mal nicht gern über ihre Gefühle. Nicht, dass sie es nicht könnten, sondern weil sie einfach kein Bedürfnis danach haben. Ich bin auch so. Ich rede nicht viel.

Du musst dir das so vorstellen: Martin (Sandras fester Freund) ist ein Kuschelbär, er ist ständig durstig danach, dass man ihm sagt, wie viel er einem bedeutet, dass man ihm zeigt, wie sehr er geliebt wird. In der Nacht würde er am liebsten die ganze Zeit im Kuschelmodus schlafen – ich hasse das. Ich habe mein eigenes Verständnis von Bettruhe. Ich steh überhaupt nicht auf langen Körperkontakt. Vor dem Schlafengehen ein bisschen zu kuscheln, das ist okay, aber dann lass mich bitte schlafen, um Gottes willen. Und das heißt nicht, dass ich ihn nicht liebe. Auch wenn ich es nicht hundertmal sage, liebe ich ihn. Sehr sogar. Ich erachte es als größeren Liebesbeweis, wenn ein Mensch das nicht so oft sagen muss und der andere darauf vertraut, dass es so ist. Ich muss es nicht ständig gesagt bekommen, denn ich sehe ja, was er für uns tut. Dass ich ein fester Bestandteil seiner Zukunftspläne bin. Es ist zu viel Zeit vergangen, als dass ich mir so Liebesgeschnulze anhören muss.

In der Verliebtheitsphase verhalten wir uns alle anders. Aber dann vergeht diese Verliebtheit – von Natur gegeben, Ausschüttung irgendwelcher Stoffe, damit sich Leute fortpflanzen und rationaler weiterleben. Ist das Ziel erreicht, dann ist man entweder standhaft und weiß, was man hat, entwickelt Respekt und eine Art beste Freundschaft oder man zweifelt und denkt, sobald die Verliebtheit vorbei ist, dass es doch nicht die große Liebe ist. Ob ich die große Liebe von Martin bin, ist mir ehrlich gesagt egal. Ich weiß, was wir gemeinsam haben und wie viel Macht wir gemeinsam haben, etwas aufzubauen, dass wir verreisen können, dass wir uns nie allein fühlen, egal, ob er weit weg ist oder ich weit weg bin, weil man immer zu jemandem gehört.

Er ist auch derjenige, der, wenn ich eingeschnappt oder schlecht drauf bin, öfter sagt: „Rede doch mit mir!" Und ich denke mir dann oft: Ich hab aber grad kein Redebedürfnis! Wenn ich reden will, dann red ich. Jetzt grad nicht. Und vor allem rede ich nicht gern, wenn ich in einer emotionalen Phase bin. Da versinke ich in Schweigen. Ich spreche Dinge lieber an, wenn ich einen klaren Kopf habe und sachlich argumentieren kann. Und manchmal vergeht es mir ganz, das Thema anzusprechen, dann lass ich es einfach und es regelt sich mit der Zeit von selbst.

Die Konklusion: In einer Beziehung fühlt man sich dann frei und angekommen, wenn man das Gefühl hat, dass man so sein kann, wie man ist. Wenn man kein Redner ist, dann ist es eben so. Wenn man nicht so ein Kuscheltyp ist, dann ist es so. Auch wenn man es früher in der Verliebtheitsphase eventuell mehr gesucht hat. Irgendwann sitzt man halt miteinander auf der Couch und ist froh, wenn der Ellenbogen des anderen nicht irgendwo reindrückt, sondern man den Film anschauen kann, wie man grad am besten liegt. Martin weiß unsere Beziehung besonders deshalb zu schätzen, weil ich nicht von ihm erwarte, dass er sich auf die eine oder andere Art und Weise benehmen muss, um mir irgendwas zu beweisen.

Wenn mich jemand damit konfrontiert, warum ich nicht mehr zeige, dass ich denjenigen liebe – also in dem Moment hätte ich auch keine Worte. Man fühlt sich wie zur Antwort gezwungen und findet den Moment unpassend, Liebe zu bezeugen. Da würd ich am liebsten abhauen, um nicht antworten zu müssen. Diesen Moment hatten wir auch schon einmal. Da waren wir beide eingeschnappt und er so zu mir: ‚Du liebst mich nicht mehr.‘

Und ich: ‚Ja, grad etwas weniger. Kann ja noch werden.‘"

Im Laufe unserer Gespräche berichtete mir Sandra noch etwas, das vielen Frauen entspricht: „Die Frau von Martins Bruder erzählt überall, dass sie zu wenig Sex haben. Der Mann fühlt sich schon durch die Tatsache, dass nix mehr läuft und es so gut wie jeder weiß, von der Frau entblößt. Als ob sie ihm eine Pistole an die Brust gesetzt hätte: *Du schläfst nicht mehr mit mir!* Und allein, dass er das gesagt bekommen hat, entmannt ihn. Da hätte jede*r ein Problem damit, das Sexleben plötzlich aufflammen zu lassen, wenn man vorher von irgendwem damit konfrontiert würde, dass man es nicht bringe.

Noch so ein Punkt ist das Vergleichen. Sie vergleicht sich mit allen Paaren, die sie sieht. Wenn Martin und ich uns ab und zu ein Küsschen geben, kommentiert sie das gleich vor ihrem Mann: „Ach wie schön, ihr knutscht noch herum." Es ist ein Wink in Richtung ihres Mannes, dass sie es nicht mehr tun. Er wird sie dann sicher nicht bei der nächsten Gelegenheit packen, um ihr zu beweisen, dass sie auch noch knutschen. Ist ja irgendwie erzwungen. Er ist wahrscheinlich ein Mensch, der innere Monologe führt und es mit sich ausmacht – und das sollte man ihm lassen. Jede*r ist anders. Und wenn jemand nicht so tickt wie wir, heißt es nicht, dass wir dafür, wie wir sind, nicht geliebt werden."

Mit Sandras Worten im Kopf habe ich eine Art Selbstexperiment gewagt und mich gedanklich aus meiner eigenen Beziehung herausgenommen und diese so objektiv wie möglich betrachtet. Nur weil ich der Kuschelbär in der Beziehung bin (nach Sandras Theorie bin ich das), die Tagträumerin, die die Liebe hören und spüren muss, kann ich es nicht auch so von meinem Mann erwarten, er liebt mich eben anders. Ich hatte die regelmäßigen Streicheleinheiten, Liebkosungen und die Passion auch hin und wieder vermisst. Darauf hatte Rania eine Antwort.

Rania lernte ich durch einen sehr witzigen Zufall kennen. Eigentlich sind wir einander richtig *zugefallen*. Als ich in Kuwait lebte, lernte ich Noha kennen, eine Ägypterin, die in Ägypten auf einer deutschen Schule gewesen war, wir waren auf derselben Wellenlänge, aber dann zog sie nach Deutschland und ich nach Wien und unsere Wege trennten sich. Später zog ich nach Aberdeen und erzählte Noha davon. Daraufhin stellte sie den Kontakt zu einer ehemaligen Schulkollegin her, die auch in Aberdeen lebte – Rania. Sie ist eine Karrierefrau durch und durch und lässt sich weder von gesellschaftlichen noch von anderen Strukturen ein Mindset formen, und ihr Mann macht da voll mit, denn er ist lieber Hausmann, was genauso der Gesellschaft widerspricht, in der sie leben. Rania ist sehr selbstbewusst, beruflich immer beschäftigt, und wenn sie eine Sache satthat, dann ist es die Entwicklung der Liebe zwischen zwei Menschen, was sie mir bei einem Treffen erläuterte.

„Das Problem bei Männern, die in arabischen Ländern aufgewachsen sind, ist, dass sie ihre Eltern nie in einer liebevollen Situation beobachtet haben. Bei uns ist es nicht üblich, dass Eltern solche Gefühle vor den Kindern oder gar öffentlich zeigen. Vor den Kindern kann man sich streiten, ja, aber nicht umarmen oder küssen. So wachsen wir auf. In Europa ist das anders, dort zeigen Paare auf offener Straße ihre Gefühle durch Körperkontakt. In gewissen Ländern könnte man sogar verhaftet werden, wenn man sich in der Öffentlichkeit nur küsst. Auch wenn am Anfang alles aufregend und touchy ist, so vergeht das, denn keine Flamme brennt für immer, aber die Kultur, in der man aufwächst, und die Community, mit der man sich umgibt, spielen eine entscheidende Rolle. Wenn wir mit schottischen Paaren unterwegs sind, kann mein Mann plötzlich flirten; wenn wir mit seinen Freunden und deren Frauen aus seinem Kulturkreis unterwegs sind, sitzen die Männer von den Frauen getrennt und jede*r spricht über den eigenen Kram. Am Anfang war mir das suspekt, man ist ja gemeinsam ausgegangen, aber mittlerweile finde ich es gut, dass wir Frauen eine Privatsphäre haben; es verdeutlicht aber sehr gut den Unterschied zwischen beiden Kulturen, was das Zeigen der Zuneigung betrifft."

Konzepte einer Ehe

Ranias sehr interessanter Gedanke brachte mich sofort zu den unterschiedlichen Konzepten der Ehe: Im arabischen Raum wünscht man einem Mädchen meist, dass es eines Tages eine schöne Braut wird. Burschen, dass sie eines Tages Ärzte oder Ingenieure werden. Mädchen werden also von klein auf darauf trainiert, eines Tages heiraten zu müssen, bitte den Richtigen, möglichst jung, und dann noch im jungen – aber nicht zu jungen, auch nicht zu späten – Alter Mutter zu werden. Auf Veranstaltungen, Hochzeiten und Community-Treffs in Wien erinnerte mich meine Mutter mehrmals daran, dass ich mich lieber anders kleiden, doch den Lippenstift tragen und „femininer" sein sollte, denn dort könnte ich ja jemandem auffallen, und in Wien seien ja nicht so viele „wie wir", also keine allzu große Auswahl, deswegen müsse ich mich doppelt und dreifach anstrengen, wenn ich heiraten wolle.

Ich wollte nicht heiraten. Die Ehe und das Kinderkriegen werden in manchen Kulturen als das Glück auf Erden dargestellt und jungen Damen als der Mittelpunkt des Lebens verkauft. Ich hatte das sehr schnell durchschaut. Ich hielt von alledem nicht viel und mir ging die Besessenheit meiner Mutter davon auf die Nerven. Mein Plan war es, irgendwann zwei Kinder zu adoptieren, aber niemals und auf keinen Fall wollte ich mich mit jemandem binden, geschweige denn heiraten. Das lag wahrscheinlich daran, dass ich keine Ehe kannte, von der ich dachte „So soll es sein, das will ich auch mal haben". Viel eher war das Gegenteil der Fall.

Aber mein Mann machte mir einen Strich durch die Rechnung. Wir lernten uns via Facebook kennen, damals war er ein Petroleumingenieur in einer kleinen Firma in Ägypten und ich eine Studentin in Wien. Angefangen hat es recht unromantisch, unaufgeregt und freundschaftlich, aber wir verliebten uns schnell ineinander – so war das nicht geplant.

Er ist der erste – und wahrscheinlich einzige – Mensch, bei dem sich eine feste Beziehung, Ehe und Zusammensein nicht wie eine Fessel anfühlen, sondern eine Bereicherung sind. Für mich war das neu. Vor ihm war ich mit einem anderen verlobt gewesen, mit einem professionellen Süßholzraspler, der jedoch viele Bedingungen und einen sehr engen Rahmen für Frauen generell gesetzt hatte. „Seine Frau" dürfe dies und das nicht, denn eine „echte" Frau müsse und solle dies und jenes. Nach drei Jahren in dieser toxischen Beziehung wollte ich für immer allein sein und war glücklich damit. Dann kam

Mohamed, die Liebe zu ihm, die Kinder und Sandras wie Ranias Theorien, die ich nicht nur für Recherchezwecke bei uns Zuhause beobachtete, sondern auch unseretwillen.

Mein Mann ist kein Süßholzraspler, er redet nicht viel über seine Gefühle oder überhaupt. Und als ich versuchte, gefühlsmäßig Abstand zu nehmen, habe ich etwas bemerkt: Ich wurde dankbar. Dankbar für jeden Streit, jede Unstimmigkeit, jede noch so banale Diskussion, denn dies sind jene Momente, in denen man den nackten Charakter einer Person sieht. Die Wahrheit, die man nicht verstecken kann, die Worte, die in Wut ausgesprochen werden, die nonverbale Kommunikation in einer stillen Phase nach dem Streit, bis die Zeit und ein ruhiges Gespräch alle Wogen glätten. Früher sehnte ich mich nach mehr Körpernähe, wie es sie vor den Kindern gegeben hatte, aber heute, als im Kopf reifere Frau, bin ich für die langweiligen, wortlosen Abende auf der Couch mit ihm dankbarer als für alles andere, weil ich gelernt habe, sie zu decodieren und ein „Ich liebe dich" zu sehen, das in den Taten einer Person steckt, nicht nur in diesen drei Worten.

Von guten Scheidungen und schlechten Ehen

Das Konzept der Ehe wird in Europa teilweise belächelt und gilt nach wie vor bei vielen als altmodisch. Wenn das Thema aufkommt, spricht man automatisch auch über die Scheidung und zwar im selben Atemzug. „Warum heiraten, wenn man auch so zusammen sein kann, eine Scheidung ist doch teuer", kommt oft als sehr rationales, überhaupt nicht romantisches, aber dafür realistisches Argument gegen die Hochzeitsglocken. Eine Scheidung ist eine Schande. Meistens für die Frau. Auch wenn das im öffentlichen Diskurs eher gegenteilig gesehen wird, so ist es im alltäglichen Leben schon so, dass eine Scheidung dem Scheitern einer Frau gleichgestellt wird.

Niemand ist gerne geschieden, aber man lästert gerne über geschiedene Frauen. Geschiedene Männer hingegen haben gesellschaftlich gesehen irgendwie etwas Anziehendes, fast schon Attraktives, wie ein Mann mit Kind oder Hund im Supermarkt, der für manche Frauen wie ein Magnet wirkt. Bei Frauen ist das anders, eine Scheidung wird als *ihr* Scheitern dargestellt, und sollte sie auch noch Kinder haben, dann ist ihr Leben sowieso vorbei, *denn dann will sie keiner mehr.*

Frauen ohne Kinder haben es schon schwer, einen Mann zu finden, wie sollen dann Frauen mit Kindern einen Mann finden, der halbwegs normal, nicht gewalttätig, narzisstisch oder ein Klugscheißer ist?

Im Islam hat eine Frau das Recht, sich scheiden zu lassen, es ist absolut in Ordnung zu sagen, *ich will nicht mehr.* Gesellschaftlich gesehen ist unwichtig, was in der Ehe geschieht; wenn sie funktioniert, machen es beide gut, wenn nicht, ist es die Schuld der Frau. *Sie hat dann die Familie zerrüttet.*

In westlichen Kulturen haftet der Frau zwar nach der Scheidung auch ein Schandfleck an, aber er wird nicht direkt als solcher kommuniziert, jedenfalls nicht laut, dafür umso mehr hinterrücks. Und auch wenn sich vor allem junge Menschen in Europa häufiger trauen lassen, weil es doch irgendwo als „das Richtige" gilt, wenn man schon einige Jahre zusammen ist, so ist das Konzept der Ehe irgendwie dasselbe geblieben. Eine offene Ehe wird zum Beispiel als eigenartig empfunden, diverse individuelle Konzepte werden als „abnormal" abgetan, und dann fragt man sich, wo sie bleibt, die Moderne des Westens?

„Wieso gilt es automatisch als modern, wenn man mit mehreren vögeln will?", fragt mich Bea, als wir in einem Park sitzen, sie heulend, ich ihr zuhörend.

Bea war über siebzehn Jahre verheiratet, hat drei Kinder und zu Weihnachten bekam sie von ihrem Mann nicht wie gewohnt einen Amazon-Gutschein, sondern die Offenbarung, er möchte unbedingt mit anderen Frauen schlafen, sie aber nicht betrügen, deswegen würde er ihr gerne eine offene Ehe vorschlagen, in der auch sie mit anderen Männern schlafen dürfe. Ob sie beide noch miteinander schlafen würden oder nicht, kann man ja noch schauen, aber auf jeden Fall möchte er mit schlankeren, jüngeren und mehreren anderen Frauen Sex haben, denn das Leben sei viel zu kurz für die Monogamie.

Es ist kaum überraschend, dass Bea darauf einmal nichts sagte und in einem Wutanfall das ganze Haus zuerst zerlegte, dann blitzeblank aufräumte und putzte. Bea ist die Verkörperung dessen, was als *die typische Mama* kommuniziert wird. Sie hat lange von zu Hause aus gearbeitet, natürlich nicht Vollzeit, um bei den Kindern sein zu können, hat ihre eigene Karriere lange verschoben und sich selbst immer zuletzt auf die To-do-Liste gesetzt, den Mann gepusht, wo sie nur konnte, und als die Kinder alt genug waren, hat sie ihr eigenes Catering-Business gestartet. Mit dem Wachsen ihres Erfolgs schrumpfte das Ego ihres Mannes, das ist jedenfalls ihre Theorie, und dann kam er mit diesem Wunsch, den sie nicht nachvollziehen konnte, denn *wir sind doch keine Teenager mehr.*

Sie haben sich letztlich auf die Scheidung geeinigt, so hatte sie ihre Würde, den Job und den Respekt der Kinder, während er jede Woche Fotos mit jungen Frauen auf Instagram postete und sein neues Leben so öffentlich wie nur möglich zeigte.

Auch wenn deren Ehe rückblickend nicht so toll war (sie fand heraus, dass er sie sehr wohl mehrmals betrogen hatte), ihr Herz gebrochen wurde und sie am Anfang der Trennung das Gefühl hatte, um die schönsten Jahre ihres Lebens betrogen worden zu sein, so war der Scheidungsprozess sehr freundschaftlich – wenn man das über eine Scheidung überhaupt sagen kann – und die Beziehung danach, zwar nicht im Best-Friends-Modus, aber doch human und respektvoll. Sie sagt immer: „Wir hatten keine gute Ehe, aber wir führen eine gute Scheidung", auch von den Kindern unabhängig, und was die Scheidung für sie überraschenderweise mit sich brachte, war eine

Leichtigkeit, mit der sie nicht gerechnet hatte. „Wie eine Last, die man mit sich trägt, von der man dachte, sie gehöre zum Leben dazu, aber das tut sie nicht, und sobald sie abfällt, erkennt man erst, dass sie da war."

Was für die eine unumgänglich ist, ist für eine andere keine Option. Wenn mich früher jemand gefragt hätte, was für mich Gründe für eine Scheidung seien, so hätte ich gesagt: Gewalt und Betrug. Bei Erstem bleibe ich weiterhin, ohne nachzudenken, aber bei Zweitem sage ich heute: Kommt auf die Situation an. Aber was, wenn beides nicht zutrifft und man trotzdem nicht mehr miteinander bleiben möchte? Was, wenn es weder die Kinder, eine gravierende Veränderung, andere Frauen oder angekratzte Egos sind, sondern einfach nur das Leben selbst, das sich in entgegengesetzte Richtungen entwickelt? Was, wenn sich ein einst gemeinsamer Weg teilt?

Solche Ehen gibt es haufenweise. In diesen Ehen hat sich die Liebe ausgeliebt und ausgesprochen, aber man bleibt dann doch zusammen, weil sich keine der beiden Parteien eine Scheidung leisten kann und damit die Kinder möglichst ohne psychische Schäden aufwachsen. Hier sind mir aus beiden Kulturkreisen Familien bekannt, die einander schweigend ertragen, wegen der Kinder, wegen der Gesellschaft, wegen der finanziellen Lage oder weil dies die beste Option aller schlechten anderen Möglichkeiten ist. Ob die Kinder dadurch weniger geschädigt werden, das sei dahingestellt: Aber das Zusammenbleiben wegen der Kinder ist sowieso eine der größten Lügen einer bestehenden Ehe.

Welche unglückliche Person kann glückliche Kinder heranziehen? Diese Frage hat sich Susi gestellt. Susi ist Scheidungsanwältin. Ihre Scheidungsgeschichte ist meine Lieblingsscheidungsgeschichte – falls man das so sagen kann. Ihre *Ehesituation* war auf so vielen Ebenen identisch mit dem Leben vieler verheirateter Frauen weltweit.

„Wir hatten das, was andere als die *perfekte Familie* bezeichnen würden. Wir hatten alles, so schien es jedenfalls. Wir hatten das Haus mitten in der Stadt, Traumjobs, für die wir viel Leidenschaft empfanden, zwei gesunde Kinder und eigentlich ein rundum schönes Leben. Kennengelernt haben wir einander auf der Uni und mit der Zeit, die wir zusammen waren, da vergingen wirklich Jahre, wurde irgendwann automatisch klar, dass wir eines Tages heiraten würden. Das war damals einfach so, das machte man ab einer gewissen Zeit, die man zusammen war, vor allem, wenn man als Paar fast jedes Wochenende im Sommer damit verbrachte, auf den Hochzeiten der Freund*innen zu tanzen, dann kommt diese Hochzeitsstimmung auf und man macht es. Also haben wir es auch gemacht.

Ich würde jetzt lügen, wenn ich sagte, wir hatten eine schlechte Ehe. Nein, die hatten wir nicht. Wir hatten eine sehr gute Ehe, aber eben mit Ablaufdatum. Ich bin nicht blöd, ich weiß genau, wie das läuft: Man verliebt sich, die Funken fliegen, die Nähe der anderen Person wirkt auf eine*n wie eine Droge. Irgendwann hören die Funken aber auf zu fliegen, das ist mir klar, dann geht das öde Leben weiter, aber was, wenn die Funken dann ganz weg sind? Es war kein Streit, es war keine Diskussion, er ist kein schlechter Mensch, im Gegenteil, er war immer offen für meine Bedürfnisse und Wünsche, aber genau das ist der Punkt: Es gibt gewisse Dinge, die ich mir als Frau nicht erst von meinem Lebenspartner wünschen möchte. Ich will nicht sagen müssen, dass ich mehr Aufmerksamkeit brauche, dass ich eine Frau bin, die in der Beziehung gesehen werden möchte, oder dass ich die emotionale Verantwortung in der gesamten Ehe allein zu tragen habe und das für immer und mit einer Selbstverständlichkeit. In dem Moment, in dem eine Frau laut sagen muss, dass sie bitte geliebt werden möchte, vergeht dieses Verlangen. Darum sollte ein Mensch in einer bestehenden Beziehung nicht erst bitten müssen. Ich fand die Tatsache, dass ich das sehr wohl musste, weil es mein damaliger Mann aus Faulheit nicht machte, sehr demütigend. Ich habe ihm oft gesagt, was ich brauche, er nickte dann meistens, und es war für ein paar Tage gut, dann tauchte dieselbe Problematik wieder auf, im Gedränge des Alltags, wo ich mich immer mehr als Single fühlte. Ich habe versucht, ihn nach allen Methoden der Kunst emotional in meine Richtung zu bewegen, was wahrscheinlich falsch war, verliebte Menschen handeln nach dieser Verliebtheit, aber ich fühlte mich nicht mehr geliebt. Er war nicht nur in unserer Beziehung faul geworden, sondern in allen Bereichen, die unser gemeinsames Zuhause betrafen.

Ich vertraute mich meiner älteren Schwester an, die mich auslachte: ‚Glaubst du, dass ein anderer Mann besser ist?' Erst ihre Frage brachte mich auf einen wichtigen Gedanken: Es ging mir gar nicht um *einen anderen Mann*. Es ging mir um mich. Um meine Person als Frau und Mensch, die das Gefühl hatte, in dieser Konstellation nicht anerkannt und wertgeschätzt zu werden. Ich weiß, was ich zu bieten habe, an Liebe, an Zeit, an Zuneigung und an Qualität in einer Partnerschaft. Wieso sollte ich mich für viel weniger interessieren, wenn ich mir diese immense Mühe gebe? Ich wurde in diesem Haus einfach nicht gesehen. Als Mutter und Ehefrau schon, aber nicht als Geliebte, die wollte ich aber auch sein – alles oder nichts. Ich entschied mich für alles. Wegen der Kinder, wie viele Frauen. Ich buchte Tickets auf die Philippinen, nur für ihn und mich, unsere Kinder waren damals schon im Schulalter und konnten ein paar Tage bei meiner Mutter bleiben. Dort angekommen blieb er im Hotelzimmer, schlief, stand nur auf, um vom All-you-can-eat-Buffet zu essen und ging dann wieder zurück ins Bett. Ich hatte für diesen Urlaub so viel geplant, meine ganze Hoffnung, diese Ehe zu retten, steckte in diesem Trip. Ich habe auf die harte Tour lernen müssen: Was man von sich selbst aus nicht empfindet, können auch die schönsten Strände und Landschaften nicht in einem entfachen. Im Endeffekt heulte ich allein Nacht für Nacht im Badezimmer, und er bemerkte nicht einmal, dass mein Gesicht vom Weinen angeschwollen war. Ich gab trotzdem nicht auf, für die Kinder, und weil ich in gewissen Momenten immer wieder das Gefühl hatte, ich würde ihm Unrecht tun. Ich dachte, ich sei vielleicht doch zu unfair, zu hart, denn *er ist doch ein so guter Vater. Möchte ich wirklich die Familie auseinanderreißen, meinen Kindern den Vater wegnehmen, weil er vergessen hat, was an mir geliebt und wie er es gezeigt hat?* Diese Frage stellte ich mir nach dem Trip fast täglich.

Dann geschah etwas, eigentlich etwas Unbedeutendes, aber für mich war es der Tropfen, der das Fass zum Überlaufen brachte. Eines Abends ging ich auf die Toilette und entdeckte in der Kloschüssel einen Kotfleck. Irgendjemand hatte zwar schon gespült, aber nicht gut genug. Jemand hat nach seinem großen Geschäft schlampig sauber gemacht. Ich wusste, dass es keines der Kinder war. Für mich war das ein so aufschlussreicher Augenblick, weil er meine ganze Ehe zusammenfasste: Mein damaliger Mann machte alles in dieser Beziehung wie seinen Klogang, nämlich halbherzig. Alles war wie einem Pflichtgefühl geschuldet hingeworfen, nicht mit Hingabe ausgeführt, als würde ihm die Beziehung mit mir aus den Ohren raushängen, aber doch Realität sein, etwas, das er hinzunehmen hatte. Ich wollte diese Realität nicht. Ich wollte seine Scheiße nicht Abend für Abend sauber machen, weil er sich nicht die Mühe machen wollte, hinter sich gründlich zu putzen. Ein guter Vater ist ein guter Vater, auch wenn er nicht mehr mit der Mutter seiner Kinder zusammen ist. Ein schlechter Vater ist ein schlechter Vater, auch wenn er mit der Mutter seiner Kinder verheiratet ist. Ich wollte, dass meine Kinder ausgeglichen sind, aber wie, wenn wir es als Eltern nicht waren? Ich spürte, dass auch er nicht glücklich war. Man weiß das, wenn man in einer Beziehung ist, ob der andere zufrieden ist oder nicht. Wir waren beide unglücklich.

Kurze Zeit darauf verlangte ich die Scheidung. Er war zwar schockiert, angeblich auch überrascht, denn *er hatte es nicht kommen gesehen, dass ich so aus dem Nichts eine Scheidung möchte,* aber als wir uns hinsetzten und ich ihm aufzählte, wie oft und auf welche unterschiedlichen Arten ich versucht hatte, ihn darauf aufmerksam zu machen, was in dieser Ehe alles fehlte, nickte er stumm. Die

Scheidung verlief reibungslos, aber er wollte danach keinen Kontakt mehr zu mir, eine Zeit lang jedenfalls. Irgendwann lernte er eine Frau kennen, sie waren eine Weile zusammen und dann heirateten sie. Ich bin bis heute in keiner festen Beziehung, zumindest nicht mit einer anderen Person, aber ich bin mir selbst in den letzten Jahren viel nähergekommen.

Einmal verreiste ich allein, wieder auf die Philippinen, weil meine Mutter ursprünglich von dort ist, aber als „gut integrierte Asiatin" mit meiner Schwester und mir nie ihre Muttersprache gesprochen hat, damit wir hier ja akzeptiert wurden. Sie nahm uns damit diesen Teil unserer Identität weg, ich fühle mich zum Teil immer noch wurzellos, denn mir ist der Rassismus aufgrund meines Aussehens nicht erspart geblieben, aber ich konnte mit diesem Teil meines Seins nie etwas anfangen, was mir jegliches Zugehörigkeitsgefühl nahm, vor allem als Kind. Selbst unsere Namen haben nichts mit unserer Herkunft zu tun. Für mich war es wichtig, wieder dorthin zurückzugehen, allein und das für eine lange Zeit. Die Sprache zu erlernen, die Kultur kennen-zulernen und zu erforschen, wer ich bin. Dort bewies sich mir, wie klein die Welt doch ist. Er war mit seiner neuen Frau zur selben Zeit in demselben Land und in demselben Hotel. Unsere Kinder waren zu diesem Zeitpunkt schon älter und aus dem Haus gezogen. Ich bin so froh, dass unser Wiedersehen viele, viele Jahre nach unserer Scheidung war und, so unglaubwürdig es klingt, wir darüber lachen konnten. An einem Abend sahen sie mich auf der Terrasse des Hotels und baten mich aus Höflichkeit zu sich an den Tisch, da kann man nicht *Nein* sagen und die hochnäsige Ex spielen, außerdem mochte ich seine Frau. Sie passte zu ihm. Nach dem Essen – wir hatten uns währenddessen gut unterhalten – spielte die Live-Band langsame Tanzmusik, da sagte seine Frau, sie müsse aufs Klo, aber wir könnten ja tanzen, und er fragte mich tatsächlich. Einerseits war es wie in einer verkehrten Welt, aber andererseits tat diese Lockerheit unglaublich gut. Während wir tanzten, vertraute er mir etwas an: ‚Ich muss mich bei dir bedanken, denn auch, wenn ich dir damals die Schuld für unser Scheitern gegeben habe, so verstehe ich jetzt, was du damals gemeint hast, und nein, du hast uns nicht aufgegeben, sondern im richtigen Moment das Richtige *für uns alle* getan.' Als er das sagte, kamen mir die Tränen, ihm übrigens auch. Die Schuldgefühle, die man mir damals gemacht hatte, waren sehr belastend.

Ich habe damals eine sehr interessante Beobachtung gemacht: Unterschiedliche Menschen rufen unterschiedliche Persönlichkeitsmerkmale und Talente in einem hervor. Zwischen uns Menschen herrscht eine magische Art der Chemie, aber je nachdem, mit wem wir gerade beisammen sind, variieren diese Merkmale. Wenn ich mit meiner sportlichen Freundin unterwegs bin, gehen wir laufen oder schwimmen. Wenn ich bei meiner Schwester bin, liegen wir faul auf der Couch. Und auch die Männer, die ich kennenlernen durfte, haben unterschiedliche Frauen aus mir herausgelockt. Mit dem einen war ich eher graziös und elegant, weil er Anwalt ist, und mit dem Typen, der einen veganen Shop führte, entdeckte ich meine Tierliebe. Die neue Frau von meinem Ex-Mann – mittlerweile gar nicht mehr so neu – gibt ihm das Gefühl, ihn zu brauchen. Sie braucht ihn, seine Fürsorge, seine Liebe, seinen Schutz, all das konnte ich ihm nicht vermitteln, denn das brauchte ich nicht von ihm, nicht in dieser Form. Sie verbindet eine andere Art der Chemie. Als ich das für mich entdeckt habe, war ich umso dankbarer für meine damalige Entscheidung, denn ich traf sie im richtigen Zeitpunkt. Ich beendete die Ehe, *bevor* wir jeglichen Respekt und jegliche Liebe füreinander verloren hatten, *deswegen* konnten wir danach so human miteinander umgehen. Man muss sich nicht zuerst alles Mögliche an den Kopf werfen, hässlich zueinander sein und Hass für den anderen verspüren, um dann erst *Tschüss* zu sagen. Er hat diese wundervolle Frau gefunden, und ich habe für mich entdeckt, dass ich allein für mich reiche. Auch das ist eine Art der Liebesbeziehung. Die wichtigste von allen."

Nehmen Sie sich, was Sie gerade brauchen

Die Liebe ist ein unerklärbares Phänomen.
Es ist ein Privileg, sie zu empfinden und erwidert zu bekommen, denn es gibt viele Menschen, die ein Leben lang nach „der richtigen Person" suchen und diese nicht finden. Wenn Sie Ihre Liebe gefunden haben, halten Sie an dieser fest, Sie sind eine*r der Auserwählten dieser Welt und haben somit einen seltenen Reichtum.

Nehmen Sie sich Zeit.
Wenn es sich so anfühlt, als sei die Liebe durch die Elternschaft – oder was auch immer – verdrängt worden, dann nehmen Sie sich Zeit. Zeit ist im Grunde nichts Gegebenes, *Zeit nehmen wir uns.* Sie haben das Recht als Paar weiter zu existieren. Nehmen Sie sich also ein paar Tage (oder so viele Ihnen finanziell und zeitlich möglich sind) als Liebespaar, nicht als Eltern, und hauen Sie zu zweit ab. Das erneuert und vervielfacht nicht nur die Essenz der Beziehung, sondern ist auch irgendwo eine Art Kontrollsituation: Möchte ich noch in dieser Beziehung bleiben? Ist mein Gegenüber nach wie vor mein*e Partner*in fürs Leben? Mobilisieren Sie hierfür alle Personen, die Sie haben, als Babysitter: Großeltern, Tanten, Onkeln, beste Freund*innen, und nehmen Sie sich diese Auszeit. Es ist die schwierigste Phase für ein Paar, wenn die Kinder noch so klein sind. Wenn das nicht geht, dann seien Sie kreativ: Eines der schönsten Dates, das ich jemals mit meinem Mann hatte, war auf dem Parkplatz einer Tankstelle, mit Croissants und Kaffee aus dem Supermarkt, die Kinder schliefen im Auto, und wir haben uns in jener Sommernacht draußen am Auto zwei Stunden lang unterhalten. *Nehmen Sie sich die Zeit,* egal, wo Sie gerade sind, es muss kein Urlaub in der Karibik sein.

Lassen Sie sich nicht von irgendwelchen gesellschaftlichen Normen
in die Beziehung kacken!
Sie allein bestimmen, was für Sie passt und was nicht, die Zustimmungen von der Nachbarin, der Arbeitskollegin, selbst von der eigenen Mutter sind nicht wichtig. Wichtig ist, dass Sie sich dabei gut fühlen und das Konzept, das Sie sich erstellt haben, auch für Sie *zu zweit* funktioniert.

Mission Schwiegermütter

Das Schöne an einer oder einem Lebenspartner*in ist, dass man sie oder ihn selbst aussucht. Denn das Geschlecht, mit dem man geboren wird, wie auch die eigene Familie sucht man sich nicht aus. Den pausenlos fluchenden Onkel oder die hochnäsige Tante, die ihre Kinder immer mit mir verglichen hat und meine Mutter nicht ausstehen kann, weil ihre Ehe auf dieser Seite der Familie als einzige noch besteht, habe ich nicht selbst gewählt, aber meinen Mann – mit purem Herzenswillen und dickem Handkuss.

Wenn man mit einer Person eine Beziehung eingeht, eine ernsthafte, sich diese in weiterer Folge zu einer Ehe (oder einer Langzeitbeziehung) weiterentwickelt – dann erst wird man auf das Kleingedruckte aufmerksam, das am Anfang fast Unsichtbare, die unbeliebteste Klausel von allen Verträgen: die Familie der Partnerin oder des Partners. Die erhält jede*r gratis dazu – ungefragt. Man muss zwar nicht mit jeder*m Einzelnen von ihnen zu tun haben, wird vielleicht nicht einmal alle persönlich treffen, aber vor der VIP-Reihe der Familie – den Eltern und Geschwistern der Partnerin oder des Partners – gibt es kein Entkommen, außer Sie leben auf einem anderen Kontinent, der oder die Partner*in spricht nicht mehr mit seiner Verwandtschaft oder Sie sehen ihre oder seine Familie aus anderen Gründen kaum oder gar nicht.

„Du hast so ein Glück, dass deine Schwiegermutter tot ist", spaßte einmal eine Freundin mit mir. Auf mein „Die lebt noch, die lebt nur woanders" antwortete sie weiterhin belustigt: „Was nicht ist, das kann ja noch werden." Und auch wenn es überhaupt nicht lustig oder angebracht ist, anderen Menschen den Tod zu wünschen, so ist etwa die Geschichte von Alexandra doch eine, bei der ich das fast verstehen kann.

Alexandra lebt in einer Villa in den Woodlands, Texas. Ihre Schwiegermutter wohnte damals bei der eigenen Tochter in New York. Die gesamte Familie sah sich nur zu Weihnachten, aber diese zwei Wochen des Zusammenkommens bedeuteten immer beinahe „das Ende" für Alexandras Ehe. Schuld daran war die Familie ihres Mannes.

Seine Mutter war einmal mit einem Italiener verheiratet gewesen (eine Midlife-Crisis, die sie fast ihr ganzes Geld gekostet hatte). Sie behielt seinen Nachnamen und wollte von den Enkelkindern „Nonna" genannt werden. Zu Weihnachten gab es Lasagne, Spaghetti und Pizza, hier und da bekamen die Kinder auch mal einen Klaps auf den Hintern und wurden auf Italienisch beschimpft.

Die Tochter aus New York arbeitete für eine wissenschaftliche Zeitschrift und durfte laut Alexandra alles. Sie war die Jüngste von drei Kindern, hatte keine Kinder, keinen Mann und war in den Augen ihrer Mutter die perfekte Frau, da sie nicht sesshaft wurde, sondern eine erfolgreiche Karrierefrau war. Nonstop wurde Alexandra mit der tollen Schwägerin verglichen – vom Aussehen bis hin zur Lebensführung. Das ist wahrscheinlich einer der Gründe, warum Alexandra und ihre Schwägerin niemals Freundschaft schließen konnten. Alexandra war allerdings sehr gut mit der Frau ihres Schwagers befreundet, einer Leidensgenossin, denn ihre Kinder mussten genauso die Launen der „Nonna" erdulden. Die verschwägerten Frauen tauschten sich sogar über WhatsApp aus und ließen dort ihren Frust über die gemeinsame Schwiegermutter ab. Zu wissen, dass man nicht allein die Buhfrau war, die Kinder bekommen und keine wissenschaftliche Karriere angestrebt hatte, war beruhigend. Es tat gut, nicht die einzige Versagerin in dieser Runde zu sein, die zwar nur zwei Wochen im Jahr zu Besuch war, das ganze Spektakel sich jedoch wie ein halbes Jahrhundert anfühlte.

Alexandra hielt es aus. Die Launen, das Vergleichen, die unnötigen Kommentare und die unerbetenen Erziehungstipps. Alles wurde, so gut es ging, ignoriert, weggeweint, weggelacht und weggedacht. Aber einmal geschah zu Weihnachten etwas, das sie nie vergessen wird: Alexandras Sohn, der im gleichen Alter ist wie sein Cousin, hat in den Weihnachtsferien Geburtstag, und dieser wurde mitgefeiert. Zum ersten Mal bat Nonna darum, ihren Enkel in einen Spielzeugladen mitzunehmen, er solle sich etwas aussuchen. Nicht nur das Geburtstagskind, sondern auch die Eltern – vor allem Alexandra – staunten nicht schlecht über dieses Angebot. Und tatsächlich, der Kleine ging voller Euphorie mit seiner Nonna ins Geschäft, suchte sich ein Skateboard samt Knieschützer und Helm aus, dazu noch eine Actionfigur.

An seinem Geburtstag, nachdem alle gesungen und ihre Wünsche ausgesprochen hatten, händigte Nonna die von ihm ausgesuchten Geschenke aus – jedoch nicht ihm, sondern seinem gleichaltrigen Cousin. Vor ihm. Vor allen. Der Kleine musste zusehen, wie seine Geschenke von einem anderen geöffnet wurden. Die Kinnladen aller Anwesenden klappten herunter. Natürlich freute sich der Cousin, er war sich allerdings nicht sicher, ob er das annehmen solle. Mit seinen erst sieben Jahren wollte er lieber ein eigenes Skateboard. Alexandras Sohn lief weinend aus dem Raum, sie ihm hinterher, alle anderen ihr hinterher, und die alte Nonna saß beim Esstisch und aß in aller Ruhe vom Geburtstagskuchen.

Selbstverständlich sorgte die Mutter des Cousins dafür, dass das Geburtstagskind die Geschenke erhielt, aber dieses wollte die Sachen nicht mehr. Um die Geschenke ging es auch nicht: Dem Kind wurde zum Geburtstag von der eigenen Oma das Herz gebrochen!

Was wollte die Nonna damit erreichen? Sie hatte gehofft, Alexandras Allianz mit der Frau des Schwagers zu unterbinden, wenn sich die Kinder wegen der Geschenke gezankt hätten, so Alexandras Theorie, das habe sie aber nicht geschafft. Somit war die Nonna diejenige, die blöd durch die Finger schaute. Da hatte sie sich gewaltig verrechnet, und diese einmalige Möglichkeit, diese Frau loszuwerden, ließ sich Alexandra nicht nehmen. Früher meinte ihr Mann noch: „Sie meint es nicht so", „Du verstehst sie nicht", „Du übertreibst" – aber das hatten jetzt alle gesehen, niemand konnte das Verhalten der Nonna entschuldigen oder als „falsch verstanden" vermarkten. Alexandra beschloss, die Alte auszuladen. Für diese Schreckschraube wurde Weihnachten mit Pasta bei Alexandra gecancelt. Nicht einmal nach einer (halbherzigen) Entschuldigung vor allen Anwesenden konnte man Alexandra umstimmen. Ab diesem Zeitpunkt hieß es „Bella Ciao", auf Nimmerwiedersehen, und nicht einmal Alexandras Mann konnte ihr das übel nehmen, denn diesmal saß nicht seine Frau weinend im Abstellraum, sondern sein heiß geliebter Sohn.

Zehn Jahre später klopfte es an Alexandras Tür, und das nicht zu Weihnachten, sondern im Sommer. Mit selbst gemachtem Tiramisu stand die Nonna vor Alexandras Haus. Sie hatten sich seit damals weder gesehen noch gehört. Alexandra hatte die Nonna im ersten Moment nicht einmal wiedererkannt, es war Nonnas Geruch in Kombination mit der italienischen Süßspeise, die bei ihr die Erinnerungen in die Gegenwart riefen.

Nervös, überrascht, aber vor allem allein im Haus, bat sie ihre Schwiegermutter, in der Küche Platz zu nehmen. Sie wusste, dass ihr Mann den Kontakt zu seiner Mutter nicht komplett abgebrochen hatte, sie selbst wollte mit ihr aber keinen Kontakt mehr, die Kinder genauso wenig. Und nun saß sie da. Älter, schwächer und gebrechlicher.

„Ich sterbe, Alexandra", teilte Nonna ihr mit.

„So viel Glück habe ich nicht", scherzte Alexandra noch.

„Ich meine es ernst. Ich werde sterben."

„So fängst du eine Konversation an? Nach so vielen Jahren? Ist das dein Ernst?"

Alexandra zeigte auf die Haustür und fuhr fort: „Ich will es nicht wissen. Ich will nichts damit zu tun haben. Ich möchte diese Last nicht tragen, wieso sagst du mir das? Wissen es deine Kinder?"

Und dann ereignete sich etwas, womit keine*r rechnen konnte: Der Eisberg schmolz. Die Nonna kniete vor Alexandra nieder, hielt ihre Hände und bettelte sie an: „Ich weiß, dass ich bei dir kein Guthaben besitze, keine Punkte, die ich verwenden kann, aber ich bitte dich um einen Gefallen, weil ich weiß, dass dich mein Sohn liebt und du meinen Kindern wie eine Schwester bist. Ich habe es nicht sehen kommen, dass ich eines Tages gehen werde, mit einem Schmerz im Herzen, den ich selbst verursacht habe. Bitte verzeih mir. Ich möchte, dass du für meine Kinder da bist, wenn ich gehe, als Stütze. Und ich werde sehr bald gehen. Lass meinen Sohn nicht allein, wenn er zu meinem Begräbnis kommt. Ich bitte dich, teile seine Trauer mit ihm, das soll er nicht allein durchstehen. Tu es nicht für mich, aber für ihn."

Welche unerwartete Wendung der Gefühle! Alexandra hatte nicht mehr damit gerechnet, Nonna jemals wiederzusehen, und doch war sie nun da und bat um Vergebung. Das waren sogar zwei Ereignisse, an die Alexandra nie geglaubt hätte. Aber die Worte ihrer Schwiegermutter bewegten sie sehr. Wenn wir sterben, ist der Trost für die Hinterbliebenen gedacht und nicht für die Toten, die kümmert es nicht mehr.

Alexandras Mutter starb, als sie selbst noch ein Kind war. Am Anfang ihrer Beziehung zu ihrem Mann hatte sie die irrwitzige Vorstellung gehabt, seine Mutter würde auch ihr eine Mutter sein können. Da genau das Gegenteil eingetreten war, konnte Alexandra Nonna niemals wirklich verzeihen, aber sie versprach ihr, für ihre Kinder da zu sein, die Beerdigung nicht zu schwänzen und es zumindest zu versuchen, ihr von Herzen zu vergeben, das ist eine Sache, die den Toten dann nicht egal ist.

Nur wenige Monate später starb Nonna tatsächlich, und auf ihrer Beerdigung, die komplett von Alexandra organisiert worden war, von der Auswahl der Bestattungsfirma bis hin zu den Reden, konnte man sie spüren. Es gab italienisches Essen, italienische Musik, ihr

Parfum wurde überall versprüht, man erinnerte sich an gemeinsame Erlebnisse, auch an ihre Aktion mit den Geburtstagsgeschenken, diesmal sorgte sie jedoch für lautes Gelächter und Kopfschütteln der mittlerweile Teenager und deren Eltern.

Auch wenn Alexandra nun irgendwie mit der Sache abgeschlossen hat, so bleibt ihr die damalige Reaktion ihres Sohnes und dessen Herzensbruch wahrscheinlich immer präsent, aber damit kann sie nun leben.

Diese Geschichte zeigt, dass selbst dann, wenn Schwiegertochter und Schwiegermutter aus derselben Kultur stammen, dieselbe Muttersprache haben und in vielem eine ähnliche Weltanschauung teilen, sie diese eigenartige Beziehung dennoch nicht hinbekommen. Was sollen dann wir Multikultis machen? Wir können ja gar nicht gewinnen.

Ich kann gar nicht gewinnen. – Das dachte ich bei meiner Schwiegermutter anfangs auch oft. Sie ist keine bösartige Nonna, nicht einmal ansatzweise, aber eine ägyptische Frau, die Ägypten das erste Mal mit über fünfzig Jahren verlassen hat, und wenn sie ihr Heimatland verlässt, dann nur, um meinen Mann, mich und zuallererst die Kinder zu besuchen, sie ist also erst durch mich – und das nur sehr oberflächlich – mit anderen Kulturen, Sprachen und Wiener Schnitzel mit Preiselbeeren in Berührung gekommen.

Ich glaubte zwar, die arabische Sprache zu beherrschen, aber das Leben mit meinen Schwiegereltern (auch wenn es sich nur um ein paar Wochen im Jahr handelt) zeigt mir, dass mein Arabisch hier und da doch nicht „up to date" ist. Ich habe keinen Akzent, ich spreche sehr gut, aber mir fehlt anscheinend die Hälfte der Vokabeln, und ich kann mich nicht wirklich ausdrücken. Ich verstehe Beleidigungen nicht als Spaß, und es hat gedauert, bis ich einige Redewendungen verstanden habe. Das ist schlimmer, als wenn man die Sprache gar nicht beherrscht. Versteht man nämlich keine Silbe der anderen Sprache, hat man quasi einen Welpenschutz. Man weiß es nicht besser, schaut vielleicht anders aus, kommt woanders her. Bei mir ist es die Non-plus-ultra-Arschkarte: Ich sehe aus wie eine Ägypterin, ich spreche wie eine Ägypterin, aber ich bin weder mit den Traditionen noch mit der Kultur vollkommen d'accord und spreche mit meinen Kindern hauptsächlich auf Deutsch, weil ich mich in dieser Sprache besser artikulieren kann.

Missverständnisse in der Beziehung zwischen meiner Schwiegermama und mir waren also vorprogrammiert, ich war für sie zu anders und dennoch zu ähnlich. Ich lehne mich mit der nächsten Aussage wahrscheinlich weit aus dem Fenster, aber ich habe oft gedacht, dass sie gar nicht weiß, warum ihr Sohn mich will. Mohamed geht im schicken Anzug in die Arbeit, ist ein brillanter Petroleumingenieur, ein wirklich dezenter, wohlerzogener Mann, der durch und durch korrekt ist. Und ich bin eine Frau, die sich kleidet wie ein Clown, meistens in Flipflops herumläuft und dabei Stofftaschen mit Comics oder Tieren darauf trägt. Er ist der Traum vieler ägyptischer Mütter für deren Töchter – und ich bin halt ich. Ich bin die Hippie-Europäerin, die etwas Panafrikanisches an sich hat. „My African Queen", so nennt Mohamed mich, und da hebt sie oft spöttisch die Augenbrauen, denn er liebt mich nicht nur, er ernährt mich – ihre Worte –, während ich „irgendwelchen Unsinn, den keine*r braucht, am Laptop tippe und das Arbeit nenne, denn von zu Hause aus und in Pyjamas zu arbeiten, das gibt es nicht". Noch dazu kann sie das, was ich schreibe, nicht verstehen, weil es auf Deutsch ist. Somit schreibe ich ja vielleicht gar nicht wirklich etwas, sondern tippe nur so vor mich hin.

Dabei darf man eine Tatsache nicht außer Acht lassen: Viele (arabische) Mütter behandeln ihre Söhne wie die kleinen Burschen, die sie einmal waren. Das sind für immer ihre Schätze, ihre Augäpfel. Fast jede (arabische) Mama möchte, dass ihre Söhne Ärzte oder Ingenieure werden, Mann genug und verantwortungsbewusst. All das ist Mohamed. Im arabischen Raum übernehmen die älteren Söhne für die jüngeren Geschwister zusätzlich eine Vaterfunktion – diese Rolle ist quasi mitgeboren – und tragen schon im Kindheitsalter die Verantwortung der gesamten Familie mit. Arabische Männer werden bereits als Männer geboren, da ist nix mit Kindheit, sie dürfen nicht weinen, keine Emotionen zeigen und müssen für alle jüngeren Geschwister – auch finanziell – sorgen. Was das Emotionale betrifft, sind sich die meisten Kulturen einig, Burschen und Männer haben nicht zu weinen. Dieser Nonsens hat sich überall durchsetzen können, da kommt das Umdenken recht spät – und ist noch nicht einmal überall angekommen. Das mit dem finanziellen Teil ist bei vielen Familien so: Wer im Ausland lebt, hilft finanziell den anderen. Hier muss ich aber sagen: Mein Mann ist davon nicht betroffen. Niemals haben seine Eltern von uns erwartet, dass wir sie finanziell unterstützen, und niemals wurden wir von ihnen ausgenutzt. Mein Mann und ich kommen aus Familien, in denen wir mit dem Respekt und der Liebe unseren Eltern gegenüber aufgewachsen sind, und stünden jederzeit bereit, würden unsere Eltern oder Geschwister etwas brauchen, denn alles, was mein Mann und ich erreicht haben, sind die Früchte des Verzichts auf eigene Karrieren, die unsere Eltern gezüchtet haben. Und die ernten wir jetzt in vollen Zügen, weil sie viel von der Drecksarbeit für uns erledigt haben.

Gewünscht hat sich seine Mutter für ihn trotzdem keine Menerva. Aber genau die hat er sich ausgesucht, und das musste ich – vor allem als frisch Vermählte und naive Pseudoägypterin – ausbaden. Es hat Jahre gedauert, um meine Schwiegermutter zu verstehen. Sie richtig einzuschätzen, hat mich meine Nerven, den Glauben an die Menschheit und an mich selbst gekostet. Selten habe ich eine Frau getroffen, die sich mit ihrer Schwiegermutter gut versteht, und selten habe ich mit einer Frau gesprochen, die von ihrer Schwiegermutter schwärmt oder gerne mit dieser Zeit verbringt.

Mir war es allerdings wichtig, dass ich mich mit Mohameds Mutter verstehe, sehr sogar, weil ich in einer Familie aufgewachsen bin, deren väterliche Seite ich so gut wie nicht kenne. Das liest sich hart, ich weiß, aber außer Blut verbindet uns leider nichts. Meine Mutter wurde von den Geschwistern meines Vaters nicht gemocht, seine Mutter war auch kein Fan meiner Mama. Und jetzt raten Sie mal, nach wem ich in puncto Aussehen komme und warum die mich nicht einmal riechen können?!

So etwas wie „Komm, wir sprechen uns jetzt ordentlich aus" existiert unter Ägyptern nicht. Wir setzen die gute Miene zum bösen Spiel auf, ein*e jede*r liebt sich, solange alle beisammen sind. Ist das Treffen vorbei, wird ordentlich über die Personen gelästert, die man davor noch voller Liebe abgeknutscht hat. Das erlebe ich in Ägypten mehrmals. Wenn wir Mohameds Eltern besuchen, will natürlich jede*r Mohameds Frau und Kinder sehen, „die Europäerinnen" – die Enttäuschung über unser nicht blondes Haar und den nicht vorhandenen Akzent machen sie nicht zum Geheimnis. In diesem Punkt sind sie direkt genug. Ich bekomme alles mit, denn ein*e jede*r spricht über jede*n, bis die*der mal weg ist, dann ist die*der ein Trottel.

Als gebürtige Ägypterin erlebte ich in Alexandria, meiner Geburtsstadt, einige Kulturschocks. Heute kann ich darüber lachen, aber damals war es für mich unbegreiflich, wie viel ich falsch machen konnte, und fragte mich des Öfteren, was ich hier überhaupt verloren hätte.

Im Vergleich zu anderen Familien ist Mohameds Familie sehr modern – bis auf eine Sache, die in vielen arabischen Familien dazugehört: die Angst vor einem bösen Blick – „Hasad". Mit dem „bösen Blick" meint man, dass die eigene Missgunst und der Neid, die man anderen gegenüber empfindet, dafür sorgen, dass ihnen Unglück widerfährt, denn man hat in deren Leben „hineingegafft". Mohameds Eltern leben in einem Familien-Wohnhaus, die Nachbarn sind also seine Onkeln, Tanten, Cousinen und Cousins, und seine Mutter fürchtet sich sehr vor dem bösen Auge der anderen und macht alles im Geheimen. Seine Verwandtschaft weiß bis heute nicht, wo wir genau leben. Als wir dort das erste Mal Urlaub machten und mich ihre Schwägerin ohne Kopftuch sah, im Nachthemd, meinte meine Schwiegermutter als Bemerkung auf den Hautausschlag, den ich danach wie aus dem Nichts bekam: „Die hat dich gesehen und dir ein böses Auge verpasst, deswegen hast du jetzt diesen Ausschlag."

Damit begründet sie alles, was schlecht ist. Ich darf mich nicht zu sehr darüber aufregen oder lustig machen, denn meine Mama hat das auch nie ablegen können, sie sieht in jeder schlechten Lebenssituation das schlechte Auge einer beliebigen Person.

Was mich konkret am Umgang meiner Schwiegermutter mit mir ärgerte, meist sogar kränkte, war das Gefühl, das sie mir über mich selbst vermittelte. Durch ihre Äußerungen, und zwischen den Zeilen, hatte ich immer das Gefühl, Mohamed nicht zu verdienen. Ich *verdiente* keinen Mann, der mich so sehr liebte und finanziell für seine Familie sorgte, weil ich ihr die Art meiner Arbeit nicht gut genug erklären konnte oder sie diese nicht verstand bzw. verstehen wollte. Ich habe keinen Nine-to-five-Job und somit arbeite ich nicht. Da würden keine Erklärungen der Welt etwas anderes beweisen können. Ich war eine schlechte Mutter, eine Schlafmütze, nicht hübsch (naturblond) genug und so vieles mehr, das einfach nicht gut genug war für ihren perfekten Sohnemann. Es belastete mich so sehr, dass ich Panikattacken bekam.

Warum ich erst sehr spät etwas gesagt habe? Weil ich mir trotz alledem unsicher war, was meine Interpretation betraf. Sobald meine Schwiegereltern bei uns waren, hatte ich weder mit den Kindern noch mit dem Haushalt etwas zu tun. Den meisten finanziellen Umsatz mache ich, wenn meine Schwiegermutter zu Besuch ist, denn sie sorgt dafür, dass die Wohnung blitzeblank ist, die Kinder satt, unterhalten und sauber sind und ich ausgeschlafen bin; das Einzige, was in meiner Verantwortung liegt, solange sie da sind, ist das Kochen (was ich sehr gerne mache). Ich verfalle dann in eine unbeschreibliche Dankbarkeit, denn normalerweise werden ägyptische Schwiegermütter von den Frauen ihrer Söhne von vorne bis hinten verwöhnt und bedient (auch so eine unnötige Tradition), was meine nie von mir verlangt, ganz im Gegenteil, wir streiten uns, wer das Geschirr abwäscht, weil sie es nicht zulässt, dass ich es tue, und sie gewinnt immer. Sie ist mir eine so enorm große Hilfe, wenn sie da ist, dass ich sie manchmal – Gott bewahre – umarmen möchte. Und das tue ich dann auch. Sie erwidert das immer liebevoll, und spätestens in dem Moment bin ich mir ganz sicher: Ich tue ihr Unrecht.

Nach fast zehn Jahren, in denen ich sie kenne, und zwei Kindern, die ich mit ihrem Sohn teile (die Große ist ihr wie aus dem Gesicht geschnitten), habe ich verstanden, wie sie tickt: Sie möchte ihren Sohn, den sie einmal im Jahr sieht, nicht verlieren. Sie möchte *uns* nicht verlieren. Hier und da Tipps zu geben, sich überall einzumischen, ist ihre Art, sich selbst zu beweisen, dass sie sehr wohl ein wichtiger Teil dieser Familie ist und in unserem Leben eine unersetzbare Rolle spielt, was sie auch tatsächlich tut.

Mich möchte sie klein halten, weil ich – aus ägyptischer Sicht – aus einem besseren Land komme, das so viel ermöglicht, in dem Menschen mehr Rechte haben, und dennoch habe ich mich für ihren Sohn entschieden. Damals, als wir zusammengekommen sind, war mein Gehalt doppelt so hoch wie seines. Ich kündigte und zog mit ihm in die Wüste, damit er seine Karriere verwirklichen konnte. Ich hinkte durch die Mutterschaft und den Ortswechsel ein bisschen nach. Er ist – das sind seine Worte – erst durch mich gewachsen und die Person, die er heute ist. Vor allem beruflich. Wenn er das laut sagt, dann spricht sie nicht dagegen, führt aber gerne an, dass ich ihm meinen Hüftspeck zu verdanken habe.

So viele Fragen geisterten in meinem Kopf herum, warum ich mich jeden Tag melden müsse, warum man mich nicht einfach so nehmen könne, wie ich sei, was an mir nicht stimme, warum über warum, bis ich sie verstanden habe. Es war *ihre* Unsicherheit, die sie auf mich projizierte, und es klappte ausgezeichnet. Bis ich zu dieser Schlussfolgerung gekommen bin, hat es mich viele Tränen und Streitereien mit meinem Mann gekostet.

Ich löste es auf die Wienerische Art, na gut, halb wienerisch, halb ägyptisch, mit einer Überraschungsparty zu ihrem Geburtstag als Friedensangebot, nachdem wir ein langes, offenes und herzliches Gespräch hatten. Dieses Gespräch war nach zehn Jahren genau richtig, viel früher hätte es nur Chaos angerichtet, denn ich war damals zu emotional, hatte sie nicht verstanden und sie mich noch nicht als fixen Teil der Familie angesehen, sondern als Tatsache, die sie zu akzeptieren hatte, was sie so niemals zugeben würde, was aber meiner empfundenen Wahrheit entsprach.

Mittlerweile kennen wir einander gut genug, jede von uns weiß, was sie an der anderen zu schätzen hat und was das Gesagte der anderen wirklich bedeutet. Ich weiß, dass sie eine großartige Großmutter und große Hilfe ist, sie weiß endlich, dass ich nicht mit der Absicht geheiratet habe, ihr den Sohn wegzunehmen oder ihn gegen die Familie zu hetzen, und heute können wir beide über alte Missverständnisse lachen.

Nehmen Sie sich, was Sie gerade brauchen

Turn the page.
Nehmen Sie Abstand von der Gesamtsituation und schalten Sie kurz die Emotionen ab. Welche Tools haben Sie? Denken Sie nicht zu weit weg, sondern im Hier und Jetzt. Schalten Sie Ihren Partner nicht dazu, wirbeln Sie den Staub mit seiner Mutter nicht in der eigenen Beziehung auf, das wird Ihrer Beziehung nicht guttun, ganz im Gegenteil. Der Zustand, der zwischen Ihrer Schwiegermutter und Ihnen vorherrscht, liegt in ihrer beider Verantwortung. Versuchen Sie jedes Treffen neu anzufangen – „turn the page" –, als seien Sie Fremde füreinander, denn mit alten, aufgewühlten Gedanken und Emotionen ein neues Aufeinandertreffen zu starten, ist eine Garantie für Katastrophen. Versuchen Sie also, so objektiv wie möglich auf Ihre Schwiegermutter zuzugehen, und lassen Sie Altes los, verzeihen Sie, was verzeihlich ist.

Filtern Sie das Gute heraus.
Sie werden Ihre Schwiegermutter nicht mehr ändern können, sie hat ihre fixen Ideen und Glaubenssätze. Selbst wenn sie sich ändern wollte, dann wahrscheinlich nicht durch Sie. Das gilt allerdings für alle Menschen, denn wirklich kontrollieren und ändern kann man nur sich selbst. Wenn Sie also für sich die andere Person objektiv, ohne negative Emotionen und fair aus einer weiten Perspektive „analysiert" haben, dann filtern Sie das heraus, was gut ist. Irgendetwas wird es schon geben und sei es eine furz-kleine Eigenschaft, auf die konzentrieren Sie sich, mit der arbeiten Sie. Meine Schwiegermutter und ich schauen beide dieselben Serien, eine banale Gemeinsamkeit. Aber nun raten Sie mal, mit wem ich über die arabischen Schauspieler*innen lästere und dabei noch ein paar Lacher von ihr ernte. Was die weniger guten Eigenschaften betrifft, wenn es Sie nicht Ihren inneren Frieden kostet, dann ignorieren Sie diese. Ich

habe Tage damit verschwendet, mich zu erklären, mich zu rechtfertigen, warum ich was wie mache, vor allem bei den Kindern, und war dann einfach diese Kopfschmerzen leid, die dieses Theater verursachte. Wenn sich die negativen Eigenschaften in Grenzen halten, kann man diese gut ignorieren, wen juckt das schon, wenn sie denkt, ich würde auf der Tasche meines Mannes liegen, ich weiß ja, dass es nicht so ist. Er und ich wissen, wie es mit unseren Finanzen tatsächlich aussieht, und das muss ich niemandem erklären. Außerdem ist da ein Lächeln, das von einem Nicken geführt wird, viel reifer und eine lautere Antwort als ein „Aber so ist es nicht, weil …". Zudem gibt es mir die Oberhand. Ich beende damit diese leidige Diskussion (so wie die, warum wir kein drittes Kind wollen) ohne Streit, ohne Stress, ohne Nervenzusammenbruch und ohne sie weiterzuführen, sondern ersticke diese im Keim.

Warten Sie nicht hilflos auf Bestätigung.
Die wird nicht kommen, nicht von Ihrer Schwiegermutter, und falls doch, dann haben Sie den Schwiegermutter-Jackpot geknackt, Sie glückliche Person. Sie sind eine gute Mutter, egal ob Sie arbeiten oder nicht arbeiten; Sie sind valide genug, auch wenn Sie das nicht von der Schwiegermutter hören; Sie sind mit ihrer Tochter oder ihrem Sohn verheiratet, nicht mit ihr; Sie brauchen ihre Zustimmung für die Art Ihrer Existenz nicht. Ist leichter gesagt als verinnerlicht, aber sobald man das wirklich von sich selbst denkt, ist man ein großes Stück befreiter, denn dann erwartet man nicht, das Schätzchen der Schwiegermutter zu sein, und das ist eine Last mehr, die man verabschieden darf.

Sie stellen die Regeln auf!
Die meisten Schwiegermütter wollen im Grunde von Ihnen bestätigt werden, würden das so aber nie zugeben, denn sie sind doch die älteren Damen, die Mütter der Männer, und das hat Autori-

tät, jedenfalls für sie. Daher kommt diese Verbissenheit, die ist in Wirklichkeit nichts anderes als ein Schrei nach Liebe, Akzeptanz und Partizipation, für die Sie (manchmal unbewusst) die Regeln setzen. Das ist ein Schachzug, von dem wir (vor allem in arabischen Kulturkreisen) zwar Gebrauch machen sollten, aber da dessen Existenz ein Geheimnis ist, kommt es nie zu diesem Zug. Schon als Kind habe ich etwas beobachtet: In arabischen Haushalten haben die Frauen die Hosen an. Vielleicht nicht als frisch vermählte, aber als reifere Frauen (und als Mütter) dann sehr wohl. Auch wenn es nach außen hin oft anders aussieht, so ist es hinter verschlossenen Türen die Frau, die die Familie bewegt und die Regeln festlegt, etwa, wann welche Schwiegermutter kommen darf, wie lange und ob überhaupt. Wenn es Sie Ihren inneren Frieden kostet, dann zoomen Sie sich aus der Situation raus. Wenn es auf Kosten der Psyche Ihrer Kinder geht, dann zoomen Sie die Kinder raus. Das mag kulturübergreifend unmöglich erscheinen, aber bedenken Sie, dass Sie für die Regeln verantwortlich sind. Verinnerlichen Sie diese Idee und handeln Sie so gut es geht danach. Zum Wohle Ihrer Familie, aber an erster Stelle auch für Ihr eigenes Wohl.

Berufsbrezel

Kennen Sie den Spruch mit dem Spagat? Er wird meistens raffiniert in eine Frage verpackt, die extra für Mütter gedacht ist. (Die Mehrheit der Väter muss sich damit nicht auseinandersetzen.) Wie schaffen Sie den Spagat zwischen Familie und Beruf? Auch der Hut kommt gerne zum Einsatz, wenn Mamis gefragt werden, wie sie es schaffen, den Berufsstress mit dem Mutterschaftsdasein zu vereinen – unter eben genannter Kopfbedeckung. Aber wie viele Menschen können denn bitte schön einen Spagat? Nur Geübte können aus dem Stehen heraus in den berühmten Beinspreizer auf den Boden prallen und selbst die, die es können, bleiben nicht auf immer und ewig in dieser gottverdammten Pose, das Leben geht ja weiter. Sehen Sie die Unmöglichkeit? Ich sehe sie. Die Frage, wie eine gesamte Familie und ein Job in einen Hut passen sollen (in dem schon der Kopf grad mal so Platz hat), erspare ich Ihnen.

Ich werde in diesem Kapitel (oder eigentlich im gesamten Buch) keine Option in den Himmel loben und die andere verteufeln. Sollten Sie das erwartet haben, dann muss ich Sie bitter enttäuschen, denn ich kenne die meisten Modelle der „Arbeit danach" (also nach der Mutterschaft) und sie sind alle – excuse my French – beschissen. Es haben zwar alle ihre positiven Seiten, aber die halten sich sehr in Grenzen.

Als Mutter, die nicht erwerbstätig ist und zu Hause beim Kind bleibt – und das habe ich bei meiner ersten Tochter die ersten zwei Jahre lang gemacht –, hat man das Gefühl, denselben Tag immer wieder zu erleben, die sozialen Kontakte sind so gut wie ausgerottet, und es scheint, als würden alle anderen das beste Leben deluxe führen: die einen verreisen, die anderen schließen Doktoratsstudien ab und wieder andere verwirklichen sich beruflich, werden vielleicht selbstständig, und man selbst hockt mit Babyspucke auf der Schulter halb verschlafen auf der Couch mit einem Baby im Arm. Irgendwann schleicht sich der Gedanke ein, das (berufliche) Leben sei vorbei – weil die ersten Monate, oder auch Jahre, mit Kindern ohne jegliche Hilfe (wir verbrachten viel Zeit im Ausland) einem wie eine Ewigkeit vorkommen. Nicht nur die berufliche Ambition ist dann auf Standby, in manchen Lebenskonzepten ist man finanziell ja komplett vom Partner abhängig, sondern da ist noch eine Sache, die dem Ganzen eine bittere Note verpasst. Der Ruf einer Stay-at-home-Mom gleicht dem Ruf einer Studentin oder eines Studenten, die*der nicht von zu Hause ausziehen möchte. Das sind die faulen Frauen, die ihren Männern auf der Tasche liegen, in Ruhe ausschlafen können, den ganzen Tag in der Küche und vor dem Fernseher verbringen. Das sind die, die keine Sorgen haben, weil der Mann alles Finanzielle regelt und es ja ein Kinderspiel ist, das Kind am Leben zu erhalten, so wird das jedenfalls im öffentlichen Diskurs porträtiert.

Als Mutter einen Nine-to-five-Job zu haben ist zwar finanziell und psychisch für viele Mütter ein Segen, weil man dann ab und zu mit Erwachsenen spricht, die sich in vollen Sätzen artikulieren können (auch wenn einige von ihnen sehr unreif sein können), weil das Gefühl der finanziellen Unabhängigkeit guttut und man wieder seinen Teil in der Gesellschaft beiträgt, da aber alles zwei – oder mehr – Seiten hat, kann auch dieses Modell schnell die „Rabenmutter"-Trophäe gewinnen, denn eine Mutter, die arbeitet, gilt als herzloses und geldgeiles Miststück – jedenfalls unter vielen anderen Müttern.

Die Variante, die mich bis jetzt am längsten begleitet, ist die Selbstständigkeit. Das Arbeiten am Laptop von zu Hause aus, während die Kinder nebenbei spielen, schlafen oder das tun, was Kinder eben tun – nerven. Ich habe Sex mit Peppa-Wutz-Geräuschen im Hintergrund, und wenn ich arbeite, läuft „Paw Patrol". Wenn ich online Schreibworkshops gebe, singt der „Baby Shark", und es laufen hier und da schon mal Kinder in Pyjamas oder Windeln als Showeinlage vor die

Kamera. Schön ist, dass man sich die Arbeit zeitlich so einteilen kann, wie man möchte, und wenn man Glück hat, haben die Kund*innen Humor und finden die Kinder süß. Das Gehalt ist mal gut, mal weniger gut, ich habe nie wirklich Urlaub, denn selbst in meiner „Auszeit" denke ich an die Schreibkurse, die ich online für Frauen anbiete, optimiere die Ideen oder investiere in Kurse für mich selbst, denn man möchte sich ja beruflich weiterbilden. Beruf und Familie vermischen sich, weil sie wortwörtlich ineinanderfließen, und hier verschließt sich für mich der Berufsspagat zu einer *Berufsbrezel* – schmeckt wenigstens gut und ist weitaus realistischer als der Spagat.

Auch dieses Homeoffice-Dasein hat eine zweite Seite. Den schlechten Ruf. Wenn Menschen zu Hause arbeiten, arbeiten sie dann wirklich? Kann *das* ernsthaft als Arbeit gezählt werden? Wenn ich gefragt werde, wo mein „Büro" sei, und als Autorin nicht in einem fancy Office arbeite, das ich extra für das Schreiben in der Innenstadt gemietet und Ausblick auf dies und das habe, ernte ich auf die Antwort „Der Esstisch zu Hause" immer ein von einem entsetzten Gesichtsausdruck begleitetes „Aaah". Was so viel bedeutet wie: „Wollen Sie mich verarschen?" Zugegeben, seit Corona Teil unserer Realität ist (wir müssen in diesem Buch nicht so tun, als würde diese Pandemie nicht existieren), ist auch die Option des Homeoffice nicht mehr aus unserem Berufsalltag wegzudenken. Diese Form der Tätigkeitsverrichtung hat dadurch eine hohe – fast schon essenzielle – Bedeutung erhalten, aber wirklich gleichgestellt mit einer Arbeit in einem Büro ist sie noch nicht.

Das Los der Working Mom

Ich war selbst noch keine Mutter, als ich beobachtete, wie das Prozedere abläuft, wenn eine Kollegin aus einer zweifachen Karenz-Auszeit (also nach insgesamt vier Jahren) in die Firma zurückkommt. Sie schaute eine Woche vor ihrer Rückkehr im Büro vorbei, um

„Hallo" zu sagen und abzufragen, was sie denn nun machen würde. In ihrem Fall – wir nennen sie Karin – sah es wie folgt aus: Karin war Teamleiterin eines von vielen Teams in der Firma gewesen und hatte hauptsächlich mit Social Media und Marketing zu tun gehabt. In den letzten vier Jahren hatte sich in diesem Bereich aber einiges von Grund auf verändert und der Kerl – nennen wir ihn Ralph –, der während ihrer Führungszeit noch Praktikant gewesen war, war nun *der* Teamleiter geworden, also quasi *„die neue Karin"*. Sie selbst hatte keinen Platz mehr in diesem Team, das sie vor Jahren selbst eingeschult und dessen Arbeitspläne und Struktur sie vor ihrer Mutterschaft vollkommen allein erstellt hatte, das führte er nun zwar so weiter, aber sie hatte nichts mehr mitzureden. Ihre neue Stelle war in meinem Team. Ich war selbst erst seit vier Monaten in der Firma angestellt. Wir waren für etwas ganz anderes zuständig, das nichts mit Kommunikation oder Vermarktung zu tun hatte, sondern die Kundenbetreuung betraf, und damit konnte Karin überhaupt nichts anfangen. Sie mochte keine Menschen – nachvollziehbar, wenn man mit Ralph zu tun hatte –, und wollte viel lieber vor dem Bildschirm die Produkte vermarkten und Pläne für das Marketing schmieden, als irgendeinem desinteressierten Heinz persönlich die Produkte anzudrehen. Wenn sie bleiben wolle, sei das die einzige Option, hieß es. Ganz nach dem Motto „Friss oder stirb" wurde ihr diese Stelle angeboten, bei der sie grottenschlecht verdiente, denn sie kam auf Teilzeit zurück, und in einem Team, von dem sie niemanden kannte, und der kleine Ralph mit Abschleckfrisur war jetzt der große Ralph mit Abschleckfrisur und der Chef ihres ehemaligen Teams. Das war zu viel für Karin. Eines Tages hörte ich im Damen-WC in der Kabine nebenan ein Schluchzen. Sie weinte sich jeden Tag die Augen in der Firma aus, anfangs noch versteckt am Klo, später auch auf ihrem Arbeitsplatz, vor allen, und alle anderen sahen zu. Für Karin waren die Telefongespräche mit den Kund*innen pure Folter, sie lief dabei im Gesicht rot an, stotterte, und ihre Hände zitterten. Die anderen

Frauen – vor allem die kinderlosen „fancy Nancys" – redeten schlecht über sie, meistens während der Mittagspause in der Küche und schamlos laut – ich wuchs ja noch in einer Zeit auf, in der man das leise und hinterrücks machte –, wie dumm sie doch sei, weil sie die Mutterschaft vorgezogen habe, *sie verdiene es so zu enden.* Karin kam dann gar nicht mehr in die Küche.

Einer unserer älteren Kollegen bemerkte meine Beobachtung der Sache und setzte sich bei einem Mittagessen – er erwischte mich allein in der Küche – zu mir. Wir sprachen über die Arbeit und auch über Karin.

Er meinte: „Das mit der Karin ist eine Frage der Zeit, die wird ja nach Strich und Faden abgeschoben."

Mein damaliges naives Ich fragte: „Ist sie nicht Österreicherin? Wohin wird sie denn abgeschoben?"

Er lachte über meine Aussage so sehr, dass er sich dabei fast verschluckt hätte: „Nein, sie wird vom Büro *abgeschoben* oder *rausgeekelt*, das wird so gesagt, wenn man jemanden loswerden möchte, aber sie oder ihn nicht feuern kann."

„Warum machen wir nichts dagegen?"

„Weil wir nichts in der Hand haben. Wir sind genauso angestellt wie sie und keine Führungskräfte. Wir können ihr nur helfen, indem wir ihr Arbeit abnehmen oder es ihr so angenehm wie möglich machen, was natürlich keine langfristige Lösung ist."

Karin machte das ein Jahr lang mit, kündigte schlussendlich aber freiwillig, weil ihre mentale Gesundheit sowie der Geldbeutel massiv darunter gelitten hatten. Als sie sich von mir verabschiedete, erwähnte sie ganz aufgeregt, dass sie mit Mann und Kindern nach Asien wolle, eine Rundreise solle es sein, wahrscheinlich für ein ganzes Jahr, denn das Mutterschiff brauche Heilung, und wenn es sich nicht erholte, würde es versinken, und daran könnten alle sterben. Als kleine Familie mussten sie nun gemeinsam heilen, um stärker aus diesem Bruch – so nannte sie es – herauszukommen. Nach ihrer

Rückkehr gründete sie von ihrem Wohnzimmer aus ihre eigene Marketingfirma, in der sie ausschließlich Mütter anstellte, die auch aus ihren eigenen Wohnzimmern arbeiteten. Nicht viel später wurde ihr Unternehmen sehr erfolgreich. Das Mutterschiff hatte sich nicht einfach nur erholt oder war durch das Reisen geheilt worden, es heilte gleich andere Mutterschiffe mit.

Die Geschichte der Füchsin

Ich war damals im Urlaub, als es hieß, dass Joana Fox in derselben Stadt sei. Und weil Selbstständige nie wirklich Urlaub haben, schrieb ich ihrer Agentin eine E-Mail mit der Bitte um ein Interview. Damals rechnete ich kein bisschen mit einer Antwort, aber ich habe mich getraut, den Kontakt aufzunehmen, und: Bingo! Ich bekam einen Termin. Joana Fox logierte im Kempinski Hotel. Die Aussicht vom Zimmer aus auf die Stadt war atemberaubend. Schön, wenn einem so plakativ vor Augen geführt wird, was man sich niemals wird leisten können, aber ich gönne es ihr von ganzem Herzen, da sie gefühlt jede Woche von den Klatschmagazinen analysiert wird. Aber mir vertraute sie höchst persönlich ihre Geschichte an.

„Mein Mann war um einiges älter als ich. Bei unserer Hochzeit war ich der Presse noch unbekannt. Der Name meiner Familie ist zwar schon bedeutend, aber ich konnte mich bis dahin gut vor dem ganzen Rummel um die mediale Berichterstattung verstecken, da ich lange im Ausland gelebt hatte. Mein Mann hat mit seiner Mutter eine Kosmetikfirma gegründet, mittlerweile eine der leitenden Firmen in der Kosmetikbranche. In meiner Familie finden sich nur Juweliere, also ein komplett anderer Bereich. In dem Moment, in dem ich Marcus heiratete, wurde ich zum Thema der Nation. Ich war über fünfzehn Jahre jünger als er, hatte mit seinem Unternehmen nichts zu tun und so gut wie jedes Magazin, das ich in den Händen hielt, hatte etwas über mich zu sagen. Es kümmerte mich nicht, ich konnte so etwas gut ignorieren, aber Jahre später starb Marcus. Kurz danach starb auch seine Mutter, und seine Schwester wollte das Unternehmen nicht führen, sie war außerdem viel zu jung, und ich fühlte mich für meine Schwägerin verantwortlich. Ich besaß durch die Anteile von Marcus mehr als die Hälfte der Firma, und seine Schwester bekam monatlich, was ihr finanziell zustand. Dann saß ich da. Ohne etwas über dieses Business zu wissen, als frisch gebackene Mama von Zwillingen und Witwe.

Gerne hätte ich die Zeit gehabt zu trauern, aber die gab mir keine*r, und nehmen konnte ich sie mir nicht, denn wenige Tage nach Marcus' Tod war ich auf dem Titelblatt jeder Klatschzeitschrift, und diesmal wurde ich das erste Mal wütend. Richtig wütend, denn nichts an meiner Situation wurde respektiert. Ich hörte auf, diese Magazine zu lesen, selbst wenn sie mir durch Zufall in die Hände fielen, ich warf sie weg, ohne auch nur reinzuschauen. Im ersten Meeting nach Marcus' Tod wurde mir eines bewusst: In der Firma arbeiteten hauptsächlich Männer. Die einzigen Frauen im Unternehmen waren die Empfangsdame, die Putzfrau, die Models, die für die Kampagnen gebucht wurden, und eine Praktikantin, die Jus studierte, aber nur Kaffee machen durfte. Diese Männer in ihren Anzügen dachten, alles besser zu wissen als ich, denn ich kam ja aus einer anderen Branche, und belehrten mich in den lächerlichsten Dingen, die Sie sich nur vorstellen können. Dabei war es mir ein Rätsel, wie gut sich das Produkt verkauft hatte, wo doch keine einzige Frau im Team war. Auch die Models sahen nicht so aus, wie es für das Produkt angemessen gewesen wäre, sondern wie aus dem Jugendtraum eines Mannes entsprungen. Ich wollte das alles nicht. Ich habe alle gefeuert und qualifizierte Menschen eingestellt, nicht nur Frauen, aber vor allem Frauen, denn wenn es um unsere Haut geht, dann müssen wir doch mitreden können. Die Presse zerriss mich in der Luft, das konnte ich nicht nicht mitbekommen, ich war überall. Ich sei zu jung, zu naiv, zu unprofessionell, die Firma würde zugrunde gehen und ich hätte Schuld daran. Der Name meines Mannes sei beschmutzt und das tolle Unternehmen dem Ende nah.

Um ehrlich zu sein, es gab am Anfang einen Drop, ich strukturierte die komplette Firmenidee um. Ich kann ja keine Gesichtscreme für Frauen über fünfzig mit einem Model vermarkten, das noch nicht einmal zwanzig ist. Ich vermarktete die Wahrheit, aber es dauerte, bis dieses Bild ankam. Jetzt mag das vielleicht modern sein, aber damals wurde das bekämpft, da galten ältere Frauen nicht als schön, nicht vermarktbar, da trug keine Frau stolz ihre grauen Strähnen so wie heute. Es war schwierig, bei den Leuten mit Pickeln, Sommersprossen, weißen Haaren, Cellulite und hängender Haut als Schönheit anzukommen, aber auch in der Branche selbst wurde ich von der Konkurrenz belächelt. Wir verwendeten kein Photoshop, die bestehenden Produkte wurden optimiert, die Linie vergrößert, wir stellten auch Produkte für Kinder und Männer, also für die gesamte Familie, her. Diese „Familiensets" sind eine unserer bestverkauften Produktlinien. Am schwierigsten war für mich das Erlernen und lange Studieren dessen, was mein Mann eigentlich gemacht hatte. Das Marketing war einfach, das ist mein Spielfeld, darauf beruhte zwar auch das meiste, aber ich wollte Qualität bieten. Mit den weiblichen Herstellerinnen zu arbeiten, war so viel angenehmer, sie setzten sich mit mir hin, erklärten mir die Inhaltsstoffe, alles auf Augenhöhe. Mit den Männern hingegen war das viel anstrengender, ich sei ja keine Biologin, ich kenne mich nicht aus und solle mich doch lieber um die Kinder kümmern.

Der Anfang war schrecklich. Ich wurde ins kalte Wasser geworfen und dort warteten die Haie auf mich, denn sobald es mit dem Geschäft bergauf ging, wurde ich als die Rabenmutter schlechthin bezeichnet, nicht nur in der Presse, sondern auch im privaten Umkreis. Ich werde Sie nicht belügen, ich hatte oft selbst Gewissensbisse, denn meine Kinder waren nur wenige Monate alt, als ich die

Führung des Unternehmens übernahm. Aber heute sind sie Teenager, und ich kann Ihnen eine Sache versichern, die ich mit der Zeit gelernt habe: Es gibt berufstätige Mütter, die jede freie Sekunde mit ihren Kindern verbringen und Quality Time mit gemeinsamen Gesprächen und Aktivitäten nutzen. Dann gibt es Stay-at-home-Moms, für die Quality Time bedeutet, dass man vor dem TV sitzt. Natürlich findet sich auch das Gegenteil, aber mein Punkt ist, dass das berufliche Lebenskonzept einer Mutter nicht darüber bestimmt, ob sie eine gute Mutter ist oder nicht.

Meine Kinder und ich haben einen sehr starken Draht zueinander, und das habe ich mir hart bei ihnen erarbeitet. Ich habe mich bewusst bei jeder Gelegenheit darum gekümmert, auch weil sie ohne Vater aufgewachsen sind und ich immer das Gefühl hatte, dieses Loch füllen zu müssen. Und ich versuche jeden Tag, es ein wenig zu schließen.“

„Grab, wo du stehst“

Mein persönlicher Weg in den österreichischen Medien ist generell sehr holprig, fast schon skurril gewesen. Irgendwie fühlte sich oft alles anstrengend an, und ich habe mich oft gefragt, warum ich „nicht einfach etwas Gescheites“ studiert habe, so wie es meine Mutter gewollt hätte, denn seien wir ehrlich: Reich wird man vom Schreiben nicht, und die Kopfschmerzen gibt es gratis dazu, aber ich liebe es. Ich *brauche* es und ich tue es mit Herzblut. Das ist gleichzeitig auch das, was es manchmal kostet, und ein bisschen Würde …

In meiner Studienzeit habe ich als Telefonistin für ein Marktforschungsinstitut gearbeitet. Das Tolle an diesem Beruf war, dass man sich die Zeit frei einteilen konnte – für Student*innen ein Stück vom Himmel. Und dieses Institut hatte eine Besonderheit: eine eigene Zeitschrift. Es handelte sich um eine kleine Beilage, die den großen

Klient*innen pro Quartal geschickt wurde, eine Art moderner Newsletter. Um dafür zu schreiben, musste man sich extra bewerben. Als ich die Zusage erhielt, dachte ich tatsächlich, ich hätte den ersten, richtigen Schritt in Richtung Journalismus geschafft – ja, heute lache ich auch darüber. Die meisten vom Team waren extern. Ich war eine der wenigen, die im Callcenter *und* extern für diese winzig kleine Redaktion – die genau genommen keine war – arbeiteten. Eine junge und auf den ersten Blick sehr engagierte Studentin bestimmte unsere Themen. Eines Tages teilte sie uns bei einer Teambesprechung mit, dass ihr Artikel auf irgendeiner Website *drin-gend-st* (das war ihr Lieblingswort) mehr Votings brauche, damit sie was weiß ich für einen Preis gewinnen und was weiß ich wo namentlich auftauchen würde. Also mussten wir alle unsere Handys herausholen und vor ihren Augen für sie voten. Auf meine verrückte Idee, mehr als dreißig Euro pro Artikel für die Redakteur*innen zu zahlen, reagierte sie ein wenig wütend, aber ich beharrte darauf: „Ich finde dreißig Euro sind zu wenig für einen Artikel. Andere Zeitschriften und Zeitungen zahlen fairer. Wir recherchieren, wir setzen uns hin und schreiben. Es sind unsere Gedanken, und meine kosten mehr. Außerdem müssen wir die langweiligen Zahlen und Fakten für die Klient*innen hier und da mit themenrelevanten Geschichten ausschmücken, damit das Heft nicht nur aus trockenen Grafiken besteht. Das ist eine weitere Arbeit."

„Dreht sich immer alles ums Geld?", fragte sie mich.

„Das Geld spielt eine nicht unwesentliche Rolle, ja, oder arbeitest du umsonst? Du bist hier fix angestellt, krankenversichert und verdienst sehr gut. Das Heft lebt allerdings von den Geschichten der freien, angehenden Journalist*innen."

Dann lachte sie mich aus: „Du denkst, dass du eine angehende Journalistin bist?"

Ich nickte: „Eigentlich Autorin, aber ja, das denke ich."

„Und woher diese Sicherheit?"

„Du bist es doch auch."

„Aber ich bin hier die Chefin. Ich bestimme, Liebes. Du bist ersetzbar, ich nicht."

Ich packte meine Sachen und ging. Ab diesem Tag verfasste ich für dieses Medium nichts mehr, blieb aber noch als Telefonistin im Callcenter. Für sie war ich – und das sagte sie mir so ins Gesicht – eine äußerst anstrengende Person. Es sei äußerst anstrengend, mit mir zu arbeiten, und es sei noch anstrengender, mit mir zu reden. Man müsse eine sehr hohe Toleranzgrenze haben und mich mögen, wenn man beruflich mit mir auskommen möchte. Als sie diese leitende Position – von einem Heft, das in Wirklichkeit keine*r außer den Klient*innen des Instituts zu Gesicht bekam – übernommen hatte, war sie noch sehr jung. Sie war sogar eine der Jüngsten im gesamten Callcenter. Ihr Ehrgeiz war nicht zu übersehen, und man merkte ihr an, wie sehr sie ihre Aufgabe ernst nahm, aber eines konnte sie nicht: eine Leaderin sein. In meiner beruflichen Laufbahn hatte ich unzählige Jobs und arbeitete mit vielen unterschiedlichen Frauen zusammen. Zwei Phänomene wiederholten sich überall: Es gibt Frauen, denen es wahrlich am Herzen liegt, dass andere Frauen in ihrer Karriere aufblühen. Dann gibt es Frauen, die Ihnen so lange unter die Arme greifen werden, so lange Sie sie nicht im Erfolg übertreffen. Sie strecken Ihnen ihre scheinbar helfenden Hände nur aus, um zu wissen, wo Sie stehen und ab welchem Zeitpunkt Sie gestoppt werden müssen, um ja nicht auf deren Feld zu spielen. Sie sollen so lange wie möglich klein bleiben. Das ist eine reine Charakterfrage, und je nachdem entscheidet sich, wer eine Leaderin und wer eine toxische Chefin ist, die ihre Macht in eine Dominanz verwandelt, die die Arbeitsatmosphäre wie dicke Luft verpestet. Noch am selben Tag habe ich mich bei anderen Medien beworben, meine Artikel verkauften sich schnell, und pro veröffentlichter Story bekam ich zwischen 250 und 300 Euro, wobei ich nicht schlecht staunte, ich hatte ja keine Ahnung, dass meine Gedanken, Erlebnisse und Meinung überhaupt etwas wert waren. Das war mir tatsächlich neu, und Monate später kündigte ich komplett beim Callcenter.

Egal, wo ich gearbeitet habe, ich wurde immer unterschätzt. Ich war meistens eine von sowieso wenigen Frauen und ausschließlich die einzige sichtbare Muslima. Ich musste mich doppelt und dreifach beweisen, denn ich war die, die aus der Gosse kam und in Österreich Autorin werden wollte. Das klang für die meisten eher wie ein schlechter Witz und ganz ehrlich: für mich auch. Und weil ich das Gefühl hatte, privilegiert zu sein, überhaupt einen Fuß in all diese unterschiedlichen Medienhäusern setzen zu dürfen, gab ich mich auch mit einer geringen Bezahlung zufrieden. Was heißt hier gering, ich hätte sogar noch draufgezahlt, um überhaupt irgendwo in einer Zeitschrift meinen Namen zu lesen, denn das war das Highlight meiner Karriere: die Veröffentlichung meiner Artikel samt Foto und Namen. In diesen Redaktionen musste ich nicht nur als Frau klarkommen, sondern auch als Woman of Color, Rassismus und Sexismus gingen da Hand in Hand.

„Frau Hammad, darf ich Ihnen bei der Begrüßung die Hand geben oder gilt das für Sie als Muslima schon als #MeToo?", scherzte einmal ein Kollege an meinem ersten Tag in einer Redaktion. Es ist die Hilflosigkeit, der man als Woman of Color verfällt, wenn man in Österreich in einer Redaktion (oder eigentlich überall) an eine Karriere denkt. Wenn ich als Menerva einen Tippfehler mache, ist es nicht einfach nur ein Tippfehler, sondern ein Migrantensymptom, mein Migrationshintergrund, meine Hautfarbe, meine Religion und mein Geschlecht. Wenn ein Franz Bauer einen Tippfehler macht, ist es ein Tippfehler. Bemerkungen, Diskussionen und Theorien über meine Herkunft und Religion standen auf der Tagesordnung, ich ließ sie meistens über mich ergehen, denn ich war ja nicht zum Debattieren im Büro, sondern zum Arbeiten. Belastet hat es mich trotzdem. Es wurde über mein Leben und mich spekuliert. Ich wurde von Menschen, die nichts mit meinem Leben zu tun hatten, über die Art meiner Lebensführung belehrt, und schlimmer noch: Von mir wurde erwartet, Überzeugungsarbeit zu leisten und dies und das zu erklären.

Eine geraume Zeit später folgten die vielen Reisen, meine Mutterschaft und mein Dasein als Hausfrau. Ich werde es nicht leugnen, bis zu einem gewissen Grad war das eine Erleichterung, denn ich kann ja nichts. Ich bin nicht besonders. Ich kann keine Pflegeprodukte herstellen lassen oder aus einem Stäbchen und einem Seil ein Kunstwerk schaffen, um es zu verkaufen, ich konnte nicht nach einer Auszeit in Asien eine komplette Firma aus dem Nichts gründen, ich schrieb nur Geschichten, wahre und erfundene, Gedanken und Gedichte – die keine*r lesen wollte.

„Es liegt an Ihrem Stil, Frau Hammad, der ist wirklich noch nicht bereit für die Welt", sagte einmal eine Lektorin zu mir, die für einen Verlag arbeitete, bei dem eines meiner Manuskripte über viele Jahre lang lag. Jahre, in denen ich darauf wartete, dass sich etwas bewege.

„Meinen Sie damit, dass ich nicht schreiben kann?", fragte ich sie wie ein kleines Kind, das auf Bestätigung von einem erfahrenen Erwachsenen wartete.

„Nun ja, mein Geschmack ist es nicht. Ich würde von Grund auf alles anders schreiben, was Sie sich da haben einfallen lassen, es ist nett, aber nicht reif genug. Sie sind noch nicht bereit. Üben Sie." Ihr Lächeln danach war wie ein Schlag in mein Gesicht.

Das war übrigens ein Verlag, bei dem ich nicht nur unter aller Sau verdient hätte, sondern auch noch die Hälfte der Druckkosten hätte übernehmen sollen, Marketing und Veranstaltungsplanung hätte ich auch selbst gestalten dürfen, und das schreckliche Buch, das ich verfasst hatte, wäre nur online erhältlich gewesen. Aber das ist nicht das Schlimmste an der Geschichte. Das Allerschlimmste – aus heutiger Perspektive – ist für mich, dass ich dieser Frau damals jedes einzelne Wort über mich glaubte. Mit gebrochenem Herzen zog ich mein Manuskript zurück und ließ es sein. Das war vielleicht eine der mutigsten Entscheidungen, die ich jemals getroffen habe.

Ich konzentrierte mich also auf die Mutterschaft. Darin war ich gut. Und meine Schreiberei führte ich auf meiner eigenen Plattform, meinem Mamablog, fort. Damit konnte ich zwar kein Geld verdienen, aber ich erhielt von anderen Müttern – und auch von Frauen, die keine Mütter waren – schönes Feedback.

Nicht alle Träume werden wahr, versuchte ich mich auf den Boden der Realität zurückzuholen. Ich habe ein gutes Leben, meiner Tochter geht es gut, ich kann ja später einmal etwas anderes werden, aber jetzt zählt mein Kind. Ich brauchte einen Plan B, denn Plan A ließ sich einfach nicht umsetzen.

Dann geschah etwas: Ich fand einen tollen Job in einem tollen Unternehmen mit toller Bezahlung. Bingo! Zwar nicht in meinem Bereich, aber es war eine gut bezahlte Vollzeitstelle. Ich war dort nur die Menerva, nicht die Muslima, nicht die Migrantentochter, und meine Expertise wurde nicht ins Lächerliche gezogen, weil ich aus einer anderen Branche kam, sondern sie wurde von der ersten Minute an geschätzt. Ich wurde als Mensch gesehen und musste mich nicht neben der Arbeit mit Rassismus auseinandersetzen. Was für eine neue, großartige Erfahrung. Dieses Arbeitsklima war schon ein wenig zu schön, um wahr zu sein. Es passte einfach alles. Ich verstand mich mit allen gut, es entstanden auch einige Freundschaften, die bis heute bestehen, und dort, wo keine gegenseitige Sympathie bestand, waren Kollegialität und Professionalität präsent. Aber dann passierte etwas: Erin.

Erin arbeitete seit unzähligen Jahren extern projektbasiert für die Firma. Sie war für einiges zuständig, nichts Konkretes, sie machte irgendwie alles und nichts. Alle liebten Erin, sie galt als der Firmenkumpel und war nie lange genug da, um nicht geliebt zu werden. Wenn man nicht mit ihr arbeiten musste, bekam man nur ihre Witze und gute Laune mit. Und jetzt raten Sie mal, wer mit ihr arbeiten musste – genau, moi!

Alles, was sie nicht machen wollte, schob sie mir rüber, natürlich mit einem freundlichen Lächeln und einem Schulterklopfen. Sie überhäufte mich mit Arbeit, ich musste sogar an den Wochenenden ins Büro, sah meine Tochter kaum, und nie erreichte ich das Pensum oder die Qualität der Arbeit , die Erin haben wollte. Das war eine der für mich schwierigsten Zeiten überhaupt: Ich war in einem Job gefangen, der nicht ganz das war, was ich mir vorstellte, und bei dem ich scheinbar doch nicht gut genug war, wie ich zuerst angenommen hatte, denn Erin reichte nie, was ich tat.

Um es bildlich zu beschreiben: Sie hatte ihre Hände um meinen Hals gelegt und packte fest zu, da sie nicht wollte, dass ich ihren Platz einnahm – was theoretisch so gut wie der Fall war, denn meine Vorgesetzte und ich hatten uns auch auf der persönlichen Ebene sehr gerne und sie vertraute mir innerhalb kürzester Zeit sehr viel an. Ich war diejenige, die Vollzeit dort arbeitete und nicht nur projektbedingt in der Firma war, somit verbrachte ich mehr Zeit mit meiner Chefin. Dieser Umstand machte mich anscheinend zur Gefahr. Daher gab mir Erin Aufgaben, die ich zeitlich niemals schaffen konnte, und legte eine chaotische Arbeitsmoral an den Tag, bei der man fünf Minuten vor Büroschluss noch eine Aufgabe bekam, *die heute noch erledigt werden muss*. Diese wurde dann für gewöhnlich aufs Schärfste von ihr kritisiert, ich fühlte mich wie ein dummer Mensch, und mit sehr oberflächlichen Korrekturen verkaufte sie diese von mir erbrachten Leistungen als ihre Mühen, denn sie hätte ja *das meiste ausgebessert*.

Ich habe alles mitgemacht, ich marschierte sogar krank ins Büro, damit alles so erledigt wurde, wie es zu sein hatte. Selbst als meine Tochter krank wurde, bat ich meine Mutter auf sie zu schauen, damit ich mir ja nicht anhören musste, meine Mutterschaft würde meiner Arbeit im Weg stehen. Von Müttern wird erwartet, so zu arbeiten, als hätten sie gar keine Kinder. Sie dürfen bis zum Umfallen schuften, die eine oder andere Überstunde inklusive, und das ohne einen weiteren Cent zu verdienen. Sollten Sie in der Arbeit von Kindergarten, Schule oder anderweitigen Betreuungsinstitutionen angerufen werden, da Ihr Kind ein Wehwehchen hat und schleunigst abgeholt werden muss: Hier werden Sie bezahlt und kassieren zusätzlich die Abwertung von einigen Chefitäten und Kolleg*innen. Dieses Gefühl wird Ihnen sofort überwiesen. Eine sichtbare oder spürbare Mutterschaft hat im Büro nichts verloren.

Diese Erkenntnis hatte ich schon lange davor. Als ich meine ältere Tochter noch stillte, textete ich als Externe für eine Werbeagentur und war zeitweise in Wien, um vor Ort die wichtigsten Updates einzusammeln und die Seriosität meiner Arbeitsmoral zu zeigen, bis während einer Teambesprechung Folgendes geschah: Es war mir nicht bewusst, dass eine nasse Bluse – genau an jener Stelle, die Instagram zensurieren würde, weil ich eine Frau bin – das Unbehagen meiner männlichen Kollegen in Form von errötenden Gesichtern sichtbar machen würde. Für viele meiner weiblichen Kolleginnen war es ein klares Zeichen von Unprofessionalität, dass ein paar Tröpfchen Muttermilch die senfgelbe Bluse durchnässten und somit meine geheime Identität im Büro für immer entpuppt war: Ich bin eine Working Mom. Und das auch noch sichtbar – die Sichtbarkeit war das größere Problem.

Heutzutage gilt es ja sogar als modern und ökologisch korrekt, keine Kinder zu haben – viel effektiver als der Verzicht auf Strohhalme aus Plastik ist der Verzicht auf die Elternschaft. In dieser Hinsicht bin ich nicht sehr ökologisch unterwegs. Bei besagter Besprechung sah man mir die Mutterschaft an, da ich zuvor noch auf der Damentoilette Milch für meine Tochter abgepumpt hatte. Alles schön professionell und im Geheimen. Ich war dann irgendwann an der Reihe und musste eine Textidee präsentieren, auf mir lag also der Fokus. Die Präsentation lief wirklich gut, eigentlich zu gut, denn mich starrten alle gefesselt an, bis eine Kollegin mit ihrem Zeigefinger über ihre Brust strich und mir damit sagen wollte, dass an meiner Brust etwas zu sein schien.

Als ich an mir hinunterblickte, sah ich sie: meine sichtbar gewordene Mutterschaft. Von meiner rechten Brust tropfte sie herunter und war für alle sichtbar. Während ich mit den Achseln zuckte, schienen jene männlichen Kollegen, die im Allgemeinen überhaupt kein Problem damit haben, Frauenwitze zu machen, sich über #MeToo und Femizide zu amüsieren und feministische Bewegungen zu relativieren, wie gelähmt. Wie kleine schüchterne Burschen saßen sie da, alle rot im Gesicht, und keiner von ihnen konnte mir direkt ins Gesicht schauen. Einige Frauen in der Gruppe ließen nach der Präsentation die Frage fallen: „Kann man das nicht irgendwie professioneller machen?"

Vielleicht bin ich naiv, aber ich hätte niemals gedacht, dass ein wenig Muttermilch eine ganze Agentur verstummen und mich unprofessionell dastehen lassen könnte. Jedenfalls nicht bis zu jenem Tag, an dem ich übrigens meine Zusammenarbeit mit jener Agentur kündigte.

Es geschahen noch einige weitere Dinge, die meine gesamte Perspektive auf die „Arbeitswelt" veränderten. Eines Tages, ich war gerade im Supermarkt, sprach mich eine mir unbekannte Frau an: „Sind Sie die Hotel Mama?" (Sie meinte damit meinen Blog.)

Ich nickte.

„Oh, ich liebe Ihren Blog! Ich habe zwar keine Kinder, aber Sie bringen mich so zum Lachen. Ich schicke das immer meiner Schwester, die hat drei Kinder."

Wir nahmen uns einen Coffee-to-go und gingen ein wenig spazieren. Es stellte sich heraus, dass sie in derselben Gegend wohnte. Auf meine Frage, was sie beruflich mache, erzählte sie mir: „Eigentlich habe ich jahrelang in einem Reisebüro gearbeitet, aber das wollte ich dann irgendwann nicht mehr. Also machte ich nebenbei die Ausbildung zur Fremdenführerin, weil das damals das war, was ich mir leisten konnte und auch zeitlich mit den Arbeitszeiten arrangierbar war. Ich spreche neben Deutsch und Englisch auch noch fließend Polnisch und dachte mir, ich könnte polnische Reisegruppen durch

Wien führen, mal sehen, ob das klappen würde. Mein Tagesjob war sehr eintönig, die anderen Kolleg*innen zählten die Sekunde meiner Ankunft und die genaue Uhrzeit meines Gehens. Ich wurde kontrolliert, beobachtet, ich wollte weg. Ich konnte aber nicht so einfach kündigen, da ich meine Mutter finanziell unterstütze und an sie denken musste, also blieb ich, machte die Ausbildung fertig und startete anfangs nur an den Wochenenden mit den Führungen. Ich kann Ihnen nicht beschreiben, wie viel Spaß mir das gemacht hat, und nebenbei sprang auch noch Geld dabei heraus, jedenfalls genug, um meinen Abgang vom Reisebüro zu planen. Genau das habe ich dann getan: Ich habe eine Website erstellen lassen, Führungen in Form von unterschiedlichen Packages geplant, von traditionellem Sightseeing über familienorientierten oder geschichtsbezogenen Wien-Urlaub bis hin zu Nightlife, dann habe ich Werbung gemacht, und die Buchungen wurden immer mehr. Die Kündigung war so ein befreiendes Gefühl, sie war mein Ticket in die finanzielle Freiheit, ohne Armut zu erleiden, ganz im Gegenteil: Ich kann jetzt mein Leben und das Leben meiner Mutter finanzieren und auch noch Geld weglegen."

Diese Begegnung ließ mich darüber nachdenken, ob es nicht doch möglich wäre, dass all unsere beruflichen Wünsche wahr werden könnten? Oder anders gefragt: Ist es für jede Person möglich, eines Tages das zu werden, was man vielleicht schon als Kind immer sein wollte?

Ich denke nicht. Tut mir leid, falls ich Ihnen diese Illusion auf brutalste Weise zerstöre, denn auch wenn ich eine hoffnungslos romantische Frau bin, so habe ich doch zu viele Narben, als dass ich daran glauben könnte, beruflich eines Tages dort zu stehen, wo ich ankommen möchte. Und man tut diesen Traum dann auch ab, diesen Ruf des inneren Kindes, das genau weiß, wo man eigentlich hingehört. Nur zahlen solche Träume und das Leben darin keine Rechnungen, also zieht man weiter. Dann taucht diese Sehnsucht nach einem bestimmten Sein allerdings wieder auf und man gibt nach …

Mich ließ der Traum nicht los, in eine Buchhandlung zu gehen und dort meine Bücher aufliegen zu sehen. Also kontaktierte ich A. K. Sie ist *die* Journalistin schlechthin, denn sie bewertet für ein Magazin andere Journalist*innen. Und sie sollte mir endgültig sagen: Habe ich etwas drauf oder nicht? Ich war nun bereit, die Wahrheit zu hören, aber nur von ihr.

Sie traf mich während meiner Mittagspause in einem Asia-Restaurant in der Nähe meiner damaligen Arbeitsstelle, und ich erbettelte von dieser Frau sozusagen einen Rat, ich wusste nicht wohin mit meinem Leben. Auf ihren Vorschlag „Schreibe doch ein Buch, das kannst du sicher" musste ich sofort an die Worte der damaligen Lektorin denken. Das Treffen baute mich dennoch auf, sie teilte persönliche Geschichten und Erfahrungen anderer Kolleginnen mit mir, die in ihrem Leben an derselben Stelle waren, und gab mir den Spruch „Grab, wo du stehst", den sie wiederum von einer anderen Kollegin gehört hatte und als Mantra verwendete, mit auf den Weg.

Noch am selben Tag kontaktierte ich eine in Österreich anerkannte Journalistin und Autorin, die mich einmal für ihr Buchprojekt interviewt hatte. Auf meine Bitte, ob sie zwischen ihrem Verlag und mir einen Kontakt herstellen würde, sagte sie „Natürlich". – „Grab, wo du stehst", was für ein einfacher und dennoch Augen öffnender Spruch. Ich fing also an zu graben und schickte dem Verlag ein Konzept. Ein Konzept, das in unterschiedlichen Schriftgrößen geschrieben war und unzählige Fehler beinhaltete. Ich war mir sicher, dass der Verlag nicht antworten würde, so wie die meisten anderen. Selbst die, die mir antworteten, hatten für mich nur Absagen parat.

Es vergingen Monate und es geschah nichts. Ich hatte sogar vergessen, jemals das Konzept abgeschickt zu haben.

Irgendwann, ich saß in einem Meeting mit Erin, klingelte mein Telefon. Es war der Verleger, der sehr daran interessiert war, mein Buch zu publizieren. Das war einer der schönsten Momente meines Lebens.

Unabhängig davon hatte ich schon Wochen zuvor meinen Job bei diesem Unternehmen gekündigt und mich für andere Firmen beworben. In Anbetracht dessen, was ich an Gehalt verdiente und wie viel Zeit ich tatsächlich im Büro verbrachte, war die Situation katastrophal. Die Aufgaben wurden immer mehr, und es wurde regelrecht von mir erwartet, an Wochenenden zu arbeiten.

Als ich mich dann persönlich mit dem Verleger in einem Café in der Innenstadt traf, um Einzelheiten zu besprechen, hatte ich das Gefühl, als Mensch gesehen zu werden, und noch viel besser: als Autorin. „Frau Hammad, ich finde Ihre Geschichten großartig. Ich mag Ihren Stil. Sie wissen, was Sie da schreiben." Sprach der tatsächlich über mich? Das fragte ich mich während der gesamten Gespräche, die ich mit ihm und dann mit meiner Lektorin führte, denn sie und ich, wir kommunizieren ohne Worte. Wir verstehen einander. Auf beruflicher und persönlicher Ebene.

Es kann im Leben vorkommen, dass wir brechen und unsere Träume vor uns in der Luft zerrissen werden. Das verbrennt uns, von innen heraus, das tut weh, aber selbst die größten Flammen erlöschen irgendwann, und was bleibt, ist die Asche, aus der wir wiedergeboren werden. Mein erstes Buch ist für mich genau das: meine Wiedergeburt als Autorin.

Als Teenagerin ging ich in diverse Buchhandlungen und suchte nach meinen Büchern, die ich noch gar nicht geschrieben hatte, aber ich tat so als ob. „Haben Sie das neue Buch von Menerva Hammad?", fragte ich dort die Mitarbeiter*innen, wissend, welche Antwort kommen würde. „Vielleicht ist es einfach noch nicht draußen", fügte ich nach einem „Nein" hinzu. Heute halte ich in jenen Buchhandlungen, die nicht wissen konnten, wer ich war, meine Buchlesungen. Heute bin ich diese Frau, die an den Regalen vorbeimarschiert und ein Mädchen sieht, das genau dort geträumt hat, etwas zu sein, das sie selbst nicht zu träumen wagte, denn selbst es zu träumen war der pure Wahnsinn.

Mit meinem ersten Buch in meiner Hand sagte ich zu meiner Lektorin: „Aber jetzt will ich mehr. Ich will, dass es ein Bestseller wird!", und lachte. Sie nicht. Sie sagte: „Das wird es bestimmt, ich glaube ganz fest daran."

Nach der Veröffentlichung schlich ich mich in Buchhandlungen, packte meine Bücher dort aus, signierte sie und schrieb personalisierte Sprüche hinein: Botschaften an Menschen, die ich nicht kannte und wahrscheinlich niemals treffen würde. Aber sie alle haben mich kontaktiert. Uns verbindet der Wahnsinn des Träumens. Einmal hat mich eine Kassiererin erwischt: „Wenn Sie meines auch signieren, dann hab ich nichts gesehen." Und wissen Sie was? Es wurde tatsächlich ein Bestseller. Vielleicht nicht der größte, aber doch einer, und das kann mir keine*r wegnehmen.

Heute, so viele Jahre, Enttäuschungen, Niederlagen und Absagen später, weiß ich: Meine Asche, durch die ich wieder und wieder auferstanden bin, ist die Quelle meiner heutigen Inspiration. Nicht meine Fähigkeit zu schreiben, sondern die Fähigkeit, nicht aufzugeben. Und diese Fähigkeit besitzen Sie auch.

Der Teufelskreis des Hamsterrads

Wenn wir über die berufliche Situation von Müttern sprechen, kommen wir nicht drum herum, über Finanzen zu sprechen. Die finanzielle Lage der Frauen – sagen wir es, wie es ist – ist beschissen. Sollten Sie nämlich keine Milliarden geerbt haben, dann müssen Sie sich zu Tode schuften oder enden, wenn Sie das nicht tun, in der Frauenarmut. Dieser Begriff wird tatsächlich für weibliche Pensionistinnen verwendet, aber nicht im Zusammenhang mit Männern, die in denselben beruflichen Positionen normalerweise noch immer mehr verdienen als ihre weiblichen Kolleginnen. Den Grund dafür kennt niemand wirklich, aber es wird im öffentlichen Diskurs ja auch kaum darüber gesprochen. Wenn es um mehr Frauenrechte geht, wird im Kindergarten das Kopftuchtragen verboten, aber die Lohnschere wird gerne ausgeklammert. Unser System ist so gestaltet, dass Mütter in die Elternzeit gehen *müssen,* verdienen doch die Partner meist mehr Geld. Finanziell gesehen ist es also sinnvoll, dass die Person, die finanziell weniger stabil ist, zu Hause beim Kind bleibt. Sehen Sie, wie sich der Teufelskreis schließt? So werden es immer die Frauen sein, die sich die ersten Jahre um das Kind kümmern. „Aber warum ist das verkehrt", fragen Sie? Verkehrt ist daran eigentlich nichts, bis auf die Tatsache, dass man Frauen zu dieser Entscheidung drängt, denn nur wenige Mütter haben diesbezüglich tatsächlich eine Entscheidungsfreiheit, es ist vielmehr eine Entscheidungsnot, unabhängig davon, was die Eltern gerne hätten.

Ich habe mich sehr früh gegen den Spagat entschieden. Um eine sichtbar arbeitende Mutter zu sein, braucht es keine komplizierten Posen, sondern ein geregeltes System, das Mütter in ihrem Tun respektiert, aber auch finanziell fair anerkennt. In so einem System leben wir (noch) nicht, daher habe ich, für mich als Einzelperson, solch ein System erschaffen, damit weder meine Kinder noch meine Arbeit darunter leiden müssen.

Von Gesellschaft zu Gesellschaft gibt es jedoch unterschiedliche, anders aufgebaute Systeme, und die Einstellungen der Menschen variieren je nachdem mit. Es fängt schon damit an, dass Frauen nie wirklich gelernt haben, ihren Preis zu nennen, denn wir kennen unseren wahren Preis gar nicht. Jedenfalls kannte *ich* sehr lange meinen Preis nicht. Ich habe auch sehr oft gratis gearbeitet und das noch voller Freude und Stolz.

Die Augen wurden mir unter anderem von einem Kollegen geöffnet. Vor Jahren bin ich via E-Mail für eine Veranstaltung angefragt worden. Ich solle einen Vortrag – circa zwei Stunden und Diskussion – vorbereiten. Damals war ich froh, überhaupt angefragt zu werden. Nie wurde über Geld gesprochen. Eine Woche vor der Veranstaltung bemerkte ich, dass ich einen der Vortragenden kenne. Ich schrieb ihn an, wie sehr es mich freue, dass wir miteinander arbeiten würden. Wir chatteten lange und kamen dabei irgendwie auf die Bezahlung zu sprechen und auf die Tatsache, dass er den Vortrag schlecht bezahlt bekomme. Ich staunte nicht schlecht. Ich machte es gratis, bei mir wurde nicht einmal ansatzweise etwas Finanzielles angedeutet. Er lachte mich liebevoll aus. „Aber das ist doch deine Zeit. Es ist deine Arbeit. Vor allem aber ist es dein Aufwand. Du musst auch die Fahrtzeit miteinberechnen. Im Prinzip ist es plus Vorbereitung ein ganzer Arbeitstag." Das gab mir zu denken. Die Anfrage erhielt ich von einer Frau, sie war auch seine Ansprechperson, in der E-Mail an ihn hatte sie auch das vorgeschlagene Honorar angeführt, aber bei mir war nicht einmal die Rede davon gewesen. Am nächsten Tag sagte ich die Veranstaltung mit ebendieser Erklärung ab.

Seitdem achte ich sehr auf gewisse Punkte:
- Welche Bühne wird mir angeboten?
- Was ist es mir wert?
- Kann ich hinter der Marke stehen?
- Was gebe / nehme ich? Welche Zielgruppe profitiert davon?
- Wann lohnt es sich, etwas ohne Bezahlung zu machen?
- Wie berechne ich mein Honorar?

Solche Dinge bringt Ihnen keine*r bei, nur erfahrene, gewissenhafte Kolleg*innen. Und für die bin ich sehr dankbar, denn sie sind sehr selten.

Wenn man sich bei einem Vorstellungsgespräch als Frau „zu sicher" präsentiert und den eigenen Preis nennt, gilt man als hochnäsige Tussi, das ist mir bereits passiert. Es war ein Jobangebot im Ausland. Eine Firma suchte nach einer neuen Mitarbeiterin, die sich mit Social Media, Newsletter-Erstellung und redaktioneller Arbeit auskannte – dieser Job rief förmlich nach mir, und ich war so etwas von ready, dass ich mich sofort und ohne nachzudenken bewarb. Riesiges Plus: Der Chef war Österreicher, also ein Landsmann.

Und raten Sie mal, wer da voller Euphorie in das Büro stürmte, voller Selbstsicherheit und dort auf Deutsch – sogar im Wiener Dialekt – alle begrüßte. Ja, moi. Im Gespräch mit dem Chef höchstpersönlich saß ich mit gekreuzten Beinen, gestrecktem Rücken und breitem Lächeln da. Die Bluse, die ich trug, war mit Katzencomics bedruckt, denn meine Persönlichkeit zu verstecken liegt mir nicht.

Was meinen – vielleicht zukünftigen Vorgesetzten – aber eher verunsicherte, war etwas anderes: „Also, woher kommen Sie noch einmal?", fragte er mich.

„Aus Wien."

„Ja, schon, aber woher kommen Sie wirklich?"

„Aus Wien Donaustadt."

„Das meine ich nicht, wo waren Sie davor?"

„Wien Floridsdorf."

Spätestens jetzt wusste er, dass ich ihn auf den Arm nahm, also servierte ich ihm die Frage, die er mir eigentlich stellen wollte, aber nicht konnte: „Wieso fragen Sie mich nicht einfach das, was Sie wissen wollen? Fragen Sie mich, wieso ich braun bin, aber im Wiener Dialekt mit Ihnen spreche."

Peinlich berührt stritt er dies ab, ich sei ihm gegenüber sehr vorurteilshaft, aber wir sollten fortfahren, auch wenn er noch nicht ganz verstünde, woher ich denn komme, was doch interessant sei, und aus Neugier würde man doch noch fragen dürfen.

In einem hellblauen Hemd, das seine hellblauen Augen betonte, und mit einer Rolex am Handgelenk beteuerte er mir, wie löchrig das Budget der Firma sei. Dann kam noch sein Entsetzen darüber zur Sprache, dass in Österreich alle Ausländer am Untergang der Wirtschaft schuld seien und keiner von ihnen Deutsch spreche. Sein Sohn studiere dort.

Auf meine Frage, ob sein Sohn, der im Ausland geboren wurde, denn auch die Sprache dieses Landes spreche, wurde er ein wenig wütend.

Er hatte eine ganz konkrete Vorstellung von meinem Aufgabenbereich und von der Stundenanzahl, die ich im Büro verbringen müsste. Homeoffice würde es keines geben, meine Mutterschaft sei nicht sein Problem, an Wochenenden würde ich hier und da vielleicht auch arbeiten müssen, aber nur selten, bezahlt würde ich nichts extra bekommen. Aber über das Honorar verlor er kein Wort. Nicht einmal eine Silbe. Dreimal fragte ich selbst nach, das gefiel ihm nicht, und beantwortet wurde die Frage ebenso wenig.

Ich bekam den Job nicht, ich hätte ihn bei einer Zusage aber auch nicht angenommen. Zu diesem Zeitpunkt hatte ich bereits ein Buch veröffentlicht, das zweite (dieses hier) war im Entstehen, und große Firmen buchten mich für Workshops. Ich kannte meinen Preis und meinen unbezahlbaren Wert, was ihn völlig verunsicherte. Als wir uns verabschiedeten, versuchte er noch einmal herauszubekommen, woher ich denn nun wirklich komme und welches Land meine Heimat sei.

Die Tatsache, dass ich als Woman of Color vor ihm, einem weißen Mann, saß und ihm meinen Preis nannte, das auch noch selbstbewusst und ohne Wenn und Aber, ließ ihn richtig staunen. Später erfuhr ich von seiner Assistentin, dass er sich tagelang über das Gespräch mit mir und meine arrogante Art aufgeregt hatte. *Ich sei keine richtige Frau, denn ich verhandle wie ein Mann.*

„Du kannst hier mit dem Lebenskonzept aus dem deutschsprachigen Raum nicht wirklich etwas anfangen", meinte Ophelia, eine Deutsche, die ich in Abu Dhabi kennenlernte und heute zu meinen guten Freundinnen zähle, einmal zu mir. Wir saßen zusammen mit unserer indischen Freundin Desna am Strand.

„Aber was hat das mit den Ländern zu tun?", wollte ich wissen.

„Sehr viel", sagte Ophelia. „Schau, ich weiß, dass wir im deutschsprachigen Raum damit aufwachsen, dass Frauen finanziell für sich selbst sorgen müssen, ‚selbst ist die Frau‘ und so weiter. Aber das hat unter anderem auch damit zu tun, dass du als Familie in Mitteleuropa mittlerweile auch zwei Gehälter *brauchst*, um gut leben zu können, und mit gut meine ich durchschnittlich, und die meisten können wahrscheinlich nicht einmal etwas als Notgroschen auf die Seite legen. Hier ist es anders. Die Leute, die mit einem Arbeitsvisum aus dem Westen kommen, bekommen die Miete, meistens auch noch die Schule für die Kinder bezahlt, und krankenversichert wird man auch. Das bedeutet, man muss hier nicht zu zweit arbeiten gehen, denn ein Gehalt reicht für die ganze Familie aus, um überdurchschnittlich gut leben zu können. Man kann als Frau natürlich sagen: ‚Ich möchte hier die große Karriere machen‘, aber die Frage ist, wenn man Kinder hat und die noch klein sind, willst du sie dann in eine Fremdbetreuung schicken, damit du die große Businessfrau wirst in den Arabischen Emiraten, wo du als Gastarbeiterin keine Pension bekommst? Welchen Sinn hat das? Ich verstehe schon, dass man sich etwas sucht, solange die Kinder in der Schule sind, als Taschengeld, damit einem nicht langweilig wird, aber ich persönlich finde es hier nicht essenziell, und das sage ich als deutsche Frau. An die Idee musste ich mich auch erst mal gewöhnen, aber ich genieße mein Leben in vollen Zügen, ich unternehme sehr viel mit meiner Tochter, wir leben gut, warum sollte ich mir das mit einem nervigen Chef und zeitlicher Einschränkung verderben, wenn es mir doch an nichts fehlt?“

„Aber hat man so nicht das Gefühl seinem Mann auf der Tasche zu liegen?“

„Das muss man sich abgewöhnen, denn man verlässt für ihn, für das familiäre Zusammensein seine Heimat und die fixe und gut bezahlte Anstellung. Eine andere hätte sagen können, nein, ich bleibe mit den Kindern in Wien, aber du hast zum Beispiel einen Teil deiner Zukunft für das gemeinsame Leben aufgegeben. Das musst du ihm jetzt zwar nicht ständig unter die Nase reiben, denn die Entscheidung hast du ja bei vollem Bewusstsein getroffen, aber es ist klar, dass die Person, die etwas für die gesamte Familie aufgibt und dann noch bei den Kindern zu Hause bleibt, kein Geld in Scharen einbringen wird, jedenfalls nicht am Anfang. Das weiß er. Er ist ja nicht blöd und war dabei. Der wird das schon nicht vergessen, das Problem liegt da nicht bei ihm, sondern daran, dass du dieses mitteleuropäische Konzept mitgenommen hast, denn hier arbeiten die wenigsten europäischen Frauen. Die haben teilweise ein königliches Leben und der Mann finanziert das, das ist hier selbst für uns selbstverständlich, denn alles kostet etwas, auch dass ich meine Heimat für seinen Karriereaufstieg verlassen habe."

„Man gilt aber als nutzlos", ergänzte Desna, die Ophelias Konzept nur unterstreichen konnte, meine Einstellung dazu aber auch verstand, weil man sich an manchen Tagen als Frau einfach nutzlos fühlt und nicht viel dagegen machen kann, wenn man noch Stillkinder hat und zwar finanziell etwas beitragen möchte, aber noch nicht kann, weil man zu Hause noch von einem Baby gebraucht wird.

„Wir bekommen die Zeit mit den Kindern nicht mehr zurück", fügte Ophelia hinzu. „Ich will nicht gestresst und unter Zeitdruck um sechs Uhr in der Früh aufwachen, das Kind auch noch hetzen, und dann am Ende des Tages, genervt vom Arbeitstag, meine Tochter in Empfang nehmen, damit sie ein oder zwei Stunden vor dem Schlafengehen mit einer todmüden Mutter verbringen kann. Wenn ich mich umsehe, sehe ich lauter weiße Kinder in Begleitung von asiatischen Frauen, die seit Jahren die eigenen Kinder nicht sehen können und noch dazu lächerlich wenig bezahlt bekommen. Das ist doch absurd, für mich ist das eine traurige Ironie. Ich weiß, dass ich mit diesem Leben privilegiert bin und ich bin dankbar dafür. Was natürlich nicht heißt, dass man als Frau nicht vorsorgen sollte. Ich habe in Deutschland ein eigenes Haus, es ist abbezahlt und untervermietet, dazu habe ich noch eine geringfügige Arbeit bei meiner alten Firma, die ich online erledigen kann, und das sind *mein* Geld und *mein* Haus. Sollte irgendetwas geschehen, bin ich nicht pleite und auf der Straße, sondern habe vorgesorgt. Das muss sich jede Frau so richten, wie es für sie am besten passt, aber nicht mit irgendwelchen Konzepten, die sie von hier oder dort aufgezwungen bekommt, sondern mit den Möglichkeiten, die ihr bereitstehen. Möglichkeiten zu schaffen wäre natürlich auch eine Option. Das ist doch im Prinzip das, was du schon machst, Menerva. Du hast vielleicht kein fixes Einkommen, aber du hast eines, du arbeitest von zu Hause aus und bietest diese Schreibworkshops an, dann sind da noch deine Bücher und Artikel, das machst du ja alles auch noch *nebenbei*. Das ist nicht *nichts*. Und eine Mama, die nicht in einem Büro arbeitet, sondern bei den Kindern ist, die arbeitet ja auch nicht nichts, die arbeitet sehr wohl, sogar mehr als bei einem Vollzeitjob, sie wird nur nicht dafür bezahlt."

Greifbare und ungreifbare Berufe

Das Problem mit unserem Blick auf so manche Jobs ist, dass wir nur jene würdigen, die als wichtig kommuniziert werden. Anderen, die zwar auch wichtig sind, aber nicht als solche dargestellt werden, kehren wir den Rücken zu und untersagen denen, die sie ausüben, auch noch jeglichen Respekt. Warum erntet der Arzt mehr Anerkennung als der Busfahrer? Warum ist eine Person, die von zu Hause aus arbeitet, eher ein Faulpelz? Es erinnert mich an die Vorstellung, die wir von jemandem haben, der krank ist und hustend im Bett liegt. Die Kolleg*innen im Büro agieren dann so, als würde die Person in einer Hängematte auf den Malediven die Seele baumeln lassen. Natürlich, die eigenen vier Wände verbindet man mit Komfort, Ruhe und Privatem, aber wer sagt, dass aus Komfort und Ruhe keine seriöse Arbeit entstehen kann?

Meine Eltern haben mittelmäßige Ausbildungen absolviert, konnten weder Deutsch, noch hatten sie finanzielle Mittel. Mein Opa konnte weder lesen noch schreiben, wollte aber, dass es seine Kinder können. Meine Mutter kann lesen und schreiben, hat einen kaufmännischen Abschluss, und ihr Traum war es, dass mindestens ein Kind studiert. Meine Brüder wollten nicht studieren, also habe ich, die Streberin der Familie, ihr und mir den Traum erfüllt, aber für das, was meine Mutter getan hat – und viele andere Mütter auch –, erhält sie keine Anerkennung. Sie war fünfzehn Jahre bei uns Kindern zu Hause, bevor sie ins Berufsleben einstieg. Und obwohl Mutterschaft gesellschaftlich nicht als Beruf gilt, so ist sie eine verdammt harte Arbeit, die ungreifbar, aber außerordentlich wichtig ist.

„Deine finanzielle Unsicherheit kann dir niemand nehmen. Nicht dein Mann, nicht einmal ein fixer, gut bezahlter Job, damit sind wir aufgewachsen, weil wir als Kinder nichts hatten. Du hast dir als Kind Dinge gewünscht, die sich deine Eltern nicht leisten konnten, das erleben deine Kinder nicht, die haben so wie meine Kinder alles, was sie wollen. Wir hatten damals nur das, was wir brauchten, und selbst das hatten wir nicht immer", analysiert mich Rania.

Das Lebenskonzept von Rania sieht generell ein wenig anders aus, denn sie ist die Versorgerin der Familie. Als sie das Studium in Alexandria beendete, bekam sie ein Angebot in einer Software-Firma in Schottland und war damals frisch verheiratet. Bei ihr war es der Mann, der mitzog, und nur drei Monate nach der Geburt ihres ersten Kindes ging sie für ein halbes Jahr nach Singapur, ihre Mutter und ihre Schwiegermutter flogen abwechselnd ihrem Mann zu Hilfe nach Aberdeen. Die Hypothek für das Haus, die Schulkosten – mittlerweile hat sie zwei Teenager –, all das läuft über sie. Ihr Mann hat einen Teilzeitjob, damit er länger bei den Kindern sein kann, man trifft ihn oft in einer Rüschenschürze am Herd, und als wir ihm zum Geburtstag die von ihm gewünschte Küchenmaschine schenkten, kreischte er wie ein Mädchen, das backstage einen Rockstar trifft. Beide sind glücklich, auch wenn dieses Konzept nicht nur in Ägypten, sondern in arabischen Ländern generell und auch teilweise in

Mitteleuropa nicht wirklich angekommen ist, aber Rania unterstrich mehrmals: „Finanzielle Unabhängigkeit stärkt dir zwar den Rücken, ja, das ist auf alle Fälle wichtig, dass eine Frau finanziell auf eigenen Beinen stehen kann, aber es gibt dir nicht *die* Sicherheit, die du als Frau brauchst, wenn es um deine Gefühle geht. Wenn es darum geht, geliebt oder geschätzt zu werden, kann dir Geld nicht weiterhelfen. Es nimmt dir nicht die Unsicherheit, die du dir selbst gegenüber hast. Kaschieren kann es sie schon, manchmal, ja, aber nicht tilgen."

Wenn es um Frauen, deren Finanzen, Unsicherheiten und vor allem deren Scheidungen geht, dann gibt es für mich nur eine Frau, die sich da auskennt: Susi. Susi ist Scheidungsanwältin und vertritt aus Prinzip nur Frauen, *weil Männer grundsätzlich Idioten sind.*

Als ich vor Jahren zum Thema Frauen und Finanzen recherchierte – ich schrieb damals einen Artikel über Frauen und Pension –, erzählte mir Susi von einem damals bei ihr aktuellen Fall: „Diese intelligente Frau hat am Anfang der Ehe Vollzeit gearbeitet, genauso wie er, sie hat sogar mehr verdient, was ihm – so stellte es sich später heraus – recht war, weil er ihr monatlich mehr als 90 % des Gehalts abnahm, mit der Begründung, eine Art Sparbuch für ein gemeinsames Haus anzulegen. Sie ging also brav arbeiten, hatte für sich selbst lediglich ein lächerliches Taschengeld zur Verfügung, übergab ihm dann *ihr* hart verdientes Geld Monat für Monat auf die Hand, damit sie irgendwann einmal gemeinsam ein Heim kaufen könnten – blindes Vertrauen in der Liebe, der erste Fehler. Dann wurde sie schwanger, bekam das Kind und ging in Babypause. In der Zeit der Mutterschaft hatte sie das Gefühl, dass er sich distanzierte, sich emotional von ihr entfernte. Er stritt das ab, sie bilde sich das alles nur ein. Es folgte Streit um Streit, ihr gemeinsames Leben war nur noch ein Minenfeld. Sie einigten sich dann auf die Scheidung, was sie zu mir führte. Sie hatte keine Ahnung, wie viel er verdiente, wo er ihr Geld genau hingebracht hatte, denn ein gemeinsames Konto gab es nicht, zumindest wusste sie nichts davon, darüber reden wollte er auch nicht. Er wich ihr aus. Ihn zu fragen, wie viel er nun verdiene und wo das Geld sei, war für sie schwierig, und das sei doch privat, aber sein Handy zu durchforsten, das war für sie in Ordnung. Dabei fand sie heraus, dass er ein Doppelleben führte: Er hatte eine andere Wohnung gemietet, lebte dort mit einer anderen Frau, hatte ein anderes Auto und sogar ein anderes Handy, das sie zufällig in einer Keksdose in einer der Schubladen in seinem Arbeitszimmer entdeckte, nachdem ich ihr gesagt hatte, sie solle alles so sorgfältig wie möglich nach Beweisen durchsuchen. Er hatte einen Schlüssel für dieses Zimmer, den sie ihm stahl, und als er schlief, verwendete sie seinen Daumen, um das Handy zu entsperren. Diese Frau wollte um keinen Preis das Sorgerecht für ihr Kind verlieren, und da für sie alles auf dem Spiel stand, suchte sie wochenlang nach einer Rettung. Dieses Handy war die ersehnte Rettung, aber sie konnte nicht fassen, welche Nachrichten und Fotos sich darauf befanden. Es muss wirklich unbeschreiblich verletzend gewesen sein, so etwas über die Person herauszufinden, mit der man das Leben und ein Kind teilt. Sie hatte ihm unwissend das Leben mit einer anderen Frau finanziert. Es gab nichts Schriftliches, das beweisen konnte, dass sie ihm über die Jahre insgesamt über 50.000 Euro ausgehändigt hatte, nichts Greifbares, das ihren Schweiß, mit dem er sich rühmte, nachweisen konnte. Deswegen hatte es aus rechtlicher Sicht auch nicht stattgefunden, er hatte natürlich alles abgestritten. Letztendlich war es der nachgewiesene Ehebruch, der das Ganze zu ihren Gunsten beendete. Das Geld wird sie nie wieder sehen, aber diese Frau ist für immer und ewig gebrandmarkt, was die Liebe betrifft, sie wird keinem mehr vertrauen. Er war ihre große Liebe – und er hatte sie auch geliebt. Wenn man deren Liebesgeschichte hört, bekommt man eine Gänsehaut, da kommen einem vor Rührung die Tränen, aber dann hat er sich eine andere angelächelt, einfach so. Durch meinen Beruf habe ich gelernt, dass man seinem Partner nur begrenzt vertrauen kann, es sind sicher nicht alle so hinterhältig, aber es schadet niemals, auf eigenen Beinen zu stehen."

Nehmen Sie sich, was Sie gerade brauchen

Fragen Sie sich, wo Sie momentan beruflich stehen.
Sind Sie glücklich? Lehnen Sie sich zurück, bedenken Sie alle Punkte und gehen Sie diese durch. Wenn es Ihnen leichter fällt, dann fertigen Sie eine Liste an, je übersichtlicher, umso besser. Welche Dinge mögen Sie an Ihrer beruflichen Lage, was mögen Sie eher weniger, und was hält Sie davon ab, dort zu sein, wo Sie gerne wären? Erstellen Sie eine Art Berufskarte: Markieren Sie Ihren Standpunkt und Ihr berufliches Ziel. Was müssten Sie tun, um an Ihr Ziel zu gelangen? Planen Sie es Schritt für Schritt, lassen Sie sich Zeit und graben Sie dort, wo Sie stehen. Arbeiten Sie mit den Tools, die Ihnen im Moment zur Verfügung stehen. Das können Kontakte, ein geringes Startkapital, eine Ausbildung nebenbei, eine umsetzbare Idee etc. sein.

Was ist, wenn mein Traumjob nur ein Traum bleibt?
Viele Eltern stellen die Finanzierung der Kinder vor die eigenen Träume, das ist so. Aber ich werde Ihnen etwas sagen: Wir müssen nicht alle mit Mitte zwanzig die beste Version unseres Selbst sein. Toni Morrison hat erst mit 39 Jahren ihr erstes Buch veröffentlicht, Oprah Winfrey ist mit Anfang zwanzig gekündigt worden, und auch wenn es manchmal den Anschein macht, dass alle anderen ihr Leben im Griff haben, so stimmt das nicht, die meisten von uns haben oftmals keine Ahnung davon, was sie machen. Die Verwirklichung Ihres Traumes zu verschieben, bis sie sich zeitlich besser mit der Elternschaft verträgt, ist keineswegs eine Verspätung, auch diese Zeit – also die Verschiebung – kann man nutzen, indem man plant, Konzepte erstellt, networkt, Kurse belegt, die eigenen Fähigkeiten stärkt und die eigenen Ziele präzisiert. Ihre Ideen sind weder mittelmäßig noch weniger wert als die Träume anderer, vielleicht hatten andere auch mehr Glück, ja, das kann schon sein, aber dann schmieden Sie Ihr eigenes Glück. Vielleicht wird es im Moment nicht möglich sein, aber

hören Sie nicht auf. Machen Sie weiter. Wenn Sie fallen, dann stehen Sie auf, vielleicht nicht gleich, aber irgendwann, und dann leben Sie Ihren Traum vom Beruf.

Das liebe Geld!

Im Prinzip liegt hier viel Eigenverantwortung bei der Frau, denn das System, egal, in welchem Land Sie leben (außer vielleicht in Island, wo es keine Lohnschere mehr gibt), ist in diesem Punkt nicht sehr unterstützend, denn auch wenn Sie sich dazu entscheiden, nicht zu arbeiten – und das ist in Ordnung –, brauchen Sie einen Plan B (oder machen Sie sich einen eigenen Plan mit einem selbst erfundenen Buchstaben). Es ist höchste Zeit, dass wir Frauen uns eingehender mit Finanzbildung beschäftigen und noch öfter über Geld sprechen. Ich gehe nicht automatisch davon aus, dass alle Männer Idioten sind (ich bin ja nicht Susi), aber was, wenn das Schlimmste passiert und der Partner stirbt? Dann steht man da, vielleicht noch mit ein paar Kindern am Arm, und muss von heute auf morgen schnell ins Berufsleben rutschen, hat vielleicht noch Schulden oder wird obdachlos. Gut, das sind jetzt alles Extrembeispiele, aber das ist alles schon vorgekommen. Nicht so optimal. Ob Sie nun einen Beruf ausüben oder sich mit in die Pension Ihres Mannes einschreiben lassen – ich weiß, Begriffe wie *Vorsorgeleistung* oder *Pensionsversicherung* sind nicht sexy –, sich rechtzeitig darüber zu informieren kann einer Frau in ferner Zukunft jedoch wirklich von Nutzen sein. Wofür Sie sich auch entscheiden, es funktioniert nur, wenn ein offenes und ehrliches Gespräch zwischen Ihrem Partner und Ihnen stattgefunden hat, bei dem die Wünsche und Möglichkeiten von beiden Parteien zur Sprache gebracht werden und eine faire Abmachung getroffen wird. Als ich mich mit einer Finanzberaterin zusammensetzte, riet sie mir: „Der Partner sollte einen Ausgleich dafür zahlen, wenn seine Frau zu Hause bei den Kindern ist und dafür ihren Job aufgibt, denn Mutter zu sein ist ja nicht umsonst, er gibt seinen Job ja auch nicht auf. Das müssen keine immensen Beträge sein, das kann wirklich minimal sein, aber einfach *nicht nichts*. Die Frau sollte dann mit diesem Geld selbst vorsorgen, auch mit den kleinsten Beträgen ist das möglich, um auch die Pensionslücke auszugleichen und finanziell nicht vollkommen vom Partner abhängig zu sein. Denn man weiß nie, was passiert, die Liebe ist schön und gut, aber mittlerweile sollten wir ein wenig schlauer sein. Sollte man als Mutter arbeiten, kann man eine andere, gemeinsame Lösung suchen. Es gibt mehrere Möglichkeiten, man muss nur kreativ sein." Jedes Paar hat oder sollte sein eigenes finanzielles Konzept haben, das sich für beide auszahlt. Genannte Finanzberaterin erzählte mir von einer ihrer Kundinnen, die in ihren Augen ein wirklich gutes System führte: „Bei der Frau war es so, dass sie projektweise arbeitete und somit nicht regelmäßig bezahlt wurde. Ihr Mann hatte aber einen fixen Job und somit auch ein fixes Gehalt. Er zahlte also Miete, Lebensmittel und Schulkosten, während sie den jährlichen Urlaub, die Kleidung der Kinder sowie deren zusätzliche Freizeitaktivitäten finanzierte. Geld war für dieses Paar nie ein Problem, weil sie von Anfang an für beide Parteien faire und realistische finanzielle Rollen erschaffen hatten."

Die große Welt der Mutterschaft

Die Mutterschaft lässt Sie Scheiße fressen. Das ist jetzt keine an den Haaren – oder aus meinem Kopftuch – herbeigezogene Metapher, sondern wirklich das, was die Mutterschaft mit Frauen macht – oder zumindest mit mir gemacht hat. Ich warne Sie vor, sollten Sie noch keine Kinder haben, dann laufen Sie um Ihr Leben, retten Sie sich selbst, für mich kommt jede Hilfe zu spät, denn ich stecke als zweifache Mama bereits mit beiden Beinen in der Scheiße drinnen. Aber ich warne Sie und alle anderen Frauen fairerweise vor, und Sie können das gerne weitersagen, die Mutterschaft sieht nur von außen wie Schokomousse aus, innen schmeckt sie wahrlich anders.

Nach einem sehr langen und anstrengenden Tag wollte ich nur noch ins Bett. Dort bemerkte ich einen braunen Fleck, der noch nicht ganz eingetrocknet war. In meiner Naivität dachte ich, es könnte Schokolade sein, denn hier und da hatte ich den einen oder anderen Schokoriegel erbarmungslos im Bett verputzt. Also wischte ich den vermeintlichen Schokofleck mit meiner Fingerspitze ab und, weil ich von Natur aus ein wenig verfressen bin, kam diese sofort in meinen Mund, nur war es leider keine Schokolade, denn einige Stunden zuvor hatte ich meiner Tochter im Bett die Windeln gewechselt. Was soll ich dazu sagen, ich sehe den Spruch „Man scheißt nicht, wo man isst" nun mit anderen Augen.

Die Mutterschaft sorgt bei einer Frau für einige Veränderungen, die zwar vom Hörensagen kein absolutes Neuland sind, aber davon zu hören oder eine entfernte Ahnung davon zu haben, dass man die ersten Jahre mit Kindern nachts unruhig – wenn überhaupt – schläft, sich der Körper durch Schwangerschaften und Geburten verändert und das komplette Leben, das man davor geführt hat, nie wieder so existieren wird, ist etwas anderes als die Realität. Es gibt Momente im Leben, die mir den Zustand der Mutterschaft schön vor Augen führen und mir dabei kalt ins Ohr flüstern: „Du bist eine Mama, du kannst das nicht mehr machen." Natürlich vergesse ich nicht, dass ich Mutter bin, dafür sorgen meine Kinder schon, mal mit Liebe, mal mit Geschrei, aber ich finde mich in Situationen wieder, die mir als Frau richtig bewusst machen, dass ich nicht nur eine Frau bin, sondern auch eine Mama.

So einen Moment hatte ich einmal am Flughafen Wien. Ich saß in Jogginghosen, Jumper und mit beiden Kindern im Wartebereich des Boardings. Das Baby lag in der Trage, das andere Kind aß Salzstangen. Ich gehöre dem Typ Mutter an, dem man das Leiden der Mutterschaft ansieht, denn ich versuche nicht es zu kaschieren, ich bin nicht stark genug (oder einfach zu faul), um die Wahrheit spielerisch zu verbergen. Meine Kinder und ich sind nicht im Partnerlook unterwegs, und wenn eines meiner Kinder unbedingt den Drang verspürt, den Boden lecken zu müssen, in der Öffentlichkeit zu singen oder Grimassen zu schneiden, um Passanten zu erschrecken, bin ich die Mutter, die daneben sitzt und einfach nichts tut. Wissen Sie warum? Weil es mir am Arsch vorbeigeht, es sind Kinder, die werden schon noch damit aufhören – hoffe ich jedenfalls –, aber jetzt sollen sie es genießen, dass sie für ihr kindisches Dasein keine Konsequenzen tragen müssen. Ich finde, dass meine Einstellung diesbezüglich cool ist, zumindest bis ich eine Mutter sehe, bei der es *richtiger* aussieht. Aber die kann ich derzeit gut ausblenden, ganz im Gegenteil zu Frauen, die mir den Hauch meiner längst verstorbenen, kinderlosen, freien Person, die ich einmal war, vor Augen führen: Frauen, die keine Mütter sind. Und woran erkennt man solche Frauen? Richtig! An frisch lackierten, glänzenden Nägeln und schimmerndem, duftendem Haar. Ich habe dafür schon eine Art Radar entwickelt, und damals am Flughafen zu dieser höchst unchristlichen Uhrzeit betrat eine unverschämt gut aussehende Blondine wie in Zeitlupe und mit Hintergrundmusik aus einem Neunziger-Girly-Film den Wartebereich. Ihre Haare flogen, als hätte eine unsichtbare Hand sanft einen Ventilator dagegengehalten, und voller Selbstbewusstsein und guter Laune (wahrscheinlich, weil sie keine Mutter war) setzte sie sich in unsere Nähe und lächelte in frecher Freundlichkeit. Ihre Nägel waren dunkelblau lackiert und der Lack glänzte noch, wahrscheinlich hatte sie ihn erst zuvor (also noch früher als zu dieser unchristlichen Zeit) aufgetragen (weil sie keine Mutter war). Ihre Haare wirkten wie frisch gewaschen *und* geföhnt (weil sie keine Mutter war). Dann gesellte sich zufällig jemand zu ihr, den sie kannte, Philipp – ich hatte meine Aufmerksamkeit ganz auf ihr Gespräch gerichtet. Philipp war erst aus Istanbul zurückgekommen, wo er sich anscheinend auf den *immer größer werdenden* Geheimratsecken Haare aus seinem Hinterkopf hat einpflanzen lassen, sie selbst, Bianca, war gerade auf dem Weg nach Dubai, ihr Freund lebte dort. Auch Philipp lebte in den Vereinigten Arabischen Emiraten, machte aber nach dem Istanbul-Trip einen kurzen Stopp bei der Oma in Wien, da er sie so vermisste und sie doch niemanden mehr hatte. Die zwei unterhielten sich so unbeschwert (sie haben ja beide keine Kinder), dass sie den Stromausfall und den damit zusammenhängenden Systemabsturz, der für eine Verspätung des Boardings und unseres Abflugs sorgte, nicht mitbekamen. Oder vielleicht doch, nur kümmerte es sie nicht (weil sie ja keine Kinder haben). Alle anwesenden Eltern waren genervt, die Kinder gelangweilt und daher besonders lästig, und hatten es nach drei Stunden zusätzlichen Wartens einfach satt. Nicht Bianca und Philipp, die „picknickten" im Wartebereich und machten das Beste aus der Situation, indem sie die Lage ignorierten.

Einer älteren Dame wurde es dann auch zu viel, sie verlangte von einem Crew-Mitglied, dass sie, die ein Erste-Klasse-Ticket bezahlt hatte, sobald es losgehen würde, auch *die* Erste sei, die wieder einsteigen dürfe. Die Erste!

„Es tut mir leid, aber wir müssen zuerst Menschen in Rollstühlen und anschließend jene mit Kindern einsteigen lassen. *Die* haben Vorrang", bedauerte das Crew-Mitglied.

„Aber ich habe ein Erste-Klasse-Ticket, wissen Sie nicht, wer ich bin?", betonte die ältere Dame, von der ich auf der Stelle wissen wollte, wer sie denn sei, denn nicht nur das Crew-Mitglied hatte keine Ahnung, wer sie war, niemand wusste es. Ich musterte die unbekannte Berühmtheit genauer. Sie trug eine Perlenkette in Elfenbeinfarbe, die hervorragend zu ihrem rosa Polo-Shirt passte, dessen Kragen sie aufgestellt hatte. Die bis über ihren Bauchnabel hochgezogene, in dunklem Blau gehaltene Capri-Hose gab meinem Fashionsinn den Rest.

Die meisten wollten, wie die ältere Dame, nur so schnell wie möglich in den verdammten Flieger, während ich nur einen einzigen Wunsch hatte: Das Baby soll bitte nicht aufwachen, ehe wir im Flugzeug sitzen, denn sollte meine Tochter aufwachen (und das würde sie bald tun), müsste ich sie auf der Stelle stillen, um ihren Sirenengesang zu verhindern, und ich hatte keine Lust, Bianca, Philipp oder der First-Class-Caprihosen-im-Dezember-Lady meine Ich-still-jetzt-mein-Baby-während-ich-das-andere-Kind-bespaße-Show zu präsentieren. Nein. Auf dieses bisschen Würde bestand ich noch.

Schließlich wurde das Gate geändert, und wir alle, ausnahmslos, rannten zum anderen Eingang. Sie können Geld für einen besseren Sitz in einem Flugzeug ausgeben – ich bin davon überzeugt, dass es dafür andere Gründe gibt als grundloses Protzen –, aber im Endeffekt sitzen alle in derselben Maschine. Vielleicht bekommen Sie ein paar Brötchen mehr, werden von den Flugbegleiter*innen nicht angeschrien, wenn Sie nicht angeschnallt sind, haben viel mehr Platz und bekommen eine Variation an alkoholischen Getränken, aber als wir losliefen, vermischte sich das Fußvolk der Economy Class (dem ich angehörte) mit der Eleganz der ersten Klasse, die im Marathonlauf gar nicht so elegant erschien. Gewonnen haben es dann nicht die, die Geld hatten, sondern jene, die schneller laufen konnten, und beim Boarding hielten alle Mütter Blickkontakt mit dem Boarding-Team, schauten wehleidig drein (ich bilde mir im Nachhinein ein, dass eine der Mütter sogar geweint hat) und somit kamen wir, die wahren Leidenden der ganzen Geschichte, zuerst ins Flugzeug.

Bianca und Philipp spazierten gemächlich zum Flieger, Madam von Perlenhausen regte sich noch lange beim Boarding-Personal auf, ehe sie wütend und als eine der Letzten einstieg. Ich saß da schon längst im Flieger, das große Kind war müde und schlief bald ein, während das andere zum Glück erst nach dem Boarding aufwachte und ich es in aller Ruhe, in meinem Tempo und vor allem bequem sitzend stillen konnte.

Also ja, die Mutterschaft lässt Sie Scheiße fressen, vielleicht kann man sich nicht mehr regelmäßig die Nägel lackieren oder entspannt waschen, einfach mal so ein ungezwungenes Gespräch führen, reich werden (eher im Gegenteil), aber wenigstens steigt man als Erste in Flugzeuge ein, denn in manchen Bereichen ist das Muttersein das *einzige* First-Class-Ticket, das zählt.

Mamawerden, Mamasein

„Warum sind Sie überhaupt Mutter geworden?" – Diese Frage wird mir oft gestellt, von Fremden und Bekannten, sogar von Freunden, und wenn man meine Texte liest oder mich über die Mutterschaft sprechen hört, dann liegt diese Frage auf der Hand, denn ich lobe das Muttersein nicht in den Himmel, als sei es *das* Glück auf Erden – ist es auch nicht. Da, schon wieder, ich kann es nicht lassen, das Mamasein ist für mich eben nicht das Gelbe vom Ei. Meist folgt dann die Frage: „Liebst du deine Kinder eigentlich?"

Auf die Frage, warum ich Mutter geworden bin, antworte ich immer: „Weil ich eine tolle Kindheit hatte." Diese ganze Mutterschaftsgeschichte sah bei meiner Mutter so einfach aus. Meine Mama kam mit Anfang zwanzig aus Ägypten nach Österreich, konnte kein Wort Deutsch, und ihr war die Kultur vollkommen fremd. Aber wie die meisten Migrant*innenmütter hat sie neben dem Deutschlernen, dem Arbeiten und dem Muttersein mit einer außergewöhnlichen Leichtigkeit dafür gesorgt, dass wir es immer gut hatten, es war immer sauber, es wurde frisch gekocht, sie meisterte das Ganze bravourös und sah dabei blendend aus. Meine gesamte Kindheit war für mich eine reine Quality Time mit meiner Mama, weil sie sich um unsere Psyche gekümmert hat. Sie war und ist die Pflegerin unserer Seelen. Sie hat uns von innen heraus gepflegt, wie kleine Pflanzen, die man liebt, denen man vorsingt, die man als Freunde betrachtet und auch so behandelt – und das mit allergrößter Vorsicht und Liebe. Da der Großteil unserer Familie in Ägypten lebte (und noch immer lebt), hat meine Mama uns – ihre drei Kinder und ihren Mann – als ihre ganze Welt angesehen. Wir hatten nur einander, die Einzimmerwohnung im Dachgeschoss, wo es im Winter hineingeschneit hat, fast kein Geld, und dennoch waren wir überglückliche Kinder, da wir meistens alles hatten, was wir brauchten, und das war wegen meiner Mama so. Sie organisierte unser Leben und liebte uns bedingungslos – unabhängig davon, was gerade los war.

Ich wollte immer so eine Mama sein, wie sie es ist. Meine Mutter hat diese Leichtigkeit im Leben, die alles wie ein Kinderspiel erscheinen lässt, auch wenn das Gegenteil der Fall ist. Und weil sie mir durch ihre Art der Mutterschaft das Gefühl vermittelte, es sei das Beste auf der Welt, dachte ich, es könne gar nicht anders sein.

Die Frage, ob ich meine Kinder lieben würde, ist hingegen verletzend. Warum darf ich als Mutter nicht sagen, dass mir die Mutterschaft nicht jeden Tag gefällt, wo ich doch zu jener Gruppe gehöre, die es beurteilen kann? Lassen Sie mich eines klarstellen:

Mütter lieben ihre Kinder. Aber was wir *nicht* jeden Tag lieben, ist die Mutterschaft an sich. Das sind zwei unterschiedliche Dinge. Die Kinder sind ein Teil von uns, sie sind der größere Sinn unseres Lebens. Die Verantwortung, die Einsamkeit und die fast schon unmenschlichen Erwartungen, die die Mutterschaft mit sich bringt, mögen wir Mütter an der Mutterschaft weniger, aber sobald das eine Mama mitten in einem Breakdown sagt, gewinnt sie den ersten Preis der Rabenmutterschaft. Eines sage ich Ihnen, die Breakdowns werden kommen. Aber es werden auch andere Dinge geschehen: Umarmungen, die Ihnen das Gefühl geben, Sie würden fliegen, Küsse, die Ihnen eine andere Ebene der Liebe offenbaren, Geschichten, mit denen Sie niemals gerechnet hätten, und ein Wunder auf zwei Beinen, das Ihr Herz in sich trägt. Das können Kinder nämlich auch ganz gut, sie stehlen Herzen, diese kleinen, raffinierten Herzensgauner, und man bekommt sein Herz, das man an sein Kind verloren hat, nie wieder zurück.

Faridas Geburt

Als ich sechzehn war, habe ich erfahren, dass mein Papa einen älteren Halbbruder hat. Damals waren wir bei der Familie in Ägypten zu Besuch, und meine Großmutter wollte, dass mein Vater seinen Bruder besuchte und ihm einen Umschlag aushändigte. Mein Papa hatte seinen Bruder noch nie zuvor gesehen, selbst er wusste noch nicht allzu lange von dessen Existenz. Dieser Halbbruder wohnte in einem kleinen Dorf außerhalb von Alexandria. Ich wollte unbedingt mitfahren, da ich zu diesem Zeitpunkt erst selten in Ägypten gewesen war und schon gar nicht in einer dörflichen Gegend. Dieses Zusammentreffen wollte ich mir nicht entgehen lassen. Ich hatte damals eine blondierte Haarpracht und trug kein Kopftuch. Mein Onkel (er war um die fünfzehn Jahre älter als mein Vater) lebte mit seinen Kindern, deren Ehepartner*innen und deren Kindern in einem Familienhaus. Er wusste, dass wir kommen würden, und wie in arabischen Ländern üblich, wurden wir sehr freundlich aufgenommen. Es gab viel zu essen – alles stammte vom Bauernhof, auf dem sie lebten: Ziegenmilch, Ziegenkäse, Brot aus dem Steinofen, selbst geräuchertes Pastrami, schwarzen, süßen Honig und Marmelade aus dem Obst, das sie erst geerntet hatten. Ich konnte mich nicht sattsehen an allem, was mein Land zu bieten hatte, und mochte den Buttergeruch, der einen umgab, sobald man in das Haus trat. Es roch wie in einer ägyptischen Bäckerei. Wir wurden von der Frau meines Onkels regelrecht gemästet, auf ein „Nein danke, wir sind schon satt" wurde nicht gehört, das galt als Unhöflichkeit. Zum Abschluss brachten sie uns Tee, er war besonders, ich weiß noch, dass zusätzlich zum schwarzen Tee ein Tropfen Rosenwasser und Pfefferminze hineinkam. Ich hätte danach einschlafen können, so gut hatten wir gespeist, aber die Geschichten meines Onkels waren zu aufregend, und ich konnte meinen Blick nicht von ihm abwenden, denn er hätte der Zwilling meines Vaters sein können. Wir lauschten also meinem Onkel, als plötzlich im oberen Stockwerk Schreie und ein Stöhnen zu hören waren.

Völlig außer Atem und verschwitzt kam seine Frau heruntergerannt und befahl: „Alle Frauen im Haus sollen zu Anisa, wir brauchen alle, das Kind steckt fest."

Ich fühlte mich nicht angesprochen, denn ich war ja eine Fremde, keine *Frau des Hauses,* also nicht dieses Hauses.

Sie sah mich streng an: „Komm mit!"

Ich habe mich damals nicht mit Ägypten und Ägypter*innen identifiziert und war sehr überheblich, *ich war ja eine Europäerin:* „Nein danke. Lieber nicht."

Die Frau war sehr fordernd: „Bist du keine Frau? Alle Frauen im Haus versammeln sich in Anisas Zimmer. JETZT!"

Ich ging dann doch mit – aus fast freien Stücken (sie hatte echt einen Blick drauf, dem man folgen musste) – und betrat einen großen Raum.

Die anderen Frauen umkreisten bereits eine Frau, die halb nackt und mit gespreizten Beinen am Boden saß, sie hatte heftige Presswehen. Eine der Frauen hielt eine kleine Trommel in der Hand und sang einen Mawal (= Gesang), die anderen summten ihr nach, hielten einander und schwankten mit ihren Oberkörpern hin und her. Die Gebärende starrte uns an, als würde sie durch unsere Blicke Energie tanken, und dann traf mich ihr Blick. Ich spürte eine einzigartige Verbindung zu ihr. Sie lächelte mich wie eine alte Bekannte an, und für einen Moment hatte ich das Gefühl, sie schon ewig zu kennen. Die Hebamme war jene Frau, die mich raufgebracht hatte, und gleichzeitig die Schwiegermutter der Gebärenden. Es war Frauenpower pur, und mir wurde zum ersten Mal bewusst, wie stark ägyptische Frauen sind. Die Hebamme hatte sich zur Stärkung alle Frauen des Hauses geholt, in Europa wäre das undenkbar, wo wir doch unsere Privatsphäre schätzen, Türen verschließen und dort absperren, wo es nur geht, um für uns zu sein. Mir fiel auf, wie stärkend das Bestehen in der Gemeinschaft sein kann, selbst bei einer Geburt, die ja eigentlich ein höchst privates und intimes Ereignis ist. Ich saß als völlig Fremde mitten in einer Frauenrunde und spürte die Energien, die da flossen.

Sie bekam ein Mädchen und nannte es Farida, übersetzt „die Einzigartige". Das Kind bekam von der Großmutter sofort die Ohren gestochen (was in Europa fast als Kindesmissbrauch gilt), denn je länger man warte, umso mehr würde es dem Kind wehtun, so die Großmutter, als ich nachfragte. Und alle hielten die kleine Farida, sie wurde im Kreis herumgereicht, von Frau zu Frau, während ihre Mutter von der Schwiegermutter mit Nahrung gestärkt wurde: „Du musst essen, das Kind braucht alles, was du geben kannst. Du hast deine Sache gut gemacht, so eine starke Frau bist du." Einige andere Frauen putzten um die neue Mutter herum. Als mir eine Frau das Baby reichen wollte, lehnte ich dankend ab, da meinte sie: „Du darfst nicht Nein sagen, das bringt Unglück. Wenn du ihr ins Ohr flüsterst, was du dir wünschst, dann wird es geschehen. Halte sie, wünsche dir etwas."

Nun ja, was sollte man darauf sagen?! Ich nahm die kleine Farida, flüsterte ihr Wünsche ins Ohr. Es war das erste Mal in meinem Leben, dass ich ein Baby hielt. Sie war nicht einfach nur ein Baby, sondern ein Neugeborenes, ein gerade erst Geborenes, ich war ja dabei gewesen, sie war so leicht, fast schon zerbrechlich, aber wunderschön. Sie schaute mich an, als würde sie alles, was um sie herum geschah, verstehen. Was für ein Adrenalinrausch! Ein kleines Wunder, das selbst das härteste Herz zum Schmelzen bringen konnte. Als ich dieses neugeborene Wunder in den Armen hielt, sah ich mir diese Gruppe von Frauen genauer an, denn was ich über sie zu wissen glaubte, war, dass sie schwach wären, bevormundet und unterdrückt. An diesem Abend wurde mir das Gegenteil bewiesen, aber das ist eine andere Geschichte …

Schwanger? Schwanger!

Es fing alles in dem Moment an, als ich den zweiten Streifen sah. Und auch wenn er nicht allzu deutlich war, war er nicht zu übersehen. Zur Sicherheit machte ich einen zweiten Test, ich hatte damals eine eigene Lade nur mit Schwangerschaftstests. Eigentlich dumm von mir, nachdem mir eine Gynäkologin prophezeit hatte, niemals Mutter werden zu können. Vielleicht hatte ich diese Lade gerade deshalb … Mein Körper sei zu schwach, meine Eierstöcke *nicht gut genug,* meine Eizellenproduktion zu gering, mein Körper sei nicht für die Mutterschaft gemacht, sagte sie. Warum ich eigentlich bei ihr war? Mir fielen büschelweise die Haare aus, und nach einem Hormontest wurde ich zu ihr überwiesen. Die Diagnose über meine garantierte Mutterlosigkeit gab es gratis zum Shampoo zur Stärkung der Haarwurzeln dazu.

Damals war ich mit meinem Mann verlobt und beichtete ihm, wir würden höchstwahrscheinlich keine Eltern werden. Ich weiß nicht, ob es ein Männerding ist, dass er da kein großes Interesse zeigte, weil er sich insgeheim sicher war, wir *würden das bei einem Kinderwunsch wahrscheinlich schon irgendwie lösen,* oder ob er so sehr in mich verliebt war, dass sein Vaterwerden nur in Verbindung mit mir für ihn realistisch war. Ich wählte die zweite Option. Und wir lebten mit dieser Diagnose, als sei sie selbstverständlich, nahmen es so hin, man kann eben nicht alles haben, und wir waren schließlich gesegnet genug, einander gefunden zu haben, Ärzte und die Wissenschaft irren sich ja nicht.

Sie irren sich doch manchmal. An jenem Morgen, an dem meine Periode hätte einsetzen müssen, blieb sie aus. Das war gleichzeitig auch mein 26. Geburtstag. Ich wurde an diesem Tag sehr beschenkt. Jemand wollte unbedingt ins Leben kommen, in unser Leben, und das trotz allem, was mein Körper nicht hatte und nicht konnte.

Zu diesem Zeitpunkt spürte ich das neue Leben noch nicht in mir, es war auch nicht sichtbar, aber ich strahlte mit der Sonne um die Wette, denn meine Welt würde sich verändern, und das für immer. Nicht, dass ich mein Leben nicht mochte, ich liebte es, aber ich wusste schon immer, dass ich Mutter werden wollte, und als man mir sagte, dass es nicht möglich sei, war das wie ein Schlag ins Gesicht. Die Freude über die baldige Mutterschaft war das Einzige, was das Warten in der Schwangerschaft erträglich machte. Denn Schwangerschaften sind keine Spaziergänge, jedenfalls meine nicht, mich hat es bei beiden Malen Gesundheit, Psyche und beinahe das Leben beider ungeborenen Kinder gekostet.

Wenn man sich eine Schwangerschaft in etwa so vorstellt, dass man strahlende Haut, glänzendes Haar, stärkere Nägel und einen schönen runden Bauch bekommt, dann Fehlanzeige. Hollywood und Social Media haben uns diesbezüglich leider so richtig verarscht. Die Realität sieht eher so aus, dass man unsanft vom Ruf der Morgenübelkeit geweckt wird, unfreiwillig hier und da den ersten Pipitropfen in die Hose macht, auf jede Fressattacke eine unvergessliche Kotzära folgt und das Atmen während des Liegens

– und sonst auch – zur Herausforderung wird. Auch wenn man versucht sportlich zu sein und brav schwimmen geht, es wird Tage geben, an denen man nur dann aufsteht, um aufs Klo zu gehen und möglicherweise sogar dort weiterpennt. Es hat überhaupt keinen Sinn, sich im Internet Bilder von schwangeren Promis anzusehen – danach hasst man sich selbst nur noch mehr. Aber das ist gar nicht das Schlimmste an der Schwangerschaft. Das Schlimmste sind jene Frauen, die schon längst Mütter sind, oder andere Schwangere, die man durch Vorbereitungskurse oder sonst woher kennt. Ich weiß noch genau, dass ich beim Geburtsvorbereitungskurs eine Einzelgängerin war, denn ich hatte das ungeborene Kind noch nicht für den Kindergarten oder Playdates angemeldet, kein Kinderzimmer gestrichen, nicht den teuersten Kinderwagen besorgt oder das *allersuperbeste* Krankenhaus für die Entbindung recherchiert. Es spielt keine Rolle, woher Sie kommen, woran Sie glauben oder wer Sie sind, sobald Sie schwanger sind, sind sie nicht mehr weit: die gut gemeinten Ratschläge von gefühlt JEDER Person, die Sie kennen. Selbst die, die nicht einmal Kinder haben, werden in Ihrer Gegenwart zu erfahrenen Jesper Juuls.

Es ist nicht so, dass werdende Mütter keine Tipps brauchen, das tun sie, jedenfalls habe ich sie gut brauchen können, es ist nur so, dass die Meinungen, die man bekommt, noch weiter auseinandergehen als Ost und West. Als Schwangere befindet frau sich dann mittendrin und weiß nicht, *was jetzt richtig ist*. Sie werden sich zwischen „Stillmüttern" und „Flaschenmüttern" wiederfinden, zwischen „Vollzeitmüttern" und „arbeitenden Müttern", zwischen „Impfmüttern" und „Niemals-impf-ich-mein-Kind-Müttern" und natürlich zwischen „Krankenhausmüttern" und „Ich-bring-mein-Kind-daheim-auf-die-Welt-Müttern". Versuchen Sie gar nicht erst herauszufinden, wer von ihnen richtig liegt, denn auf eine magische, mütterliche Art und Weise liegen sie alle dann doch irgendwie richtig. Das Einzige, was an ihrem Verhalten falsch ist, ist ihr

Versuch, werdende Mütter in *ihr Team* aufzunehmen, und wenn Sie das nicht wollen, *sind Sie keine gute Mama*. Das bestimmen andere für Sie schon während der Schwangerschaft, *denn Sie kennen sich ja noch nicht aus.*

„Wenn du dich während der Schwangerschaft nicht darauf konzentrierst, immer glücklich und ruhig zu sein, dann ist das schlecht für das Baby. Deswegen mache ich momentan Yoga und höre fröhliche Lieder. Aber man kann das Glücklichsein auch faken, indem man einfach lächelt. Damit sagen deine Gesichtsmuskeln deinem Gehirn, dass du glücklich bist, und es werden Glückshormone ausgeschüttet. Die ganze Persönlichkeit deines Babys entwickelt sich jetzt. Wenn das Baby da ist, ist es schon zu spät – die entwickelte Persönlichkeit bleibt für immer."

Solche Sätze sagte man mir in Zeiten, in denen ich grundlos gelacht und geweint habe, am Klo eingeschlafen, vom Lärm meiner eigenen Blähungen aufgewacht bin und Selbstgespräche auf drei Sprachen geführt habe. *Gratulation*, dachte ich mir da nur, *mein Kind wird ein Psycho!*

Ich werde Sie auch in diesem Punkt nicht belügen, ich fand das Schwan-gersein beide Male total beschissen. Ich hatte in der ersten Schwangerschaft zweimal mit einer gerissenen Plazenta zu kämpfen, hatte Angst um mein Baby, und es ging mir psychisch einfach nicht gut. In der zweiten Schwangerschaft wurde mir schon im ersten Trimester zur Abtreibung geraten. Damals lebte ich im Ausland. Mein Mann und ich waren ratlos, entschieden uns trotzdem für das Kind. Es hatte sich ja auch schon für uns entschieden, da wollten wir nicht diejenigen sein, die dem eigenen Kind den Rücken zukehren. Ich bin Pro Choice! Eine werdende Mutter soll entscheiden dürfen, ob sie diese Mutterschaft ausleben möchte oder nicht. Eine Entscheidung für ein Leben mit einem Kind, das vielleicht beeinträchtigt auf diese Welt kommt, ist sicher keine leichte, aber ich entschied mich dafür, denn ich spürte dieses Kind in mir so sehr, dass ich es nicht gehen lassen wollte. Das war in der zweiten Schwangerschaft jedoch nicht mein einziges Problem. Die Schwangerschaft an sich war anstrengend genug, auch ohne die Diagnose über den Gesundheitsstatus meines Babys. Zuerst ließ mich mein Körper und später die Stabilität meiner Psyche vollkommen im Stich. Die gesamte Schwangerschaft hindurch begleiteten mich Inkontinenz, Übelkeit, Schwindelanfälle und Depressionen. Zudem war die Angst um mein Kind ständig präsent, wie ein Schatten, und einmal, das werde ich nie vergessen, als ich nach einem Kotzanfall völlig fertig am Boden der Toilette lag, sprach ich zu ihr (da wusste ich schon, dass es ein weiteres Mädchen werden würde): „Du bist okay. Egal, wie du bist. Halte *bitte* durch. Gib nicht auf. Halte einfach durch und komm zu uns. Und wenn es mich zerbricht, ich nehme es in Kauf, aber lass mich nicht im Stich. Jetzt sind wir schon so weit gekommen, wir zwei. Komm! Wir stehen das gemeinsam durch.“

Später waren wir in Wien, wo ich seit Jahren eine großartige Gynäkologin habe. Nach der ersten Untersuchung war sie heilfroh, dass ich das Kind in Schottland nicht hatte abtreiben lassen, denn ihrer Meinung nach war mein Kind kerngesund.

Ich hatte also zwei unterschiedliche Befunde (sogar schriftlich), was die restliche Zeit der Schwangerschaft nicht gerade leichter machte. Was hat meine zweite Tochter nun? Nicht die vermutete Behinderung, sondern gar keine. Sie hat an jedem Fuß zwei Zehen, die zusammenkleben, was ihr Großvater väterlicherseits auch hat, sie aber keineswegs im Leben beeinträchtigen wird. Und auch *wenn* sie etwas hätte, so hatten wir uns füreinander entschieden. Schon lange bevor sie auf die Welt kam, war sie für uns perfekt.

Es waren aber nicht nur die Schwangerschaften, die mich Gesundheit und Nerven kosteten, sondern vor allem die Geburt meiner ersten Tochter war traumatisierend.

Die Geburten von Madame Hamsterbacke & Mademoiselle Katzenpfote

Bei der Geburt meiner ersten Tochter (Madame Hamsterbacke) hatte ich keine Ahnung, wie das Gebären funktioniert. Woher auch? Meine Recherche auf YouTube fing an bei Frauen, die zu Hause im Badezimmer Kinder auf die Welt brachten, und endete in der Tierwelt bei einem gebärenden Elefantenweibchen. Ich hatte also theoretisch eine Vorstellung von dem, was geschehen würde, zumindest dachte ich das.

Ich lag in meinem Bett, als der Schmerz kam. Bauchweh? Periodenschmerz? So ähnlich fühlte es sich jedenfalls an, und es hörte nicht mehr auf. Der Schmerz hielt länger als eine Stunde an und kam alle paar Minuten. Somit entschieden wir, ins Krankenhaus zu fahren, denn dort würde ich hoffentlich Mama werden.

Dort empfing mich eine sehr nette Hebamme. Es war ihre erste Woche, daher war auch sie ein wenig nervös, aber sehr motiviert. Durch einen Wattestäbchentest stand fest: Das Baby kommt, denn die Wassertropfen in meiner Unterhose waren vom Fruchtwasser. Sie zeigte mir Atemübungen, massierte mir den Rücken, aber dann war ihre Schicht zu Ende (sie durfte eine gewisse Stundenanzahl im Dienst nicht überschreiten). Ihre Ablöse, eine erfahrene Kollegin, begrüßte mich mit einem Augenrollen und stellte sich mir nicht einmal vor. Wenn ich heute an sie denke, höre ich noch immer ihr Zungenschnalzen – sie kaute während der gesamten Zeit an einem Erdbeerkaugummi – und habe noch immer diesen Geruch in der Nase. Ich kann mich nur bruchstückhaft an die Geburt selbst erinnern, ich stand vor Schmerzen wie unter Drogen, aber das, was ich noch weiß, weiß ich genau. Ich wollte unbedingt eine Wassergeburt, doch diese wurde mir von ihr verwehrt. Angeblich bekam gerade eine andere Frau ihr Kind im Pool (später fand ich heraus, dass dies nicht stimmte). Die Geburt dauerte insgesamt zwölf Stunden. In dieser Zeit sagte sie Dinge zu mir, die mich fast zum Weinen brachten. Ich spürte richtig, wie schwach ich in diesem Moment war, aber vor allem spürte ich ihre Macht über mich. Sie sagte: „Kommen Sie jetzt, ich kann nicht alles für Sie machen" oder „Jetzt beeilen Sie sich, andere Frauen, die nach Ihnen gekommen sind, haben ihre Kinder schon". Tatsächlich geweint habe ich bei der Aussage: „Wenn Sie jetzt nicht pressen, erstickt Ihre Tochter!" Dieser Satz hat mir jegliche Kraft zu atmen genommen, da ich ohnehin die gesamte Schwangerschaft mit Angst um das Kind zu kämpfen hatte. Ich spürte richtig, wie mir die Kehle zugeschnürt wurde. Ich konnte mich nicht mehr rühren, ich weiß nicht mehr wie lange. Mein Mann hielt mein rechtes Knie auf die Seite, meine Mutter packte meine Schultern und stärkte somit meinen Rücken, aber schlussendlich dachte ich mir: Wenn ich jetzt ordentlich presse, muss ich diese schreckliche Frau nie wieder sehen. Genau das tat ich dann auch, und es funktionierte. Als eine andere Hebamme mit einer Akupunkturnadel zu Hilfe kam, flutschte unsere Tochter heraus.

Am 25.11. ist der Internationale Tag zur Beseitigung von Gewalt gegen Frauen, und viele Mütter nutzen diesen als den „Rose Revolution"-Tag, an dem sie ihren Hebammen / Ärzt*innen, die sie während der Geburt traumatisiert haben, Briefe und Rosen vor die Kreißsäle legen. Ich habe mich für eine E-Mail entscheiden, denn ich wollte besagter Hebamme nicht einmal zufällig über den Weg laufen. Ich habe drei Jahre gebraucht, um die Kraft aufzubringen, ihr zu schreiben. Diese E-Mail beantwortete sie genauso kalt, wie sie die Geburt geführt hat. *Geheilt* wurde dieses Trauma durch die Geburt meiner zweiten Tochter. Da ich in etwa wusste, was mich erwarten würde und was ich auf keinen Fall wollte, plante ich es diesmal und nahm meine private Hebamme mit ins Krankenhaus. Was man aber bei einer vaginalen Geburt nicht planen kann, ist der Zeitpunkt der Geburt selbst.

Ich saß in der Straßenbahn, schon einige Tage nach dem errechneten Geburtstermin, und war auf dem Weg ins Krankenhaus, um Papierkram zu erledigen, da platzte die Fruchtblase, einfach so, es war wie ein Wasserfall, der zwischen meinen Beinen floss. Allein im öffentlichen Transportmittel, aber gegenüber vom Krankenhaus, rief ich meine Hebamme an. Wie fragil wir Menschen doch sind, dachte ich mir damals, wie schwach, wenn jegliche Kraft unseren Körper verlässt.

Ich verständigte meinen Mann, der mir mit unserer älteren Tochter meine Kliniktasche brachte. Da ich nicht wollte, dass sie hier blieben (wer weiß schon, wie lange so eine Geburt dauert, meine Älteste sollte nicht im Krankenhaus warten), verabschiedete ich mich von den beiden. An meiner Seite waren meine Hebamme, meine beste Freundin und meine Mutter. Und so unerträglich die Schwangerschaft auch war, so traumhaft schön war die Geburt. Ich lag im Wasserbecken, atmete den Schmerz aus, schwang meine Hüften mit dem Wasser, meine Hebamme sprach mir gut zu und massierte mich. Während ich die Hände meiner Mutter und meiner besten Freundin hielt, schaute ich aus dem Fenster in den Nachthimmel und dachte an die Frauen, die ich damals in Ägypten bei Faridas Geburt gesehen hatte. Ich dachte an alle Frauen, die Mütter werden möchten, aber nicht können, an alle Frauen, die von Machtmissbrauch in Krankenhäusern – und Missbrauch generell – betroffen sind, an alle Frauen, denen gesagt wurde, dass sie nicht genug seien, dass sie nichts könnten, dass sie nicht reichten, und ich presste meine Wut aus mir heraus, ich presste die Angst aus mir heraus, ich presste das Nichtkönnen aus mir heraus, bis sie kam. In dem Moment, in dem ich sie in meinen Armen hielt, suchte ich nicht nach der prophezeiten Krankheit, sondern sah ihr Licht.

Ich habe gelernt, dass Beeinträchtigungen und Krankheiten zu einem Teil das sind, was man daraus macht. Mein linker Arm ist beeinträchtigt, ich kann ihn nicht richtig bewegen, meine zweite Tochter hat an beiden Füßen zusammenklebende Zehen, die meine Erstgeborene natürlich sofort an ihrer Schwester bemerkt hat und wissen wollte: „Mama, wieso hat meine Schwester Zehen, die zusammenkleben?"

„Na, weil sie eine Meerjungfrau ist. Sie ist etwas ganz Besonderes."

„Und ich bin nicht besonders?"

„Doch, natürlich. Aber du trägst deine Besonderheit im Herzen, weil du so lieb bist. Jeder ist etwas Besonderes. Bei manchen ist es das Aussehen, bei anderen sieht man es nicht sofort, aber es ist trotzdem da, und bei wiederum anderen ist es innen UND außen. Sie ist eine Meerjungfrau und du bist eine Superheldin, weil du andere so gut beschützt."

Eine andere Mutter, die ich im Krankenhaus beim Warten auf die Erstuntersuchung traf, hatte ein Baby mit Gaumenspalte. Sie stillte ihren Sohn weinend, weil das Stillen nicht funktionieren wollte. Die Krankenschwester sagte zu ihr: „Sie müssen das üben. Nicht weinen. Üben."

Ich kam mit dieser Mutter schnell ins Gespräch und erzählte ihr: „Ich habe bei meiner ersten Tochter wochenlang geweint, also beim Stillen. Es ist in der ersten Zeit sehr schwierig. Sie machen das wirklich gut."

Sie küsste ihren Sohn auf sein Gesicht: „Bin ich blöd, wenn ich trotzdem denke, dass er perfekt ist?!"

„Nein, Sie sind seine Mama, und er *ist* perfekt. Das sind sie alle", stimmte ich ihr von ganzem Herzen zu.

Die unsichtbaren Leiden & verdammten Dementoren

Nach der Geburt glauben so manche Frauen, dass das Schwierigste überstanden sei. Ich bin – oder war – *genau solch eine Frau.* Nun weiß ich es besser. Ich durfte es auf die harte Tour lernen. Sobald die Geburt vorbei ist, will das Baby ernährt werden. Die Kleinen kommen schon hungrig auf die Welt und schnappen sich mit ihren kleinen Mäulern die Nippel der Mutter, das können sie bereits mit null Sekunden an Lebenserfahrung, das muss ihnen niemand beibringen, sie riechen den Ort der Nahrungszufuhr. Das Problem? Es tut höllisch weh! Noch schlimmer, es warnt Sie niemand vor, deswegen mache ich das jetzt: Es tut höllisch weh! Aber das ist leider noch nicht alles.

Niemand streitet die Effektivität des Stillens ab, es ist super gesund und das Beste für die Kids. Viele Frauen finden es auch erfüllend zu stillen. Viele andere Frauen können es ganz und gar nicht leiden. Ich oute mich als Frau der zweiten Gruppe. „Aber sei doch froh, andere Frauen können gar nicht stillen, obwohl sie gerne würden", versuchen mir einige Stillmütter ein schlechtes Gewissen zu machen, aber da lasse ich mich nicht umstimmen, denn nur, weil ich etwas habe, das andere gerne hätten, bin ich nicht automatisch glücklich damit. Ich habe aus reiner Liebe zu meinen Kindern gestillt – solange sie es brauchten und solange ich es psychisch aushielt. Es war für mich mit Abstand die schlimmste Aufgabe der Mutterschaft (zumindest bis jetzt, ich habe ja noch keine Teenagerinnen). Das Beißen, das Zwicken, das Kratzen, das ständige Eine-Brust-raus-dann-rein-dann-die-andere-raus-beide-raus-beide-rein-und-so-weiter, das Schlafen (wenn überhaupt) auf der Seite, von der das Kind gerne trinkt, damit man nachts nicht extra aufstehen muss, der schmerzende Milchstau, das Ziehen an den Nippeln mit den kleinen fiesen Zähnchen, die wunden, blutenden und schmerzenden Nippel – die Liste ist lang. In der Öffentlichkeit existieren diese Bilder über das Stillen so gut wie gar nicht, es wird immer so kommuniziert, dass eine jede Mutter das Stillen lieben *muss*, weil es keine andere Option geben *darf*. Es ist ja wirklich schön, es kann ein zusätzlicher Draht zwischen Mutter und Kind sein, solche Momente gibt es, dagegen sagt keine*r etwas, es ist aber auch oft eine mentale Belastung für die Mama, es funktioniert nicht oder ist anstrengend. Man teilt seinen Körper über die Schwangerschaft hinaus, das ist nicht immer angenehm. Aber das darf man so ja nicht sagen, denn *nur ein gestilltes Kind, ist ein wirklich gesundes Kind.*

Sie benötigen einen Beweis dafür, dass das nicht stimmt? Den kann ich Ihnen sofort bieten: Gehen Sie auf einen Spielplatz und beobachten Sie die Kinder dort. Die, die gestillt wurden, sind ebenso albern, laut, nervig und liebenswert wie die, die nicht gestillt wurden, und auch ein Kind, das gestillt wurde, kann Probleme mit der Immunität haben, während ein Kind, das nicht gestillt wurde, gesund sein kann. So funktioniert eben Mother Fucking Nature!

Das Stillen macht die Mutterschaft manchmal zu einer unsichtbaren Bürde. Keine*r, mit Ausnahme der Kinder, aber die werden sich in dem Alter nicht daran erinnern, sieht, wie schwer, fast unerträglich, die erste Zeit der Mutterschaft ist und wie viel sie uns Frauen an körperlicher und nervlicher Energie raubt. Nicht alle Mütter haben Partner*innen, die ihnen beistehen können, und selbst die, die sie haben, sind als stillende Personen in der ersten Zeit auf sich allein gestellt. Abgesehen davon, dass nicht alle Kinder Nahrung aus der Flasche annehmen (meine Kinder), muss sich der Körper nach der Geburt erholen und die Psyche sowieso – all das wird nicht erwähnt. Irgendwie tun alle so, als hätte die Frau, die gerade Mutter geworden ist, *nichts* Außerordentliches, nahezu Übermenschliches, geleistet.

Ich werde mit meiner Ehrlichkeit sogar noch einen Schritt weitergehen, ich verrate Ihnen eines: Ich mochte das Babyalter nie. Babys sind süß, niedlich, einfach zum Knutschen, manche sieht man an und möchte gleich selbst eines haben, aber passen Sie auf, denn diese zum Fressen süßen Menschlein sind in Wirklichkeit getarnte Fußfesseln. Es ist eine unbeliebte Meinung, die ich vertrete, ja, ich weiß, aber die Anfangszeit als Mutter hat mich schockiert, gebrochen und als eine andere Person wiedergeboren, denn nicht nur die Kinder kommen zur Welt, sondern auch man selbst als Mama. Die Person, die man zuvor war, ist weg. Für immer. Die Nabelschnur, von der man denkt, dass sie durchtrennt wurde, existiert in den ersten paar Jahren unsichtbar weiter. Bei einigen Frauen hören nach der Geburt die Schmerzen an manchen Körperstellen nicht auf. Zudem gibt es unsichtbare Wehwehchen der Psyche. Wer in der Schwangerschaft eine Depression durchmachen musste, wird diese nicht automatisch mit der Geburt los.

Die Person, die das Kind „mitgekriegt" hat, kann Aufgaben übernehmen, aber Frauen habe eine Art *Knopf* im Gehirn, der bei der Geburt gedrückt wird. Dieser Knopf sorgt dafür, dass Frauen – sobald sie Mütter werden – leichter schlafen. Für immer. Dieser *Knopf* existiert bei Männern nicht. Das ist auch der Grund, warum Väter tiefer schlafen als Mütter, unabhängig davon, wie gerecht Sie die elterlichen Aufgaben aufteilen, eine Mutter ist am Anfang ihrer Mutterschaft mehr belastet. Die ersten Monate der Mutterschaft sind grausam und unbeschreiblich schön – und alles dazwischen.

Ich war naiv genug zu denken: Ich habe ja schon ein Kind, ich weiß, was mich beim zweiten Kind erwarten wird, was mich schon in den ersten Nächten als zweifache Mutter zum Lachweinen brachte, denn ich hatte ja keine Ahnung.

Meine erste Tochter, die ich mit ihren vier Jahren noch als Baby betrachtete, war plötzlich die *große Schwester*. Niemals hätte ich gedacht, dass ich erneut so lieben könnte, dass meine Kleine von heute auf morgen *die Große* sein könnte. Es ist eine völlig neue Ebene der Mutterschaft, mehrere Kinder zu haben, denn während ich Kind zwei die Windel wechsle, muss ich den Geschichten von Kind eins zuhören und diese überrascht, euphorisch, zujubelnd, interessiert und aufmerksam kommentieren. Während ich das Baby stille, muss ich mit der Älteren spielen. Wenn das große Kind endlich im Bett liegt, wird das andere so lange gestillt, bis es auch schläft, und sobald es das tut, muss man sich als Mutter entscheiden, ob man duschen, schnell etwas essen, vielleicht kurz zum Abschalten fernschauen oder die Wohnung aufräumen möchte, denn keine*r will in einem Saustall aufwachen. Zum Schluss tut man das, was richtig ist: Man legt sich zum Baby dazu, denn es wird in den nächsten Stunden irgendwann aufwachen, um zu trinken, und ehe man sich versieht, ist die Nacht um, und man hat kaum geschlafen.

Die ersten Monate mit zwei Kindern (auch schon mit nur einem Kind) sind für viele Frauen – vor allem für jene ohne Hilfe – ein offenes Tor zur Depression. Und mit Hilfe meine ich nicht die Väter der Kinder, die helfen nämlich nicht. Das, was sie leisten, ist Partizipation und Elternschaft. *Hilfe* ist das, was weitere Familienmitglieder und Freund*innen leisten.

So groß die Freuden der Mutterschaft sind, so real ist auch die Einsamkeit. In der zweiten Schwangerschaft wurde ich depressiv und habe es verdrängt, ich dachte, es sei hormonell bedingt und nicht der Sorge wert, bis ich nicht mehr lachen oder weinen konnte. Von da an wollte ich es nicht mehr ignorieren. Ich versuche zu beschreiben, was ich damals fühlte:

Nichts. Man fühlt nichts. Die Gleichgültigkeit ist das Highlight der Gefühle, weil da nichts sonst ist, und selbst die ist nicht spürbar. Der Tag soll nur enden, damit der nächste dann auch vergehen kann. Es gibt nichts zu geben. Hilfe, Liebe, einfach alles anzunehmen fällt schwer wie das Atmen. Das Leben wird zur Last. Was kann schon schwieriger sein als zu überleben? In einem vollen Raum nicht gesehen zu werden. Sterben zu wollen, ohne genau beschreiben zu können, wieso.

Das Problem mit einer Depression ist, dass man nicht wirklich darüber reden will, denn dann weiß es doch jede*r. Es ist eine Verletzung, die in der gesellschaftlichen Watte der Scham gebettet liegt, und sie eitert so lange, bis man diese Watte entfernt, die Verletzung desinfiziert und sie heilen lässt. Dazu ist es aber wichtig, diese Verletzung zu lüften und damit an die Welt zu gehen. Versteckt ist eine Depression gut aufgehoben. Sie wohnt in manchem Gelächter, in zurückgehaltenen Tränen und unterdrückten Schreien, aber dort lässt sie sich nicht für immer halten und irgendwann bricht sie dann aus. Bei mir geschah das während der zweiten Schwangerschaft, im Stiegenhaus, ich konnte den Tränenfluss einfach nicht mehr aufhalten. So fand mich Frau Takahashi. Sie war nicht nur meine Nachbarin, sie war außerdem auch Psychotherapeutin (Zufall?) und hatte ihre Klinik in der Nähe unseres Wohnhauses. Ich fing auf ihr Anraten hin an, sie regelmäßig zu besuchen und mit ihr zu sprechen, zumindest solange ich in Schottland lebte. Selbst heute spreche ich noch manchmal mit ihr. Vielleicht habe ich mich anfangs für meine Depression geschämt, aber mir ging es nicht gut, also musste ich etwas tun. Ich dachte, darüber zu sprechen, würde den Zustand nur verschlimmern, da ich auf Kommentare gefasst war wie: „Du bist depressiv? Aber du bist doch immer so gut drauf?!"

Bei Personen wie mir vermutet man keine kranke Psyche, weil wir von Natur aus gerne lachen und andere zum Lachen bringen. Aber sind es nicht gerade die Frohnaturen, bei denen man misstrauisch werden sollte? Ich muss da so oft an Charlie Chaplin und Robin Williams denken: „O Captain! My Captain!" Jeder Tag, an dem man nicht lächelt, ist ein verlorener Tag, deswegen lächeln und lachen wir, aber verdammt noch einmal: Wir fühlen dabei nichts und wenn andere dabei lachen, dann hoffen wir, dass wir wenigstens anderen das Fühlen geschenkt haben, denn wir selbst können es gerade nicht ...

Am Anfang habe ich mit niemandem darüber gesprochen, nur mit Dr. Takahashi. Hätte ich es gegenüber meinen Freund*innen erwähnt, hätte ich die bemitleidenden Blicke nicht ertragen können. Außerdem hätten sie mich wahrscheinlich ständig gefragt, ob es mir denn mittlerweile besser ginge, und das hätte wiederum bedeutet, dass ich mich noch mehr mit mir selbst hätte auseinandersetzen müssen, wo ich doch eigentlich nur weglaufen wollte. Andere darüber upzudaten, ob ich heute schneller in meinem Meer aus Tränen eingeschlafen bin als gestern, hätte es nicht besser gemacht, dachte ich. Eine depressive Person ist wie ein Mensch, der in einem Warteraum sitzt und auf etwas wartet, aber der Raum hat weder Türen noch Fenster, und man weiß auch nicht so recht, worauf man wartet. Man fühlt sich unheimlich schlecht dabei oder fühlt nichts oder fühlt alles auf einmal, nur raus kann man nicht.

An einem Morgen, ich lag noch im Bett, kam meine ältere Tochter zu mir und sagte: „Mama, komm spielen!" Aber ich konnte nicht, und das sagte ich ihr auch, ich wollte nur unter der Bettdecke bleiben, solange es mir möglich war, solange das Baby noch schlief. Meine ältere Tochter hielt meine Hand, sah mir in die Augen und sagte: „Doch du kannst."

Dieses „Doch du kannst", diese simplen drei Wörter aus ihrem Mund verdeutlichten ihren Glauben an meine Fähigkeit. Nicht meine Fähigkeit zu spielen, sondern meine Fähigkeit aufzustehen, nicht aufzugeben, nicht einfach da zu liegen, wenn sie mich doch brauchte. Vielleicht hat mich die Mutterschaft in die Depression getrieben. Ich weiß nicht genau, was es war, aber ich weiß, dass der Glaube und die Liebe meiner Kinder zu mir ein Teil meiner Therapie waren. Überlegen Sie doch mal, *doch du kannst* hat dieselbe Bedeutung wie *ich liebe dich*.

Zusätzlich verhalf mir eine neue Einstellung zur Mutterschaft den Austritt aus diesen „Scheißtagen": Oft wird es so dargestellt, dass eine gute Mama eine Frau ist, die jeden Tag frisch kocht, putzt und wäscht. Wenn deine Wohnung nicht blitzeblank ist, bist du eine schlechte Mutter. Wenn die Kinder nicht vom Boden essen können, bist du eine schlechte Mutter. Wenn du nicht jeden verdammten Tag frisch kochst, bist du eine schlechte Mutter. Ich habe mich damit abgefunden, dass ich an vielen Tagen diese schlechte Mutter bin, weil es Phasen gibt, in denen man bei uns nicht einmal barfuß am Boden gehen kann und das Menü aus Käsetoast mit Ketchup und Pommes besteht. Ich mache mir selbst kein schlechtes Gewissen mehr, wenn die Wäsche liegt, das Geschirr in Türmen in der Abwasch steht und ich schon seit Tagen nicht mehr abgestaubt habe. Das alles sagt nichts über meine Qualitäten als Mutter aus. Über meine Qualitäten als Hausfrau vielleicht schon, da kacke ich voll ab, aber nicht als Mutter. Daher kam vielleicht meine Depression. Die Depression ist die uneheliche Tochter des Burnouts. Wir sind die Generation von Müttern, die nicht weiß, was sie will, deshalb nehmen wir zur Sicherheit alles und müssen die perfekte Mutter sein. Wir schieben leere Kinderwägen vor uns her, während die Kinder in der Trage hängen, denn unsere Kinder *müssen* beides erfahren, wir sind doch perfekt und wählen nicht, was für *uns* besser ist, sondern machen einfach alles. Und alles reicht dann trotzdem nicht aus, also Panik, Work-Load, Mental-Load – Over-Load. Ab wann reicht es und ab wann ist es schon zu viel?! Erst, wenn man zusammenbricht, merkt man, dass es viel zu viel war.

Daraus habe ich ein Mantra entwickelt (Sie finden es nachstehend sogar als Gedicht niedergeschrieben), damit ich an den Tagen, an denen ich mit den Kindern spiele, das Muttersein genieße, anstatt beim Geschirrwaschen gedanklich die Einkaufsliste durchzugehen, die gesamte Woche vorzuplanen, mich selbst zu fragen, ob ich genug Wasser getrunken habe und mein gesamtes Dasein zu verfluchen. Ich singe es jetzt immer mit den Kindern. Wenn wir in einem Saustall aufwachen, dann lassen wir einfach alles liegen und gehen raus, spazieren, spielen, was auch immer möglich ist. Klar, sobald wir nach Hause kommen, liegt noch alles da, aber dann habe *ich* genug positive Energie gesammelt, bin darauf eingestellt, kann es annehmen und viel besser *damit umgehen*.

Alles liegt

Alles liegt, alles liegt,
alles, was liegen kann, liegt.
Die Wäsche liegt.
Das Geschirr liegt.
Der Staub liegt.
Auch die Stimmung liegt.
Lass es einfach liegen.
Kannst dich ja auch nicht verbiegen.

Das eine Kind kackt und kotzt,
das andere schreit und motzt,
auch solche Tage kommen vor,
eine schlechte Laune wäre hier
ein ganz mieses Eigentor.
Lass es einfach liegen,
es läuft dir eh nichts davon weg,
Lass es einfach liegen
und lauf du weg vom Dreck!!

Schnapp frische Luft und
geh mal ordentlich spazieren,
vergiss den Windelduft,
den du täglich inhalierst.
Alles liegt. Alles liegt.
Lass einfach alles liegen,
aber heb dich selbst auf!
Heb dich selbst auf.
Hol tief Luft und verschnauf,
dieses Leben ist kein Wettlauf.
Nur diese paar Tage gehen unter,
jedoch nicht die ganze Welt.
Da kommst du schon durch,
wie schon die Jahre zuvor auch.

Nein, Sie müssen nicht dem Bild entsprechen, das Ihnen als „perfekte Mutter" verkauft wird, wobei ich zugeben muss, dass ich es versucht habe. Damals, nach der Geburt meiner ersten Tochter, buchte ich einen Onlinekurs mit dem Titel „Happy Mom – Happy Kid", ich dachte, das sei gut investiertes Geld, hier würde ich lernen, alles – Kind, Beruf, Aussehen – ganz easy zu bewerkstelligen und das ohne gestresst zu sein. Die Kursleiterin und Bloggerin machte mit ihrem

Onlineauftritt den Eindruck, dass das möglich sei. Der Workshop kostete 130 Euro, was für mich ein Haufen Geld war, aber ich dachte, ich könnte mir das Glück und die Leichtigkeit der Mutterschaft erkaufen, das versprach immerhin der Workshop-Titel. So gesehen war der Betrag ja nicht viel.

Die Veranstalterin tätigte dann in zwei Stunden eigentlich nur eine Aussage in unterschiedlichen Variationen: *Holen Sie sich Hilfe! Holen Sie sich jemanden, der auf Ihr Kind aufpasst, und jemanden, der für Sie putzt, dann wird die Mutterschaft einfacher und Sie – und Ihr Kind – glücklicher, weil Sie Ihre Energie auf das Wesentliche lenken können – sich selbst.*

Das klang für mich wie der Spruch: „Wenn sie kein Brot haben, sollen sie doch Kuchen essen."

Diese Bloggerin schaffte die Leichtigkeit der Mutterschaft also durch die Hilfe von anderen, die sie sich durch Sponsoren für ihre Online-Arbeit, Werbeeinschaltungen und Workshops wie diesen leisten konnte. Wir anderen, die brav für diesen Schrott von Workshop gezahlt hatten, konnten uns diesen Kuchen nicht so einfach kaufen, genauso wenig wie das Brot, und darum ging es ja eigentlich. Danke für nix, dachte ich mir. Eine der anderen Mütter weinte sogar vor laufender Kamera, denn sie habe sich als alleinerziehende Mutter das Geld für diesen Workshop geliehen und nun das Gefühl, verarscht zu werden. Dem stimmten wir anderen geschlossen zu und beschwerten uns. Die Vortragende überwies uns allen nicht nur unser Geld zurück, sie verschwand danach auch monatelang aus der Online-Welt. Sie galt für uns andere als *die* Alphamutter schlechthin, jedenfalls durch Social Media, aber sie verschwieg im virtuellen Raum die Tatsache, dass ihr zu Hause drei weitere Personen mit dem einen Kind halfen. Mit dem Verschweigen dieser kleinen, aber doch wichtigen Information gab sie anderen Müttern ein Maß an Mutterschaft vor, dem keine Mutter, die *so gut wie alles* alleine machen muss, gerecht werden kann.

Alphamütter & Pinocchio-Kinder

Es liegt uns Müttern im Blut, dass wir alles richtig machen wollen. Das ist nichts Verwerfliches, aber es kann hier und da schwierig bis unmöglich werden. Für mich ist die Mutterschaft wie ein wilder Sturm – eigentlich wie ein Hurricane –, und in diesem wirklich außerirdisch brutalen Sturm sitzen einige von uns in kleinen Booten, während sich andere auf großen Schiffen oder auf Yachten befinden und wieder andere nur in einem winzigen Rettungsreifen schwimmen. Den Großteil meiner Zeit als Mutter verbrachte ich bis jetzt im Ausland, also ohne Hilfe der Familie. Mein Mann war den ganzen Tag im Büro, und meist fehlte das Geld für eine Hilfe im Haushalt oder mit dem Kind. Ich bin nicht die einzige Mutter, der es so geht. Früher schämte ich mich ab und an dafür, aber das war vor Jahren nun mal unsere Lage, und es zu leugnen, macht es nicht weniger wahr. Meine Kinder haben mich rund um die Uhr um sich, sie finden nicht nur neben meiner Karriere statt, sie sind sogar ein Teil dieser geworden, was Jahre, endlos viele Niederschläge und Lehren, die jeden Tag mehr werden, gebraucht hat.

Eine dieser Lehren zog ich in der Garderobe des Kindergartens meiner älteren Tochter, als ich mit anderen Müttern auf die Kinder wartete. Ich weiß, dass die perfekten Mütter existieren, die mittags voll geschminkt und in gebügelter Kleidung nach Feenstaub riechen, da ich einige von ihnen getroffen habe. Dabei hatte ich allerdings Essensreste auf der Bluse oder zwischen den Zähnen, war unausgeschlafen, in Eile am Weg zur Arbeit und daher nur halb anwesend, auf jeden Fall sah ich nie so aus, als wäre ich auf dem Weg zu einem Cover-Fotoshooting. Grundsätzlich habe ich meistens irgendwo Essensreste, sichtbar und unverschämt, auch damals in dieser Garderobe, in der sogar zwei perfekte Mütter anwesend waren. Sie tauschten sich über regionale Äpfel aus, die zwar teurer seien, aber immerhin besser für die Umwelt, und darüber müsse man sich schon Gedanken machen, denn da gehe es doch um die Zukunft unserer Kinder.

„Ich habe den neuen Bambusbecher für den Ausflug morgen schon besorgt, ich möchte nicht, dass mein Kind aus dem Plastikmist trinkt", sagte die eine Mutter zur anderen, die zustimmend nickte.

„Ja, das finde ich wirklich wichtig und nachhaltig von dir. Wir kaufen auch nur regional ein, was zwar ein wenig teurer ist, aber das muss sein. Ich stand heute über eine halbe Stunde im Supermarkt und habe das Obst verglichen. Die Äpfel aus Spanien sahen schon gut aus, aber ich habe dann die aus der Steiermark genommen. Man muss Opfer bringen."

Und just in dem Moment, in dem ich vor Scham vom Boden verschluckt werden wollte, weil ich eben erst die günstigeren Äpfel gekauft hatte, fragte die eine Alphamutter die andere: „Du, aber die Putzfrau, die du mir empfohlen hast, die ist schon frech. Die wollte ganze drei Euro mehr, nur weil sie jetzt jeden Tag extra aus Ungarn reinfährt."

„Oh, das tut mir leid. Das wusste ich nicht. Die Menschen werden auch immer gieriger."

Und weg war mein schlechtes Gewissen.

Generell habe ich die Sache mit der Alphamutter nicht so drauf. Ich bin eher die Mutter, die manchmal auf die Windeln, die Wechselkleidung, die Jause oder irgendetwas anderes vergisst, sobald sie das Haus verlässt. Fragen Sie mich nicht wieso, ich weiß es nicht. Die Tasche, mit der ich aus dem Haus gehe, ist riesig und beinhaltet normalerweise alles, was ich unterwegs brauchen könnte, bis ich mitten am Weg draufkomme, dass etwas fehlt. Ich bin nicht so perfekt organisiert und habe nicht alles schön zusammengelegt. Ich bin nicht mit Absicht keine Alphamama. Ich bin sie einfach so nicht.

Früher hat mich das unglaublich viele Nerven gekostet, aber ein Blick auf meine Kinder beweist mir, dass es ihnen gut geht. Sie werden sich nicht daran erinnern, dass ich einmal die Windel vergessen habe und das Pausenbrot manchmal im Supermarkt kaufe, weil ich das vorbereitete in der Küche vergessen habe. *Ich* werde mich zwar schon daran erinnern, aber ich habe es mir irgendwann verziehen. Wenn meine Kinder in meinen Armen liegen, dort fest schlafen und es ihnen an nichts fehlt, weil sie geborgen vor sich hin träumen, verzeihe ich mir, dass ich nicht alles kann. Tun Sie es auch. Sie sind es sich schuldig. Es gibt einfach solche Tage, die man einatmen muss, wie sie kommen, und wieder ausatmet, indem man das Beste daraus macht, *ohne* daran zerbrechen zu müssen.

Dabei habe ich bemerkt, dass ich beides sein darf und tatsächlich bin. In der Tat kann auch ich eine Alphamutter sein, ja, solche Tage existieren. Auch eine Rabenmutter – oder das, was man darunter versteht – kann ich sein. Es kommt dabei gar nicht auf mich an, sondern darauf, wann man auf mich trifft. Wenn ich zum Beispiel mit den Kindern wo hinfahre und beide in ihren Kindersitzen im Auto festgeschnallt sind, dann gilt bei uns, dass während der Hinfahrt nicht auf digitale Geräte geschaut wird, iPad und Handy sind tabu, sondern aus dem Fenster hinaus, und wir erzählen uns Geschichten und singen. *Was für eine vorzeigbare Mutter,* würden sich da einige denken, weil es das ist, was als richtig zählt. Auf dem Heimweg nach einem langen Tag dürfen die Kinder jedoch sehr wohl auf dem Tablet oder Handy alles schauen, was sie wollen, um gemütlich einzuschlafen und das Erlebte ausklingen zu lassen. Und plötzlich bin ich in den Augen vieler die Rabenmutter. Hinzu kommt, dass das in verschiedenen Gesellschaften unterschiedlich gesehen wird: In Ägypten und vielen anderen Ländern sind Kindersitze in Autos nicht einmal verpflichtend, da wird einfach die ganze Familie ins Auto gepackt und die Kinder sitzen auf dem Schoß von wem auch immer, der oder die auf dem Rücksitz hockt. Selbst das Anschnallen während der Fahrt ist kein Muss. Dort bekommen Neugeborene auch hier und da etwas zu „kosten", denn die Vor-sechs-Monaten-dürfen-sie-nichts-essen-Regel gilt dort nicht. Erstaunlicherweise funktioniert diese Art des Lebens mit Kindern genauso gut. Es sind so viele winzige, unterschiedliche Details ausschlaggebend, die man gar nicht bedenkt, auf denen aber die gesamte Reputation der Mutterschaft hockt – je nachdem, wo man auf der Welt lebt.

Ich musste allerdings nicht nur die Erwartungen vom Mutterdasein überdenken, sondern auch meine Erwartungen an meine Kinder, die sich mit der Zeit veränderten und das – zum Glück – sehr früh. Wir wünschen uns zum Beispiel alle, brave Kinder zu haben, aber was ist überhaupt *ein braves Kind?* Vor meiner Mutterschaft wusste ich das genau: Ein braves Kind ist eines, das ruhig ist und auf die Eltern hört. Die Realität sieht komplett anders aus. Wenn meine Tochter früher in der Öffentlichkeit gesungen und getanzt oder zu Hause die Wohnung verwüstet hat, war ich mir sicher, ein schlimmes Kind und die Kontrolle darüber verloren zu haben. Einmal, ich schimpfte gerade mit ihr, weil sie zu laut war, fragte sie mich: „Was mache ich denn falsch?!" Darauf fiel mir keine Antwort ein. Ja, was machte sie denn falsch?! Eigentlich nichts, sie hat auf der Straße laut gesungen. Ihre Frage brachte mich dazu, noch einmal zu überdenken, was als „schlimm" und „brav" galt und wie ich damit in Zukunft umgehen wollte, denn es war nichts schlimm daran zu singen.

Dabei erinnerte ich mich an eine Szene aus meiner eigenen Kindheit. Ich gehörte zu jenen Kindern, die gerne am Boden spielten, sich am Strand im Sand wälzten und die eigenen Klamotten so richtig schmutzig machten. Meine Mutter kommentierte das meistens mit: „Hoffentlich hattest du Spaß, du bist ja kein Pinocchio, sondern ein *echtes* Kind."

Ich kannte zwar die Geschichte von Pinocchio, aber ich habe nie ganz verstanden, was meine Mama damit meinte, bis mein Kind mich fragte, was daran falsch wäre, laut zu singen. Unsere Kinder sind lebendig und keine Dinge, sie müssen herumtoben, schreien, lachen, laut sein, Wutausbrüche haben – das gehört zu einer gesunden Entwicklung dazu. Wir selbst waren als Kinder nicht anders, wieso also gewähren wir es ihnen nicht?

Meine ältere Tochter ist generell sehr laut und tanzt dabei unheimlich gerne. Manchmal singt sie sogar in einer von ihr erfundenen Sprache, die keine*r versteht. Nachdem ich mein eigenes Verständnis über dieses „Bravsein" eines Kindes überdacht und anders in die Tat umgesetzt hatte, veränderte sich bei ihr etwas: Sie stand für sich ein und ging mehr aus sich heraus.

Als ein Junge im Kindergarten sie verspottete: „Du bist ein Mädchen und hast einen Bart, das haben doch nur große Männer", stand sie auf, um sich groß zu machen, und sagte selbstbewusst: „Du bist ein Junge und hast keinen, vielleicht bin ich ein größerer Mann als du", erzählte mir ihre Kindergartenpädagogin fast schon stolz, dass sie sich gewehrt hatte und das überraschenderweise, denn *so selbstbewusst war sie zuvor nicht.* Kinder, die wissen, dass sie von ihren Eltern bedingungslos geliebt werden, denen das auch gezeigt und gesagt wird, sind von innen heraus gestärkt. Wir lieben unsere Kinder, aber wie oft sagen wir es ihnen und wie sehr dürfen sie Kinder sein?

Heute tanzen und singen meine ältere Tochter und ich gemeinsam auf der Straße, lachen laut, drehen Pirouetten und egal, wo wir gerade wohnen, überall sind die Spielsachen meiner Kinder die Dekoration unseres Zuhauses. Mir ist bewusst: Das versteht man nur dann wirklich, wenn man selbst Kinder hat. Marie Kondō würde es bei uns nicht lange aushalten. An manchen Tagen hätte ich viel lieber eine Wohnung, die in erdigen Tönen eingerichtet ist, mit von Hand gewebten Teppichen und Makramee-Kunst an der Wand, in der haufenweise echte Pflanzen stehen und in die Vögel hineinzwitschern, wenn sie am Fenster vorbeifliegen. Bei uns sieht es eher so aus, als sei eine Konfetti-Bombe explodiert, und zwischen den Sofakissen finde ich Dinge, die ich nicht einmal identifizieren kann.

Man muss sich selbst fragen, was man möchte, und es sich so einrichten, dass es einem so gut wie möglich damit geht – für den

Moment, in dem man sich gerade befindet. Irgendwann werde ich die Unordnung meiner Kinder zum letzten Mal mit – oder eher vor – ihnen aufräumen, dann wird es zwar zu spät sein, sie sich jünger zu wünschen, aber genau der richtige Zeitpunkt für eine Renovierung sein. Jetzt habe ich zwei echte Wirbelstürme zu Hause, wirklich brave, die eben gerne laut sind, weil sie Kinder sind, und das geht nicht auf mute. Meine Kinder sind keine Pinocchios, wofür ich sehr dankbar bin. Es bedeutet zwar viel mehr Arbeit, wenn man lebensfrohe, aktive und willensstarke Kinder heranzieht, aber gleichzeitig gibt es dem Leben mehr an Lebendigkeit und erfüllt einen mit Stolz, wenn man sieht, wie sie argumentieren, Ideen sprießen lassen, ihre Gedanken mit einem teilen und keine Angst haben, sie selbst zu sein.

Ich koche nicht jeden Tag frisch, es ist bei uns nicht jeden Tag sauber, wir tragen nicht immer nur Gebügeltes, ich vergesse hin und wieder Dinge einzupacken, aber meine Kinder wissen, dass sie egal, was passiert, geliebt werden, und auch ich habe gelernt, dass das wichtiger ist, als irgendetwas anderes auf dieser Welt. Es ist sogar wichtiger, als ein *braves Kind* zu haben.

Perfekt – unperfekt

Wer weiß, wo meine Brille steckt?
Wer hat den Fernseher abgeleckt?
Hast du dich wieder in der Waschmaschine versteckt?
Es ist wieder einer dieser Tage,
wo ich als Mutter komplett versage
und mich allmählich frage,
wieso ist nicht alles perfekt?

Warum muss ich dreimal um alles bitten,
hast du wieder mit deiner Schwester gestritten?
Ihr habt's mich in den Wahnsinn geritten!

Es ist wieder eine dieser Wochen,
das Kind hat sich den Arm gebrochen,
es wurde nur gezankt und nix gesprochen,
wieso ist denn nichts perfekt?

Ständig heb ich Legosteine vom Boden auf,
keine Sekunde, in der ich mal verschnauf,
als Mutter nimmt man das wohl in Kauf …
Es ist wieder eines dieser Jahre,
die Kinder kriegen sich in die Haare,
wir sind im Minus, ganz egal,
wie viel ich spare …
Wieso ist denn wieder nix perfekt?

Aus dem Nichts kommt dann ein Schmatz,
„Mama, du bist mein größter Schatz!"
Ja, das macht alles wieder gut,
auch den angekackten Hut.
Es ist eben eines dieser Leben,
wo dir Geben mehr gibt als Nehmen,
und genau das macht es perfekt,
aber eben unperfekt.

Die Unsicherheiten in der Mutterschaft fangen bei der Mutter an, hören aber beim Kind auf. Anhand des Benehmens der Kinder kann frau schön beobachten, welches Exemplar sie in die Welt gesetzt hat. Unsere Kinder sind quasi die Kontrollgruppe für das, was wir darstellen.

Ganz egal, ob Sie Ihr Kind gestillt, getragen, geimpft haben oder nicht – unsere Kids haben etwas gemeinsam: Sie sind manchmal weird! Sie wissen, was sie wollen, und tun es einfach. Wo, wann und wie sie es eben wollen. Wir haben das am Weg des Erwachsenwerdens irgendwann verlernt, weil wir uns bestimmten Normen unterwerfen *(müssen)*. Einige von uns erlernen es wieder, andere nicht. Ich dachte, ich hätte es eigentlich nie verlernt. Ich dachte, ich würde auf die Meinung anderer pfeifen, so laut, dass es keine*r überhören kann, aber damit lag ich völlig falsch. Ich musste wieder lernen, dem Kind in mir die Stimme nicht zu nehmen, sondern ihm zuzuhören.

Ich bin keine Alphamutter, sondern eine ganz normale Mama, die zwei Töchter hat, die in den Augen vieler Mütter wahrscheinlich nicht ganz brav sind, aber dafür viel Spaß am Kindsein haben, und auch, wenn ich mich als Einzige an das meiste vom Anfang ihrer Leben erinnern werde: Die vielen Gefühle, die sie während ihrer Kindheit durch mich hatten, die Tatsache, dass sie Kinder sein durften, daran werden sie sich sehr wohl erinnern können. Zu meiner eigenen Überraschung lehrt mich die Mutterschaft jeden Tag etwas Neues, denn auch wenn ich gerne über diese Verantwortung fluche, so ist sie ein einzigartiges – und lebenslanges – Abenteuer. Ehe man sich versieht, wachsen diese kleinen Menschen zu großen Menschen heran. Sie werden nicht für immer Kinder bleiben und auf uns angewiesen sein, das vergessen wir manchmal, und wenn ich bedenke, dass meine Jüngste (geplanterweise) mein letztes Baby ist, dann vermisse ich fast ihre müffelnden Windeln. Aber nur fast. Die Liebe zu ihnen wird jeden Tag größer, genauso wie die Angst und die Sorgen. Was hoffentlich niemals enden wird, ist die Liebe zwischen uns.

Wenn ich dich küsse

Wenn ich dich küsse, küss ich nicht nur dich,
ich küsse die Quelle der Hoffnung und das Herz der Liebe selbst.
Ich küsse den schönsten Teil von mir und das Beste an mir und das,
was durch mich zu dir wurde.
Ich küsse dir die Schmerzen weg, die kleinen sowie die großen.

Ich küsse dir Berührungen aus einer anderen Welt auf die Haut, die Magie der mütterlichen Heilung, sie ist durch dich Teil von mir. Und der Sinn aller Dinge geht im Himmel verloren, wenn ich dich küsse, denn deine Anwesenheit selbst ist nicht ganz logisch, sondern magisch, mystisch und zauberhaft.
So wie du selbst.

Mutterschaft im Zeitraffer

Die Mutterschaft hat sich mit der Zeit verändert. Die Erwartungen sind andere geworden, die Darstellung nach außen hin hat an Bedeutung gewonnen, und das gewohnte Familienleben in den eigenen vier Wänden gibt es so quasi nicht mehr. Mütter brauchen heutzutage viel mehr Bestätigung von außen und teilen – manchmal sogar sehr intime – Details des Familienlebens, um ihre Art des Mutterseins von teils Fremden bestätigt zu bekommen.

Während meiner ersten Schwangerschaft habe ich diese „Welt der *neuen* Mutterschaft" via Social Media zum ersten Mal betreten, und das sehr naiv, weil ich es zu diesem Zeitpunkt nicht besser wusste. Ich war dem Ganzen schutzlos ausgeliefert. Damals hatte ich noch keinen Mamablog, aber, dass die Mutterschaft nicht so einfach sein würde, wie sie so manch eine Mutter online versuchte zu verkaufen, das wusste ich schon.

In meiner eigenen Kindheit fühlte ich mich nicht immer wie ein Kind und war nicht immer unbeschwert, weil ich als die Erstgeborene einer Migrant*innenfamilie schon in der Volksschule Briefe von Behörden übersetzen musste, damit meine Eltern sie halbwegs verstehen konnten. Unsere Armut war mir, solange sie nur zu Hause stattgefunden hatte, egal, aber in der Schule gehörte ich zu den Kindern, die weniger hatten. Ich weiß noch genau, dass mir meine Mutter Fladenbrot in Alufolie eingepackt hatte, die Folie durfte ich nicht wegschmeißen oder schmutzig machen, denn die würde sie am nächsten Tag wiederverwenden. Für eine Jausenbox wäre das Geld zwar dagewesen, aber es wurde in andere Dinge investiert. Meine Eltern mussten jeden Groschen fünfmal umdrehen und genau ausrechnen, was denn nun Vorrang hatte – und das waren nicht meine Luxuswünsche. Wir lebten in einer Einzimmerwohnung, in die es hineinregnete oder -schneite und in der wir uns zu fünft in den Schlaf kuschelten. Warmes Wasser gab es nur zu einer bestimmten Tageszeit, dann wurden meine Brüder und ich gewaschen. Meine Eltern mussten am Herd Wasser wärmen, um sich zu waschen. Damals wollte ich nicht so leben, aber heute denke ich, wie gut es uns unter diesen Umständen doch ging, denn wir hatten einander. Wir kommunizierten und aßen täglich miteinander. Später, als wir die österreichische Staatsbürgerschaft erhielten und meine Eltern anfingen zu arbeiten, zogen wir in eine größere Wohnung. Mein eigenes Zimmer kam mir so groß vor wie die alte Wohnung. In den ersten Wochen konnte ich dort nicht allein schlafen, also blieb ich bei meinen Brüdern im Zimmer. Mit der größeren Wohnung veränderte sich mit der Zeit auch die Kommunikation, sie wurde weniger, und die Privatsphäre jedes Einzelnen von uns gewann an Platz. Unsere Mutter war allerdings der Kleber, der uns zusammenhielt. Sie hält bis heute eine Art unsichtbares Band zwischen uns und sorgt dafür, dass wir als Familie nicht vergessen, was wir aneinander haben.

Auch wenn wir nicht immer alles hatten, so fühlten wir uns dennoch nie arm. Dafür sorgen all die Migrant*innenmütter, all die Frauen, die in jungen Jahren ihre Heimat verließen, Grenzen überquerten, mit der Liebe für ihre Kinder und die Sorge um deren Zukunft im Hinterkopf, um hier zu erfahren, dass sie – ganz egal, welche Leistung sie erbringen – nicht gut genug sind. Dass sie nicht richtig sprechen, weil man, sobald sie den Mund aufmachen, hört, dass sie *woanders* herkommen, weil man ihnen ihre Armut ansieht, weil sie nicht studiert haben, weniger Chancen besitzen als jene, die hier geboren wurden, und ihnen das gleichgültig ist. Sie warten nicht auf Bestätigung, sie müssen über diese Erlebnisse keine Beiträge verfassen, um via Social Media Applaus zu bekommen, denn sie wollen diesen Applaus gar nicht. Wir, ihre Kinder, und das, was aus uns geworden ist, sind ihr Applaus.

Meine Mutter wollte eigentlich Journalistin werden. Sie gab alles für uns auf und arbeitete ununterbrochen, damit wir alles hatten, was wir brauchten, wir waren und sind ihre Priorität. Als ich selbst Mutter wurde, konfrontierte ich meine Mutter damit, denn auch wenn ich endlos dankbar dafür bin, so könnte ich das nicht. Ich könnte nicht – und so egoistisch bin ich – für die Mutterschaft meine eigenen Träume aufgeben. Nicht alle. Nicht ganz.

Als ich ihr das sagte, lachte sie laut auf: „Aber wer sagt denn, dass ich irgendetwas aufgegeben habe?"

Ich konterte: „Aber du wolltest doch Journalistin werden."

Sie nickte: „Ja, aber jetzt bist du es, und du bist erfolgreich damit. Du schreibst Bücher, die die Leute lesen, weil du die Gabe besitzt, die Gefühle anderer so zu beschreiben, dass wieder andere sie nachempfinden können." Sie sah mich an: „Der eigene Erfolg mag wie Honig sein – sein Geschmack ist süß, aber er vergeht mit der Zeit. Der Erfolg deines eigenen Kindes jedoch, diese Freude ist endlos. *Du* warst von Anfang an mein Traum. Deine Brüder und du, zu sehen, zu welchen Menschen ihr geworden seid. Was die Jahre meines Schuftens aus euch gemacht haben, das ist mein Honig, *das* ist mein Erfolg. Nicht die Schreiberei."

So verhalten sich die meisten Migrant*innenmütter. Für sie war und ist es selbstverständlich, dass sie ihre Heimat verlassen haben, damit wir uns in dieser neuen Heimat etablieren können und das durch einen fixen, sicheren Job, der die Miete zahlen kann. Dabei wurden von unseren Eltern kreative Berufe eher verpönt, *man wird im Ausland keine Künstlerin, Kunst ist Luxus und nicht essenziell, aber Medizin schon, also werdet bitte etwas im Gesundheitsbereich, denn kranke Menschen gibt es immer und wird es immer geben.*

Meine Mutter war nicht gerade begeistert, als ich sagte, ich würde lieber Theaterwissenschaft als Medizin studieren, und den Wechsel zur

Publizistik sah sie als Unsicherheit an. Sie wollte, dass ich Ärztin werde, weil es ein gesicherter Job ist, der mir ein Prestige verleihen würde, über dem in der Berufswelt so gut wie nichts steht, so dachte sie jedenfalls. Sie glaubte nicht, dass eine Journalistin mit Hijab, die eigentlich Autorin werden wollte, es schaffen würde, weil es in Österreich bis dato nicht der Fall war. Auch wenn sie anfangs über meine Entscheidung enttäuscht war, so unterstützte sie mich trotzdem, weil es das war, was ich wollte.

Heute kann ich ihren damaligen Unmut verstehen. Als Mutter wünscht man seinen Kindern, eines Tages finanziell unabhängig zu sein, aber gleichzeitig – und das unterscheidet die damalige Muttergeneration von der heutigen – möchte ich, dass meine Kinder in dem, was sie tun, auch *glücklich* sind. Die Mütter vor uns, vor allem die Migrantinnen unter ihnen, vertraten diese Einstellung selten. Es spielte keine Rolle, wie man sich während des Verrichtens der Arbeit fühlte, Hauptsache, man konnte die Miete zahlen, und noch wichtiger, es blieb etwas übrig, um es auf die Seite legen zu können. *Mit Geld kann man sich das Glücklichsein kaufen,* dachten unsere Eltern, weil sie das sorgenlose Einschlafen, ohne an Schulden oder kommende Raten zu denken, nicht kannten. Dieses finanziell geregelte Leben wollten sie für uns, dieses Leben, das so viele von uns heute führen, bei dem die Pflege der Psyche jedoch auf der Strecke bleibt …

Unsichtbare Mütter & ungehörte Kinder

Die Mutterschaft ist nicht ganz einfach, das weiß man, auch wenn man keine Mutter ist. Es hat sich herumgesprochen, dass die Kleinen Flexibilität zum Fremdwort machen, man selbst gar nicht mehr wichtig ist und schlaflose Nächte wirklich keinen Spaß machen. Es ist kein Geheimnis, dass die Mutterschaft hart ist, aber sie birgt einige Geheimnisse, die über volle Windeln und müde Augen hinausgehen.

Meist werden Mütter, die krank sind, oder Kinder, die mit Krankheiten zu kämpfen haben, in der Öffentlichkeit ausgeklammert. Diese Familien werden samt ihren Anliegen, Wünschen und Gedanken ausgeschlossen. Sie sind unsichtbar. Sie existieren nicht in unserer Welt, in der das größte Problem ist, dass ein Kind zu oft schreit, nicht gehorcht oder den blauen statt den violetten Becher haben will. Auch so eine Sache, die auf Social Media kaschiert wird, weil sie nicht in das Bild des „Perfektseins" hineinpasst. Wissen Sie was? Ich habe dieses perfekte Getue satt, und daher teile ich nun Aussagen mit Ihnen, die von Frauen stammen, die ich weltweit getroffen habe und die sich über ihre Erfahrungen mit der Mutterschaft ehrlich, anonym und transparent geäußert haben, sodass sich mir ein breites Spektrum der Mutterschaft geöffnet hat, von dessen Existenz ich nichts wusste.

Der übernatürliche Tom

„Jeder Tag ist ein Kampf. Jeder einzelne Tag. Es gibt keinen einzigen Tag, an dem es einfach ist, nicht, weil mein Sohn *krank* ist – was auch immer das bedeuten mag –, sondern, weil das System solche Kinder nicht bedacht hat. Es hat nicht bedacht, dass es sie gibt, dass sie Bedürfnisse haben, dass sie vielleicht nicht in die vorhandenen Schubladen passen. Es interessiert niemanden, dass wir daran zugrunde gehen. Uns wird als Eltern nicht unter die Arme gegriffen, sondern zwischen den Zeilen eher vermittelt: „Sie haben ein behindertes Kind in die Welt gesetzt, selbst schuld, jetzt müssen Sie auch damit umgehen können." Wir werden nicht nur finanziell im Stich gelassen, sondern auch behandelt, als gäbe es uns gar nicht, und wenn man nicht jeden Tag dranbleibt, dann hat man schon verloren. Mir wurde gesagt, ich solle meinen Sohn doch zu Hause lassen, und warum ich mich so bemühen würde, ihn auf eine Schule für *normale* Kinder schicken zu wollen? Meine Antwort war immer dieselbe: Er *ist* doch normal. Er ist ein ganz normaler Junge, vielleicht ein Junge, der ein wenig mehr Bemühung von seinem Gegenüber braucht, um verstanden zu werden, aber normal. Diese Mühe möchte sich niemand machen. Und was ist eigentlich normal? Ich habe als Mutter nie daran gezweifelt, dass mein Kind ein Recht auf Bildung hat, aber es wurde uns fast verwehrt. Er hat unzählige Tests machen und mehr als hervorragend abschneiden müssen, besser als die „normalen" Kinder, um deren „normale" Schulen besuchen zu können, und das hat er dann auch geschafft. Mein Ziel war es, dass er in die Schule kommt, weil mir bewusst war, dass er nur so überhaupt eine Chance im Leben haben würde. Es ist keine überhebliche Einstellung seiner Behinderung gegenüber, denn zwischen uns und im alltäglichen Familienleben existiert diese Behinderung gar nicht. Er ist unser Tom, und ja, er ist ein wenig anders, aber sind wir das nicht alle? Wenn Sie mich fragen, haben wir doch alle einen Vogel! Er sagt eben manchmal unkontrolliert, was er denkt, zuckt ein wenig zusammen, na und? Ich brauche keine Diagnose, die ihn aufgrund dessen degradiert. Es gibt Menschen, die als völlig gesund gelten und unsagbar Böses tun. Tom war von Anfang an, seit seiner Geburt, ein Licht am Ende des Tunnels, meines Tunnels, und das sage ich nicht als Mutter oder aus Mutterliebe, sondern als jemand, der ihn beim Heranwachsen beobachtet hat. Es ist schwierig, die Mutter eines Kindes zu sein, das nicht als normal gilt. Nicht, weil die Kinder es schwierig machen, die sind ein Geschenk des Himmels und das Beste, um das man nicht gebeten hat, womit man aber beschenkt wurde, weil sie so einzigartig sind, so sehe ich das, aber wir leben in einem System, in dem es für ihre Bedürfnisse keinen Platz zu geben scheint. Dieser Platz muss noch geschaffen werden. Wir als Eltern versuchen im Zuge von Elternvereinen, etwa mittels Spendenaufrufen oder Social Media, für Sichtbarkeit zu sorgen, aber es bewegt sich alles so schleppend, dass man oft daran verzweifelt, da sich nur Betroffene angesprochen fühlen. Es könnte leichter gehen. Die Ressourcen sind ja da, aber es interessiert nur uns oder an irgendwelchen Jubiläen, als eine Art Werbefläche und Trend, auch Nichtbetroffene, aber nicht als wirklich involvierte Menschen, die etwas daran ändern *möchten*, denn seien wir ehrlich, wer nicht damit zu leben hat, wer diese Berge nicht zu versetzen hat, der weiß es nicht und dem kann es auch egal sein, wenn sich nichts ändert. Heute ist Tom ein erwachsener Mann. Er hat die Ausbildung zum Kindergartenbetreuer abgeschlossen und leitet eine Kindergartengruppe, aber nichts, was er erreicht, geschieht kampflos, vor allem als Mann in diesem Beruf und dann noch mit einer Begabung – sie nennen es Einschränkung. Alles ist ein Kampf, in dem ihm ein Hindernis nach dem anderen in den Weg gelegt wird, fast schon in der Hoffnung, ihn zum Stolpern zu bringen. Aber das wird er nicht. Er ist nämlich tatsächlich nicht normal, sondern übernatürlich, und das ist das, was man ihm nicht zutraut, aber mitbekommt, sobald man ihn nur ansieht."

Die verlorene Tochter

„Wenn man als Mutter erfährt, dass das eigene Kind drogensüchtig ist, dann wird einem von allen gesagt, man hätte keine Schuld. Man könne doch nicht kontrollieren, was die eigenen Kinder machen, welche Entscheidungen sie treffen, jedenfalls nicht ab einem gewissen Alter. Aber ich weiß, dass es sehr wohl auch meine Schuld ist, dass meine Tochter drogensüchtig wurde. Ich habe drei Kinder, mit meiner ältesten Tochter hatte ich schon immer ein sehr inniges Verhältnis, meine mittlere Tochter war eher die Tochter ihres Vaters, und mein Sohn, der Jüngste, ist irgendwie mein kleines Baby. Zu meiner zweiten Tochter hatte ich nie ein enges Verhältnis, das sagte sie sogar einmal als Kind zu mir: „Du bist wie meine Lehrerin." Sie verstand sich viel besser mit ihrem Vater, die beiden hatten viel gemeinsam. Es fühlte sich so an, als würde sie mich nicht brauchen. Ich konnte auch nicht wirklich mit ihr umgehen. Ich sagte ihr oft, was ich von ihr dachte, dass sie ein schwieriges Kind sei und dass sie sich nicht wie mein Fleisch und Blut anfühlte, als sei sie im Krankenhaus ausgetauscht worden. Wenn ich das jetzt laut sage, dann realisiere ich erst, wie schrecklich das war. Sie hat das mehrmals gehört. Wie hat sie sich dabei wohl gefühlt? Wir machten große Bögen umeinander, in der Wohnung, aber auch im Leben, dann ist mein Mann gestorben. Erst nach seinem Tod stellte ich fest, dass ich nichts über sie wusste. Es fühlte sich so an, als hätte ich beide verloren. Sie wollte nicht mit mir sprechen, sie konnte sich mir nicht öffnen, im Gegenteil, sie distanzierte sich mehr und mehr. Erst Jahre später, sie war siebzehn, merkte ihre Schwester, wie sehr sie sich verändert hatte: Tattoos, enorme Gewichtsabnahme, blasses, kaltes Gesicht, Augenringe, die nie verschwanden, üble Laune und Übernachtungen außerhalb des Hauses, ohne jemandem Bescheid zu geben. Ich durchwühlte dann ihr Zimmer und fand benutzte Spritzen, einige Sachen, die nicht uns oder ihr gehörten, fremden Schmuck, haufenweise Geldscheine, Drogen aller Art. Ich brach in ihrem Zimmer unter Tränen zusammen. Ich hatte keine Ahnung, was ich tun sollte. Sie war sich so sicher gewesen, dass niemand ihr Zimmer betreten würde, dass alles einfach da lag. Es war nichts versteckt. Sie wusste, ich würde niemals hineingehen. In diesem Moment war ich mir sicher, dass ich als Mutter versagt hatte. Ich wollte ihr ihren Freiraum geben, hatte mich aber dadurch so weit von ihr distanziert, dass sie mich nicht mehr als Vertrauensperson sah. Als ich sie darauf ansprach, schrie sie mich an. Wir hatten einen großen Streit, und sie verließ das Haus. Wir hörten lange nichts von ihr, wir verständigten die Polizei und kontaktierten jede*n, die oder den sie kannte, es war eine monatelange Suche, die erfolglos blieb. Es schien eine erledigte Sache zu sein. Es verging kein Tag, an dem ich nicht an sie dachte. Ich ging Sekunde für Sekunde ihres Lebens durch, um den exakten Moment zu finden, in dem ich sie als Mutter hätte auffangen müssen, damit so etwas nicht passiert wäre. Es wäre zu verhindern gewesen, es hätte nicht sein müssen, dennoch kam es so. Drei Jahre später wurde ich angerufen, ich solle bitte in ein bestimmtes Krankenhaus kommen, denn meine Tochter würde im Sterben liegen und wolle mich sehen. So schnell bin ich noch nie gefahren, ich hatte mich nicht einmal umgezogen. Sie hatte sich sehr verändert, sie sah um die zehn Jahre älter aus, sie sagte nichts. Ich setzte mich zu ihr und brach in Tränen aus, ich hielt ihre Hand und küsste sie. Ich entschuldigte mich. Sie schüttelte lächelnd den Kopf, so, als hätte sie mir schon vergeben und nicht mehr darüber reden wollen, und sah mich an: „Verzeih mir, Mama." Sie musterte mich dann noch, schloss ihre Augen und ging. Sie starb innerhalb von Sekunden, so, als hätte sie nur darauf gewartet, mich zu sehen. Ich blieb noch eine Weile dort, konnte nicht wirklich fassen, was gerade geschehen war. Als ich gehen wollte, hielt mich eine der Krankenschwestern auf: „Warten Sie, Sie müssen Ihre Enkeltochter mitnehmen." Meine Tochter hatte die Tage zuvor ein Kind auf die Welt gebracht, Maddie. Sie hatte vor der Schwangerschaft mit den Drogen aufgehört war clean geworden und fand während der Schwangerschaft heraus, dass sie Aids hatte. Es gab viele offene Fragen, die keine*r mehr beantworten konnte, aber da war ein kleiner Mensch, der mich brauchte. Meine Enkeltochter. Ich hatte keine Ahnung, wer der Vater war oder was in den letzten Jahren mit meiner Tochter geschehen war, aber dieses Kind war nun in meiner Verantwortung. Ich sah es als Wiedergutmachung. Maddie ist heute fünf Jahre alt, sie ist mein Ein und Alles und ihrer Mutter wie aus dem Gesicht geschnitten. Sie weiß nicht, wie ihre Mutter gestorben ist, das ist meiner Meinung nach auch nicht wichtig, denn das machte meine Tochter nicht aus. Sie war eine leidenschaftliche Musikerin, das machte sie viel mehr aus. Ich habe bei meinem Kind so viele Fehler gemacht, die ich hoffe, bei Maddie nicht zu machen. Ich versuche, mir selbst zu verzeihen, jeden Tag versuche ich es, aber ich kann ihr Gesicht nicht vergessen, wie sie mich ansah, bevor sie starb. Auch wenn wir einen Moment hatten, in dem wir Mutter und

Tochter sein durften, so kann ich mir nicht verzeihen. Ich werde es auch nie vergessen, aber wenn ich Maddie ansehe, fällt es mir an manchen Tagen leichter, damit zu leben."

Ungeboren geliebt

„Wenn eine Mutter ihr Kind verliert, dann darf sie trauern, und die Welt trauert mit. Wenn dieses Kind zuvor jedoch nicht auf der Welt, sondern *nur* in ihr existiert hat, dann tut die Welt so, als hätte dieses Kind niemals existiert. Es war bereits zu sehen, dass ich ein Kind erwartete, der Bauch war schon größer geworden, ich hatte es in der Arbeit mitgeteilt und mich sehr darauf gefreut, diesen Lebensabschnitt endlich starten zu können. Eines Nachts wachte ich in einer Blutlache auf, die Schmerzen waren unbeschreiblich. Wir riefen sofort die Rettung. Sie war schnell da, genauso schnell war mein Traum von der Mutterschaft weg. Am Tag davor war ich noch schwanger gewesen und plötzlich nicht mehr. Puff. Weg. Das geschah an einem Donnerstag. Am nächsten Tag rief ich im Büro an und sagte Bescheid. Meine Chefin meinte darauf nur: „Oh, das tut mir schrecklich leid, dann ruhe dich das Wochenende aus, und wir sehen uns am Montag." Diese Reaktion war für mich sehr unerwartet und äußerst enttäuschend. Bis zu diesem Zeitpunkt dachte ich, eine tolle Chefin zu haben, die menschlich korrekt sei, aber diese Art, mich zu *trösten,* war ein zusätzlicher Schmerz. Wie erwartet ging ich am Montag in die Arbeit. Alle wussten es schon. Die einen umarmten mich, andere sahen mich an, als wäre ich ein Straßenhund, der angefahren wurde, wieder andere taten so, als wäre es ein ganz gewöhnlicher Montag und sagten nichts, sie scherzten auch hier und da miteinander, ganz ohne Scham vor mir. Ich ging dann zu meiner Chefin und sagte ihr, dass ich mehr Zeit brauchen würde, um das Ganze zu verarbeiten, wir hatten schon das Kinderzimmer und alles hergerichtet, ich musste das jeden Tag sehen, ich konnte es nicht einfach abtun, als wäre nichts gewesen. In mir war ein Mensch gestorben, mein Kind war in meinem Körper gestorben, aber ihr war das egal. Als ich sie mit ihrer Kälte konfrontierte, sagte sie: „Um davon wegzukommen, um es zu vergessen, musst du arbeiten, dich ablenken, zu Hause zu sitzen und zu heulen, wird dein Kind nicht wieder lebendig machen. So läuft die Welt nicht, es ist weg, und das Leben geht weiter." Noch nie in meinem Leben wollte ich von einem Ort abhauen. Ich konnte sehen, dass sich ihre Lippen bewegten, aber ich hörte nichts. Es war so, als hätte man mir auf die Ohren geschlagen. Mir war bewusst, dass es weg war, mir war bewusst, dass nichts auf der Welt dieses Kind wieder lebendig machen konnte, darum ging es auch nicht, es ging darum, dass *ich* damit leben musste und nicht wusste wie. Ich kündigte. Ich konnte diese Menschen nicht mehr sehen, ohne, dass mir schlecht wurde und ich sie allesamt wegstoßen wollte, bis sie das Empfinden wieder erlernten. Ich konnte dort nicht mehr atmen. Ich musste dort weg. Ich holte mir therapeutische Hilfe. Das ehemalige Kinderzimmer ist nun mein Arbeitszimmer, aber ein paar Sachen habe ich aufgehoben, ich spreche auch noch zu ihr, es wäre ein Mädchen geworden. Immer dann, wenn ich an die Reaktion der Leute denke und mich zurückerinnere, wie herzlos manche Menschen damit umgegangen sind, bringt es mich fast um. In Wirklichkeit gibt es keine richtige Art, damit umzugehen, keine richtige Reaktion, weil wir ja unterschiedlich trauern, aber auch Fehlgeburten sind es wert, dass man über sie spricht, und den Eltern soll ihr Verlust nicht abgesprochen werden. Viele Frauen verschweigen genau aus diesem Grund ihre Fehlgeburten: Dieser Verlust wird ins Unwichtige gezogen, weil die Kinder als *noch nicht echt genug* empfunden werden. Wie kann das sein? Wie kann ein Mensch, den ich täglich spüre, den ich so sehr liebe, nicht echt genug sein? Ich glaube nicht, dass ich jemals darüber hinwegkommen werde, vielleicht werde ich lernen, damit zu leben, das werde ich wohl müssen, aber ich werde meine Tochter nie vergessen. Ich habe sie halten dürfen, damals, als sie starb. Sie war so klein, so zierlich, ihre Haut war sehr weich, und es sah aus, als würde sie friedlich schlafen. Man hat mir zwar geraten, sie nicht zu sehen, aber ich wollte es unbedingt. Heute bin ich froh, dass ich es getan habe, denn als ich sie an meiner Brust hielt – bitte halten Sie mich nicht für verrückt, sie war schon tot –, konnte ich sie lächeln sehen, als ihre Haut die meine berührte. Ich konnte es sehen. Sie wusste, dass ich es war. Ich habe es gesehen, das bilde ich mir nicht ein. Das kann ich nicht über ein Wochenende vergessen. Sie war echt. Sie war wunderschön und sie ist da oben, wissend, dass sie geliebt wurde, geboren oder ungeboren, sie wurde und wird noch bis in alle Ewigkeiten geliebt."

Mein Herz wollte dich

„Meine Familie ist sehr konservativ. Für sie besteht eine Familie aus Mutter, Vater, Kind(ern) – und das war's. Idealerweise sind die Eltern verheiratet, denn alles andere ist *unmoralisch. Eine geschiedene Frau ist eine Schande, und uneheliche Kinder stammen von Huren,* so denkt meine gesamte Familie. Wenn ich ehrlich bin, wusste ich schon sehr früh, dass ich wahrscheinlich niemals heiraten würde. Dieses Kinderthema war zwar schon im Raum, weil ich Kinder sehr mag, aber ich habe nie den passenden Mann dazu gefunden. Wenn man mit einem Mann Kinder haben möchte, dann sollte das idealerweise doch ein Typ sein, von dem man denkt: Von dem möchte ich Kinder haben, auf die wäre ich stolz. Solche Männer habe ich nie getroffen. Ich traf jede Menge Männer, die versprochen haben, sich zu melden, es aber niemals taten. Männer, die nur Sex wollten, Männer, die keine Verantwortung tragen wollten, und Männer, die sich selbst nicht als Väter sahen. Mit solchen Menschen wollte ich keine Kinder haben. Ich hatte viele sprunghafte, eher sexuell orientierte Beziehungen und das sehr gerne, das gebe ich offen und ehrlich zu, aber mit solchen Bekanntschaften bekommt man keine Kinder. Dann wurde ich vierzig Jahre alt. Bei Frauen tickt ja diese verflixte Uhr, bei Männern gibt es diese Uhr nicht, die können einfach so Väter werden. Damals zog ich Adoption nicht in Betracht, sondern versuchte, mich damit abzufinden, niemals Mutter zu werden. Das wurde von Tag zu Tag schwieriger, weil ich nicht mehr aufhören konnte, darüber nachzudenken. Und natürlich sah ich dann nur noch Frauen mit Kindern auf der Straße. Da meine Familie so gegen allein-erziehende Mütter war, selbst dann, wenn es die eigenen Kinder waren, wagte ich nicht daran zu denken, wie sie auf ein adoptiertes Kind reagieren würden. Bei einem zufälligen Treffen mit unserem ehema-ligen Gärtner, seine Tochter arbeitete in einem Waisenhaus, erzählte ich ihm, dass ich den Kindern dort gerne ein paar Dinge schenken, vielleicht auch dem Waisenhaus Geld spenden würde. Das tat ich dann auch. Was mich an der Einrichtung störte, war, dass die Kinder wie in einer Vitrine ausgestellt wurden. So viele Menschen kamen dorthin, um sich die Kinder „anzusehen" und diese vielleicht zu adoptieren. Mir taten die Kinder unendlich leid. Es wurde alles schon irgendwie profes-sionell abgehalten, das muss ich zugeben, aber es musste für die Kinder trotzdem grausam sein. Sie wurden quasi begutachtet und mussten sich vor den Erwachsenen irgendwie beweisen oder besonders verhal-ten, damit sie auffielen und mit etwas Glück genommen würden. Ganz hinten in der Ecke saß ein Bub. Er hielt ein Buch verkehrt herum und verdeckte damit sein Gesicht, als würde er lesen oder sich verstecken. Ich wusste nicht, was von beidem er tat, also ging ich zu ihm hin und sprach mit ihm. Er war der Meinung, sich verstecken zu müssen, denn die Leute, die herkamen, würden nur Babys adoptieren wollen, und er wollte nicht enttäuscht werden. Er wollte nicht gesehen werden, um nicht mit einer falschen Hoffnung ins Bett zu gehen und täglich auf etwas zu warten, das nicht geschehen würde. Er hatte sofort mein Herz gewonnen. Er hatte etwas Besonderes an sich. Nach dieser Begegnung verging kein Tag, an dem ich nicht an ihn dachte. Er war vielleicht zehn Jahre alt, er hatte magische Augen, ein zauberhaftes Lächeln und so viel Fantasie. Natürlich denkt man an ein Baby, wenn man Mutter werden möchte, aber als ich ihn sah, wusste ich, *das ist mein Sohn*. Das muss eigenartig klingen, aber Mütter spüren ihre Kinder doch, oder? Uns verbindet etwas, ihn und mich. Ich sagte meiner Familie, dass ich ein Kind adoptieren würde. Sie erklärten mich für verrückt und einsam – oder verrückt durch die Einsamkeit. Heute habe ich keinerlei Kontakt zu meiner Familie, sie haben schreckliche Dinge über ihn gesagt, noch bevor er Teil meines Lebens wurde, da wussten sie schon, er würde mich im Schlaf umbringen, vergewaltigen und ausrauben. ,Warum heiratest du nicht und bekommst Kinder mit deinem Mann wie alle anderen normalen Frauen auch?', fragten sie mich. Sie haben es nicht verstanden, das werden sie auch nicht. Ich werde Ihnen jetzt etwas sagen, das nicht sehr populär ist, aber die Wahrheit: Man kann den Kontakt zu seiner gesamten biologischen Familie abbrechen und trotzdem glücklich sein. So geht es mir jedenfalls. Er ist seit Jahren meine einzige Familie und ich bin seine, was niemand von uns ändern würde. Später wollte meine Familie ihn doch kennenlernen, aber ich wollte ihm diese ,Begutachtung' nicht antun. Mein Herz wollte ihn, und das sehr bewusst. Daran kann nichts falsch sein, und wer das nicht einsehen möchte, hat in meinem Leben keinen Platz verdient. Mit zunehmendem Alter werden Sie merken, dass sich die Menschen, die sich in Ihr Leben begeben, diesen Platz erarbeiten müssen, denn sie werden die Quelle Ihrer Lebensfreude beeinflussen, und die legt man nicht in die Hände von Personen, die sie nicht wertschätzen."

Unterschätzt

„Wenn das eigene Kind erkrankt, ist man als Mutter da und kümmert sich um alles. Aber was geschieht, wenn die Mutter nicht *gesund* ist? Dann wird das Ganze ein wenig komplizierter. Als ich die frohe Botschaft verkündete, dass ich schwanger sei, wurde mir nicht gratuliert, von niemandem. Aber jede*r hat mich sofort gefragt: ,Wie soll das gehen, wenn du im Rollstuhl sitzt?‘ Das wollten alle wissen, ob ich mich um mein Kind kümmern könnte und wieso ich diese Arbeit meinem Mann antun würde, ich sei doch gesegnet genug, ihn überhaupt gefunden zu haben, einen Mann, der sich mit mir, der Behinderten, binden wollte. Nun war ich auch noch so frech, so gierig, und wollte mehr vom Leben, viel mehr als ich verdiente, ich wollte Mutter werden. Wir bekamen dann auch noch Zwillinge. Das konnten so viele nicht fassen, dass das, was sich viele Paare wünschten, das Haus, die Traumbeziehung, die gesunden Zwillinge, dass ich das alles hatte, wo ich doch weder besonders gut aussah, noch besonders zu sein schien, außer in dieser Hinsicht, dass ich nicht gehen konnte. Menschen sind wirklich grausam. Was sie selbst nicht haben können, vergönnen sie anderen auch nicht, weil sie die Glückseligkeit, die sie sich selbst wünschen, an anderen nicht sehen möchten. Es erinnert sie daran, was ihnen fehlt. Es wurde vermutet, dass mein Mann alles allein machte und ich mich nicht um meine Kinder kümmern könnte, ich würde nur schlafen und die ganze Zeit dasitzen. Die Wahrheit sah anders aus. Natürlich übernahm er seinen Part als Vater, aber das tat ich als Mutter auch. Nachts wachte *ich* auf, um die Kinder zu stillen. Wir hatten im Haus alles so adaptiert und umgebaut, dass es für mich mit dem Rollstuhl einfacher war, ich stillte die Kinder zwei Jahre lang. Wir schliefen alle im selben Bett. Es wurde auch so viel spekuliert. Wenn ich etwas falsch machte oder einfach anders, als man es erwartete, wurde es automatisch auf meine Behinderung geschoben. Wenn ich etwas hervorragend machte, geschah das natürlich durch die Hilfe meines Mannes, denn ich konnte ja nur hilflos herumsitzen. In den Augen der anderen war ich eine Person, die nichts konnte und nichts zu leisten schien. Es war so verletzend. Ich bemühte mich sehr, gab mein Allerbestes, was für meinen Mann und meine Kinder selbstverständlich war, aber von außen wurde mir all das aberkannt. Die indirekt-direkten Beleidigungen, die man dann zwischen den Zeilen von Freund*innen und Arbeitskolleg*innen hörte, waren gemein. An Tagen, an denen mir die

Mutterschaft schwer fiel, dachte ich mir oft: *Vielleicht haben sie recht. Vielleicht bin ich keine gute Mutter. Vielleicht habe ich mir vom Universum zu viel gewünscht.* An den leichteren Tagen war ich mir sicher, wenn diese Kinder nicht wären, würde mir im Leben etwas fehlen. Jede Mutter hat schlechte Tage, auch Mütter mit Behinderungen, für uns ist das Ganze nochmals schwerer als für andere, also darf ich das auch so zugeben: Es ist manchmal einfach schwierig. Meine Kinder sind heute schon erwachsen, die eine Tochter ist Lehrerin, die andere Buchhalterin. Beide sind bereits ausgezogen, wohnen aber in unserer Nähe. Als ich sie bei einem gemeinsamen Abendessen einmal fragte, ob sie nicht ein bisschen weiter weg wohnen wollten, mit mehr Freiheit und Abstand von uns, sahen sie einander gegenseitig an und sagten dann: „Wenn dir etwas passiert, möchten wir in der Nähe sein, Mama. Wir möchten da sein, wenn du uns brauchst, denn du warst und bist es auch für uns." Ich legte meine Hand auf meine Brust, mein Herz raste vor Mutterglück. Sie sagten das nicht, weil ich eine Last sei, sondern aus Dankbarkeit. Mein ganzes Leben lang wurde ich – vor allem in meiner Rolle als Mutter – unterschätzt, und als meine Töchter, diese wundervollen Frauen, zu mir sprachen, wie sie es taten, darüber was sie sagten und welche Intentionen sie dahinter hatten, war ich sehr gerührt, es war unbeschreiblich schön. Meine Behinderung mag mich an einigem gehindert haben, sie hat mir oft gezeigt, was ich nicht konnte, wo meine Grenzen lagen, aber sie hat mich keinen Tag daran gehindert, eine gute Mutter zu sein."

Die Mutter aller Entscheidungen

„Ich glaube, dass ich schon als Kind wusste, dass ich keine Mutter werden wollte. Meine Mutter war mit der Mutterschaft so überfordert gewesen, dass ich es nicht vergessen konnte. Eigentlich kann ich mich gar nicht daran erinnern, wie sich meine Mutter in meiner

Kindheit verhielt, mein Vater war mir Mutter und Vater zugleich. Meine Mutter war depressiv, sie konnte keine richtige Beziehung zu mir aufbauen. Es gibt auch kaum Bilder von uns gemeinsam, als ich noch ein Baby oder Kleinkind war. Wir fingen an uns besser zu verstehen, als ich älter wurde. Sie war mir eher eine Freundin, aber niemals eine Mutter. Ich fragte sie einmal danach und sie meinte, sie sei in der Schwangerschaft sehr glücklich über mich gewesen, aber sobald ich da gewesen sei, sei sie vollkommen überfordert gewesen und habe nicht das empfunden, was alle Frauen angeblich beim Anblick ihrer Kinder spürten, sie habe diese akute Verliebtheit nicht fühlen können. Sie habe keine Ahnung gehabt, wie sie mit mir umgehen sollte und sei in eine Depression verfallen. Sobald sie mich gehalten habe, sei sie panisch geworden, also habe mein Vater das meiste der Mutterschaft und alles von der Vaterschaft übernommen. Ich kann mich nicht daran erinnern, dass sie mich je umarmt oder geküsst hätte. Einmal, ich war noch ein Schulkind und mein Vater auf Geschäftsreise, hätte sie mich eigentlich ins Bett bringen sollen, ich wollte aber länger aufbleiben, da konnte sie sich nicht durchsetzen. Sie war komplett überfordert mit mir und fing an zu weinen. Daran erinnere ich mich noch sehr gut. Mein Vater rief dann die Babysitterin an, sie solle bitte zu uns fahren und ihr helfen. So war das eigentlich immer, dass die Babysitterin dabei war, aber sie wollte es diesmal allein versuchen. Das tat sie auch, sie versuchte es, das kann ich ihr nicht absprechen. Mein Vater war eine so gute Mutter und ein so ausgezeichneter Vater, dass es mir an nichts fehlte, weder emotional noch psychisch, er erfüllte diese Rollen mit viel Hingabe und selbstloser Liebe. In den meisten Beziehungen machen das die Frauen, das ist selbstverständlich, deswegen finde ich das, was er tat lobenswert. Untypisch ist vielleicht die Tatsache, dass er es als Mann tat. Mit meinem zunehmenden Alter wurde die Beziehung zu meiner Mutter viel besser, da sie weder Windeln wechseln noch mich ins Bett schicken musste. Wir konnten sehr offen über alles sprechen, und wir näherten uns in einer Zeit an, in der ich auch eher eine Freundin als eine Mutter brauchte. Es ist also eigentlich alles gut gegangen, aber für mich steht fest, dass ich selbst niemals Mutter werden möchte, weil ich den Grund dafür nicht wirklich sehe. Menschen, die Kinder kriegen, tun das meistens aus egoistischen Gründen, damit ihr Leben einen Sinn hat, damit sie sich geliebt fühlen, damit sie nicht allein sterben oder einsam leben müssen. Das sind für mich sehr egoistische Gründe und für mich nicht Grund genug, um ein Leben in diese Welt zu setzen, das dann bis ans Ende meines Lebens auf die eine oder andere Weise von mir abhängig ist. Auf so vielen Ebenen ist das eigene Leben dann abgeschrieben, also nicht nur emotional, sondern eine Zeit lang auch finanziell, gedanklich, man gibt sich so intensiv und komplett für eine oder mehrere Personen auf. Das ist nicht die Art, wie ich leben möchte. Ich möchte unabhängig sein, so sehr wie nur irgendwie möglich und das für immer. So viele Frauen kommen genau zu diesem Entschluss, wenn die Kinder schon da sind, also viel zu spät, dann kann man die Mutterschaft nicht mehr rückgängig machen, also muss man damit leben und das Beste daraus machen. Ich möchte dem Kind und mir selbst ersparen, dass ich seine Existenz bereue. Vielleicht beruht dieses Denken auf meiner Kindheit und der Situation mit meiner Mutter. Meine Mutter wird immer noch therapiert. Es kann schon sein, dass sie da etwas in mir ausgelöst hat, das mich davon abhält, mich als Mutter zu sehen, aus Angst, ich könne keine Beziehung zu meinem Kind aufbauen, aber ich denke nicht, dass es nur das ist. Die Freuden der Mutterschaft sind zum Teil eine Lüge. Man sagt Frauen, die Mutterschaft sei nur schön. Dann bekommen Frauen Kinder und stellen fest, oops, doch nicht *nur* schön, sondern eigentlich *auch* schwierig, herausfordernd und belastend. Weglaufen geht nicht mehr. Man verkauft ihnen ein Produkt, das eigentlich perfekt verpackt ist, aber der Inhalt bedeutet eine Menge Arbeit, die man richtig machen muss, sonst hat man lauter sozial unfähige Menschen, die die psychischen Leiden der eigenen Eltern auf andere Menschen übertragen. Diese Verantwortung möchte ich nicht auf mich nehmen. Das habe ich schon immer gewusst. Ich mag Kinder sehr gerne, aber ich muss keine eigenen gebären. Man muss keine Mutter sein, um eine vollkommene Frau zu sein, und man kann trotzdem eine positive Einstellung zu Kindern haben, auch wenn man selbst keine haben möchte."

Nehmen Sie sich, was Sie gerade brauchen

Sie sind eine gute Mama!
Falls es Ihnen heute noch keine*r gesagt hat, so habe ich es soeben getan. Das Universum hat Sie für Ihr(e) Kind(er) ausgesucht und Sie machen Ihre Sache gut, denn Sie geben Ihr Bestes. Ihr Kind weiß das.

Ihre Kinder schulden Ihnen nichts.
Sobald man diese Tatsache verinnerlicht hat, weicht ein Druck, der irgendwo auf einem lag. Es war unsere Entscheidung, Eltern zu werden, und nicht die Entscheidung der Kinder, auf die Welt zu kommen. Wir haben deren Existenz quasi forciert, wäre es da nicht das mindeste, wenn sie sich die Art zu leben aussuchen dürften? Vielleicht nicht immer als Kinder, aber auf jeden Fall als Erwachsene. Auch wenn manche Eltern das Leben ihrer Kinder gedanklich schon komplett vorgeplant haben, so ist es nicht *ihr* Leben, sondern das Leben der Kinder, die ihre eigenen Gedanken, Wünsche und Träume haben. Was wir von ihnen erwarten (Liebe, Respekt), müssen wir uns zuerst bei ihnen erarbeiten und verdienen.

Zeitdruck ist eine große Lüge!
Uns allen wird dieselbe Zeit geboten. Wir müssen nur lernen, mit dem Prioritätendruck umzugehen, den es auf unseren Kopf hagelt. Alles, was ich machen möchte, werde ich tun, wenn Zeit dafür ist. Wenn ich es wirklich will, dann wird es *in meinem Tempo* stattfinden. Sollten sich meine Prioritäten und Wünsche ändern, ist das o. k. und ein Teil des Lebens. Man kann seine Kinder nicht genug liebkosen. Man kann sie nicht genug in dem bestärken, was sie sind, und deshalb muss man es so oft wie möglich tun.

Familie ist Heimat.

Ganz gleich, in welcher Konstellation Sie zur Familie geworden sind, Sie sind nicht schlechter oder weniger Familie als andere. Eine Familie besteht aus Menschen, die einander in die Arme fallen, wenn das eigene Atmen zu schwer wird, bei denen man weiß, man wird aufgefangen. Nichts anderes sollte zählen. Manchmal sind die Tränen der puren Liebe dicker, als Blut es jemals sein könnte. Auch das muss einmal gesagt werden, aber vor allem auch im Alltag zur Normalität werden.

Es müssen nicht alle Frauen Mütter werden.

Diese Einstellung trifft noch auf sehr viel Unverständnis, dabei ist es klug, wenn man es früh genug weiß. Stellen Sie sich vor, man kommt erst *nach* der Mutterschaft zu dieser Erkenntnis – das wäre wohl ein lebenslanges Dilemma, und wer will das schon? Sie schulden niemandem eine Erklärung, auch wenn Sie oft um eine gebeten werden. Es ist Ihr Leben, und manche Mütter beneiden Sie sogar darum.

Eine Frage der (weiblichen) Identität

In meinem Leben konnte ich noch nie öffentlich in Frieden schwimmen. Bereits in meiner Kindheit wurde meine Mutter am Strand in Alexandria von einer Fremden darauf aufmerksam gemacht, dass mein Hintern auffällig aus dem Badeanzug rausschaue und ob man das nicht bedecken könne, damit niemand provoziert würde. Als Teenagerin ging ich so gut wie gar nicht schwimmen, und als ich mich später für den Burkini entschied, wurde ich auf der Wiener Donauinsel von Passant*innen angespuckt und beschimpft. Ich hatte dann gar keine Lust mehr zu schwimmen. Nun könnte man meinen, ich solle den Burkini in Ägypten tragen und den nackten Hintern in Wien präsentieren, wenn ich nicht belästigt werden möchte, aber selbst das wäre heute kompliziert, da in Ägypten der Zutritt in manchen Health Clubs sowie auf einigen Stränden für Burkiniträgerinnen nicht erlaubt ist. Zu viel Haut sollte man aber auch nicht zeigen, also, egal wie man es heutzutage dort macht, es ist falsch. Eine genaue Anleitung gibt es nicht. In Österreich ist es diesbezüglich gleich geblieben: Jede Frau, die nicht weiß, blond und straff ist und ein bisschen Haut zeigt, ist „anders", und „anders" ist weniger toll. Man sollte meinen, dass eine Frau im 21. Jahrhundert alles tragen dürfe, was sie möchte, ganz unabhängig vom Ort, doch so ist es nicht. Ich bin eine Frau, die lediglich ungestört in der Badekleidung, die ich mir ausgesucht habe, schwimmen möchte und frage mich: Wieso geht das nicht?

Solange sich die Sache *nur* um mich drehte, fand ich es zwar schlimm, aber ich konnte damit umgehen. Sobald es dann auch meine Kinder betraf, pisste es mich an. Meine Kinder und ich waren einmal in Dubai am Strand, als mich eine wildfremde Person (eine deutsche Touristin) fragte, warum meine Kinder Burkinis trügen, sie würde sich um das Wohl meiner Töchter sorgen, immerhin seien wir Muslime. Auf meine Antwort, dass es keineswegs Burkinis, sondern Badeanzüge mit UV-Schutz seien, die gefühlt alle Kinder hier am Strand trügen, ihr Sohn übrigens auch, wurde sie rot und sagte nur: „Ah ja, stimmt. Ich dachte, es seien Burkinis, weil Sie ja auch einen tragen." Mit einem „Falsch gedacht" beendete ich diese Konversation und setzte mich woanders hin, aber es machte mich den Rest des Tages wütend. Okay, den Rest der Woche. Wie nackt müssen meine Kinder am Strand sein, damit ich als sichtbare Muslima nicht radikal zu sein scheine, und wieso existiert dieses Szenario nicht umgekehrt? Woher nahm sich diese Frau das Recht, eine Mutter, die sie nicht kennt, so infrage zu stellen und das mit einer solchen Selbstverständlichkeit? Warum hatte ich mich einer völlig fremden Person zu erklären, nur weil sie mich in diese Ecke trieb? Ich sah mir meine Kinder an und machte mir Sorgen. Zum Glück haben sie damals nicht verstanden, worum es ging, aber bis wann würde das so sein? Bis wann würde ich Zeit haben, sie vor solchen Attacken zu schützen? Ich möchte nicht, dass man meinen Töchtern gegen deren Willen Kopftücher über die Schädel stülpt, genauso wenig möchte ich, dass man sie für die Geilheit auf Voyeurismus auszieht, nur damit sie als *richtig integriert* oder *völlig befreit* gelten. Ich möchte nicht, dass sie sich auf der Straße, am Meer, in ihrem Leben auf dieser Welt bei den banalsten Aktivitäten und aufgrund der Tatsache, dass sie weiblich sind, erklären müssen, egal vor wem. Aber die Absurdität hört nicht bei der Bekleidung und der hohen Erwartung diesbezüglich auf. Ich werde permanent von fremden Nicht-Muslim*innen gefragt, ob meine Töchter voreheliche Sex haben dürfen. Einmal hatte ich genug und antwortete der Fragestellerin: „Ich beiß dir gleich den Kopf ab!" Ja, das war nicht mein bester Moment, ich gebe es zu, aber ich bin eine Mutter, und die Art der Bekleidung meiner Töchter wird nonstop kommentiert, *weil wir Muslim*innen sind*. Den einen sind wir viel zu frei, den anderen einen Tick zu konservativ, und es wird immer mit der Religion und der Herkunft begründet. Meinen Kindern wird von fremden Menschen auf der Straße durch die Haare gefahren, *weil sie doch so schöne Locken haben,* und sollte ich das nicht in Ordnung finden, dann verstehe ich Komplimente als Beleidigung, *man meine es doch nur lieb.*

Meine Mutter sagte immer zu mir: „Lass dir von niemandem auf den Kopf scheißen. Es werden dich nicht immer alle lieben und wenn doch, dann spielen es einige nur vor oder du bist dir selbst nicht treu genug, denn wenn du eine eigene Meinung hast, wird sie nicht allen gefallen."

Im Kindergarten hatte ich eine Phase, in der ich wochenlang ein Marienkäferkostüm trug, einfach so, auch nach dem Faschingsfest. Es war das erste Kostüm, das ich je besaß. Es war kein geliehenes, kein selbst genähtes von meiner Mama, sondern ein gekauftes, das ich ausgesucht hatte. Ich schlief auch darin. Ich wollte es nicht mehr ausziehen, bis die Nähte aufgingen und die Farben ausgewaschen waren. Ich wurde wegen meines Kostüms auf der Straße und in der Straßenbahn angestarrt. Ich war damals fünf Jahre alt. Später als Teenagerin zerschnitt ich meine Kleidung, bemalte sie, nähte vieles um. Meine Mutter ließ mich machen und kommentierte es nie. Meine Klassenkameradinnen bewunderten das, denn sie durften ihre Kleidung nicht zerschneiden. Ganz ehrlich, meine Sachen sahen eigenartig aus, aber es waren Unikate. Damals verstand ich nicht, warum mir meine Mutter diesen Freiraum ließ, der für Kopfschütteln und Getuschel sorgte. Heute als Mutter verstehe ich es. Sie wollte mir schon damals den Freiraum geben, der für Frauen in der Welt immer noch nicht existiert. Wir können natürlich so tun, als würde ein Minirock eine Frau befreien, während es ein Kopftuch nicht kann, aber das wäre eine blanke Lüge, denn so einfach ist es nun mal nicht, das sollten wir mittlerweile begriffen haben. Sie wollte, dass mein Wohlgefühl, also das, was tief in mir die einzige Sicherheit, die mich durch das Leben tragen würde, ist und sein kann, schon damals in mir eingepflanzt ist, damit ich später den Mut haben würde, für mich selbst einzustehen, wenn jemand versucht, mich zu verbiegen. Hier hört die Erkenntnis jedoch nicht auf. Was wirklich wie ein Hirnorgasmus wirkt, ist die *Magie der Analyse & der Perspektivenwechsel danach.* Analysieren wir doch gemeinsam anhand einiger meiner Erlebnisse – die wahrlich keine Einzelfälle sind, da viele (muslimische) Women of Color Ähnliches erleben –, warum manche Dinge so sind, wie sie sind, und ob wir vielleicht einige Bilder in einem anderen Kontext, auch in einem anderen Licht sehen würden, wenn wir uns als Menschen trauten – wenn auch nur gedanklich –, uns in die Haut anderer zu begeben und nachzuempfinden, was Kinder – ja, es fängt schon im Kindesalter an – in Gesellschaften durchmachen müssen. Sie werden in bestimmte Rollen und Weltanschauungen gezwungen oder durch Rassismus in den Selbsthass und manchmal sogar in den Tod getrieben. Vielleicht fragen Sie sich an dieser Stelle, was all das mit der Mutterschaft und der Selbstliebe einer Frau zu tun hat, aber eigentlich liegt die Antwort auf der Hand: Es ist politisch, eine Frau zu sein. Das war es schon immer und das wird es wahrscheinlich auch immer sein. Wir sind das Geschlecht, das vom anderen Geschlecht kontrolliert wird. Und es gibt Gruppen aus unserem Geschlecht, die da mitmachen und uns genauso kontrollieren (wollen). Eine Frau zu sein, sich als solche zu verstehen, bedeutet mehr als das, was man zwischen den Beinen hat, auch, wenn wir mit anderen Narrativen aufwachsen. Wir müssen lernen, unsere eigene Version der Geschichte zu erzählen. Diese hier ist meine.

Vielleicht noch ein kleiner Hinweis: Wenn wir nun gemeinsam analysieren, warum Frauen in Selbsthass versinken, was die Mutterschaft in uns verändert, wie wir denn zu unserem wahren, weiblichen Selbst zurückfinden, dann müssen wir eine Reise in die Vergangenheit machen, die uns die Art unseres Heranwachsens genauer vor Augen führt, auch wenn es schmerzt – und das wird es, glauben Sie mir. Vielleicht werden Sie sich in diesem Kapitel als weiße Person hier und da auf die Füße getreten fühlen, aber die gute Nachricht ist: Sie werden es überleben, was viele Opfer einer krankhaften, hierarchischen Ideologie nicht mehr tun können. Das versucht der Rest von uns jedoch jeden Tag, wir, die wir mit (antimuslimischem) Rassismus, Sexismus, Homophobie, Transfeindlichkeit und all dem Hass in all seinen unterschiedlichen Facetten aufgewachsen sind.

Weiße Frauen

Manchmal würde ich gerne die Zeit zurückdrehen, ein Kind sein, das über Farben und Orte nicht nachdenken muss, weil sie keine Rolle spielen, spielten sie nie, aber dann irgendwie doch und zwar eine ganz große. Nun wird mit ihnen Politik betrieben, damit Menschen Gründe haben, über anderen Menschen zu stehen. Es ist so schade, dass wir dumm genug sind, das zuzulassen. Dennoch bin ich dankbar, dass mir auf dem Weg des Lebens Gutes wie Schlechtes widerfahren ist, das mir die Augen geöffnet hat. Mal sanft, mal brutal.

Wenn es um Hautfarben geht, gelten die Schönheitsideale der weißen Frau, nicht nur in nordafrikanischen Ländern, sondern auch im Kern Europas. Bereits als Kind brannte sich diese Einstellung wie eine Selbstverständlichkeit ein, weil es nie anders kommuniziert wurde. Ganz im Gegenteil, diese Idee wurde sogar bestärkt und das selbst von Pädagog*innen, die mit den unterschiedlichsten Kindern zu tun hatten.

Im Kindergarten hatte ich eine Freundin: Agnes. Ihre Eltern stammten aus Ghana. Sie war etwas dunkler als ich und hatte wunderschöne, große, dunkelbraune Augen. Wenn sie ins Licht sah, wurden sie etwas heller und sahen aus wie Edelsteine, weil sie so funkelten. In meiner Kindergartengruppe gab es noch eine Agnes, eine autochthone Österreicherin. Diese Agnes hatte blaue Augen und so helles, blondes Haar, dass ich damals dachte, ich müsse ganz viel Butter essen, damit auch ich zu diesem Luxus käme. Wenn jemand nach „Agnes" rief, und jemand anderer fragte: „Welche?", kam die – für damals, und heute noch im Geheimen – selbstverständliche Antwort: „Die Schönere." Damit war nicht meine Freundin aus Ghana gemeint, was meine Agnes sehr verletzte. Sie fühlte sich nicht hübsch genug, um die „schönere" Agnes zu sein. Irgendwann einmal verschwand meine Freundin mit den warmen, dunkelbraunen Augen für circa eine Woche. Als sie wieder in den Kindergarten kam, hatte sie im Gesicht viele Pickel. Es war eine allergische Reaktion auf eine ganz bestimmte Gesichtscreme, mit deren Hilfe sie heller werden wollte. Das ist nicht das Schockierende. Das Schockierende ist, dass Agnes damals erst fünf Jahre alt war und diese Gesichtscreme bei ihnen zu Hause herumlag, weil ihre Mutter sie fast täglich benutzte. Ich war damals mit meinen ebenfalls fünf Jahren nicht allzu schockiert darüber, da auch ich blondes und vor allem glattes Haar haben wollte. Wenn mir mein Wuschelkopf zu Berge stand, schnitt ich oft hinter dem Rücken meiner Mutter eine Strähne weg – oder sogar mehrere. Die andere Agnes, die durchaus schön war und absolut nichts dafür konnte, dass sie als „die Schönere" bezeichnet wurde, war ein sehr nettes Mädchen, das gern mit uns spielte. Untereinander war es uns egal, wer wie aussah oder woher wer kam. Es zählte, ob man lange Seilspringen konnte oder den Theme-Song von Sailor Moon auswendig konnte. So etwas wie Aussehen und Herkunft hatte in unserer Mitte keine Bedeutung, auch nicht die Sprachkenntnisse. Wir hatten eine eigene Sprache, eine eigene Art, miteinander zu kommunizieren, und wir haben einander immer verstanden. Es war nicht nur das Aussehen, das unter uns Kindern für klare Unterschiede sorgte und es noch immer tut. Auch wie viel sich eine Familie leisten konnte war und ist nach wie vor ein Mittel, um auf andere herabzuschauen und diese Menschen auszunutzen und bloßzustellen.

In der Volksschule wurde mir in der Nachmittagsbetreuung etwas Furchtbares vorgeworfen. Ich war zu dieser Zeit das einzige Mädchen der Gruppe, das keine „BABY born" besaß. Sie kostete damals um die dreihundert Schilling, das konnten sich meine Eltern nicht leisten. Einmal verlor eines der Mädchen – Jennifer – ihre Puppe. Ihr erster Gedanke war: „Menerva hat sie gestohlen." Jennifer und ich spielten nie miteinander. Aber sie war felsenfest davon überzeugt, dass ich ihre Puppe gestohlen hätte. Sie meldete es der zuständigen Pädagogin, und diese benachrichtige Jennifers und meine Eltern sowie die Direktorin.

Am nächsten Tag erschienen Jennifers wie meine Mutter im Büro der Direktorin, und bevor wir irgendetwas sagen konnten, war der Finger von Jennifers Mutter in meinem Gesicht: „Wir zeigen euch an, ihr verdammten Ausländer, ihr dreckigen Biester!"

In diesem Moment stellte sich meine Mutter zwischen uns, schob den Finger dieser Frau zurück und sagte in gebrochenem Deutsch: „Sie sprechen mit mir. Ich bin die Mutter. Oder gehen Sie nur auf Kinder los? Meine Tochter hat es nicht nötig, eine Puppe zu stehlen. Das Problem liegt bei Ihnen, Sie haben Ihrem Kind offensichtlich nicht beigebracht, auf die eigenen Dinge zu achten, sondern andere zu beschuldigen, sobald diese verloren gehen. Und sollten Sie meiner Tochter noch einmal so nahe kommen, dann helfe Ihnen Gott."

„Meine Damen, meine Damen", versuchte die Direktorin die Gemüter zu beruhigen. „Ich bin mir sicher, dass es eine plausible Erklärung für das Verschwinden der Puppe gibt. Jennifer, warum bist du dir so sicher, dass Menerva die Puppe genommen hat?"

„Ich habe sie gesehen", log Jennifer, und so wie sie dabei weinte, glaubte sogar ich ihr. Aber nicht nur Jennifer weinte, ihre Mutter weinte auch, sie fingen beide an zu zittern und langsam füllte sich der Raum mit Mitarbeiter*innen des Instituts, die alle meine Mutter und mich mahnend ansahen.

Die Direktorin glaubte ihnen auch. Sie überlegte kurz und sagte dann: „Nun, ich gebe Ihnen ein paar Tage Zeit. Bis dahin kann die Puppe ja von selbst wieder auftauchen, Kinder wünschen sich manchmal Dinge, die wir uns als Eltern nicht leisten können, greifen dann zu, weil sie anders denken als wir, das kann schon passieren. Das ist kein Grund, um eine Anzeige zu erstatten oder sonst ein größeres Drama daraus zu machen. Ich bin mir sicher, dass die Puppe auftauchen wird, nicht wahr, Menerva?", fragte sie und zwinkerte mir zu, denn auch sie war sich sicher, dass ich die Puppe hatte.

Am Heimweg, meine Mutter hielt mich an der Hand und sprach nicht zu mir, blieb ich stehen und brach in Tränen aus: „Ich habe die Puppe nicht genommen, Mama."

„Ich weiß. Ich habe nie daran gezweifelt."

„Was machen wir jetzt? Kaufen wir eine neue und geben die ihnen einfach?"

Sie blieb stehen, kniete sich mitten auf den nassen Gehsteig zu mir und sah mich an: „Nein. Wir werden nichts tun. Wir werden keine Konsequenzen für etwas tragen, das wir nicht verbrochen haben. Dieses Kind kennt keine Liebe, sie mag viele Dinge *besitzen,* aber sie *hat* nichts. Sie hat gelogen, um die Aufmerksamkeit ihrer Eltern auf sich zu ziehen. Du darfst nicht so schwach sein. Du weißt doch, dass du nichts getan hast. Ich weiß es auch. Alle, die in diesem Raum waren, die wissen es ebenso. Manchmal fühlt man sich schuldig, auch wenn man im Recht ist, weil die Arroganz des Unrechts uns verunsichert, aber das musst du dir abgewöhnen, denn dir wird noch viel Unrecht widerfahren. Wir werden keine Schuld auf uns nehmen, damit die sich gut fühlen."

Eine Woche später tauchte die Puppe wieder auf. Jennifer hatte die Puppe bei ihrem Vater in dessen neuer Wohnung vergessen. Ihre

Eltern steckten mitten im Scheidungsprozess. Ihr Vater reagierte erst später auf dieses Puppen-Dilemma und gab die Puppe im Büro der Direktorin ab. Diese lud uns erneut ein, denn Jennifer und ihre Mutter mussten sich bei meiner Mutter und mir entschuldigen.

Aber das reichte meiner Mutter nicht: „Meine Tochter ist in der Gruppe nun als Diebin bekannt. Ich verlange, dass Jennifers Mutter vor der ganzen Gruppe die Wahrheit sagt, dass ihre Tochter die Puppe verlegt und gelogen hat. Und ich melde mein Kind von dieser rassistischen Anstalt ab, denn wäre Jennifers Vater nicht gewissenhaft genug gewesen, würden unsere Herkunft und unsere finanzielle Lage Grund genug für Sie sein, um gegen mein Kind zu stehen. Das eine Wort stand gegen das andere, aber das Wort meiner Tochter war für Sie nicht genug, was sehr beschämend ist. Unsere Tränen waren Ihnen nichts wert, genauso wie unser Gesagtes, Sie sollten sich in Grund und Boden schämen."

Ich glaube nicht, dass es Wörter gibt, die mein Gefühl nach dieser Ansprache meiner Mutter beschreiben können. Ich fühlte mich um die hundert Meter größer. Meine Mutter hatte kein bisschen an meiner Unschuld gezweifelt oder den Akzent ihrer Sprache als Unsicherheit gesehen.

Rassismus, Klassismus und auch Sexismus gehen öfter Hand in Hand, als sei eines davon nicht schon vernichtend genug. Es geschah nach der Arbeit in der Straßenbahn. Es war eine wunderschöne und ruhige Sommernacht in Wien. Ich war noch süße sechzehn Jahre alt und hatte mir neben der Schule ein paar Euro am Fließband einer Druckerei verdient. Es war schon spät, und der hintere Waggon, in dem ich saß, war leer. Ich hörte Musik via Kopfhörer und achtete nicht darauf, dass noch jemand einstieg. Ich war völlig in die Musik versunken. In diesem Alter bedeutete mir Musik alles. Plötzlich stieß mich jemand, riss mir die Kopfhörer herunter und drückte mich fest gegen das Fenster. Ich war allein mit diesem Mann. Nur der Straßenbahnfahrer im vorderen Waggon konnte uns durch den Rückspiegel sehen, tat aber nichts. Der Mann, der mich angriff, war Mitte fünfzig, hatte fettige, weiße, schulterlange Haare und roch nach Alkohol, Staub und Urin. Er hielt mich mit der einen Hand fest und versuchte mit der anderen seine Hose zu öffnen. Ich versuchte unterdessen, dem Straßenbahnfahrer zu winken oder diesem irgendein Zeichen zu geben, dass ich mit dem, was hier passierte, nicht d'accord war und Hilfe brauchte. Der Mann kam mir dann ganz nah und flüsterte: „Ich weiß, dass ihr schwarzen Löcher am Anfang zäh seid, aber sobald ich in dir bin, wirst du hörig." Er sagte das und lachte dabei. Er lachte, während ich weinend schrie und mich nicht von ihm losreißen konnte. Als die Straßenbahn plötzlich stehen blieb, rüttelte es ihn so sehr, dass ich ihm mit meinem Knie zwischen die Beine treten und weglaufen konnte (meine Oma hatte mir schon als Fünfjähriger gesagt, sollte mir ein Mann zu nahe kommen, und das würde ganz bestimmt passieren, müsse ich versuchen, mit meinem Knie seine Weichteile zu erwischen, denn das bringe jeden Mann zu Boden). Der Straßenbahnfahrer hatte offensichtlich endlich verstanden, dass das, was hier im hinteren Waggon geschehen war, gegen meinen Willen stattgefunden hatte. Als ich völlig außer Atem aus der Straßenbahn rannte und der Fahrer mir entgegenlief, schrie ich ihn an: „Wo waren Sie? Warum hat es so lange gedauert?" Er sagte: „Ich darf nur bei den Haltestellen anhalten." Kopfschüttelnd, enttäuscht und nichts realisierend, lief ich nach Hause.

In jener Nacht weinte ich mir unter der Dusche die Seele aus dem Leib, weil ich nicht begreifen konnte, was mir widerfahren war, und spürte mein Herz regelrecht bluten. Meine Haut roch nach ihm und ich hatte sein Gesicht noch klar vor Augen. Ich hörte sein Lachen, als wäre er noch da. Noch nie zuvor hatte mich eine Person körperlich so entmachtet. Seelisch schon, ich bin mit Rassismus aufgewachsen, aber noch nie zuvor gab es diesen direkten, körperlichen Angriff, bei dem ich mich nicht bewegen konnte, obwohl ich genau wusste, was vor sich ging. Mit acht Jahren hatte ich keine Ahnung, was der Mann mit seinem Finger in meinem Hintern wollte, ich wusste nicht, was sexuelle Übergriffe sind, auch wenn einer stattgefunden hatte (und später mehrere). Aber mit sechzehn waren mir die Blicke, die Bemerkungen und mit diesem Erlebnis auch die Übergriffe vertraut.

Ich sprach nicht darüber. Ich wollte nicht realisieren, was mir zugestoßen war. Auch wenn dadurch etwas in mir zerbrochen war, so suchte ich nach der Logik und meiner Schuld dabei. Erst viel später traute ich mich, mich jemandem zu öffnen, und vertraute mich meiner damals engsten Freundin an. Als ich ihr schweren Herzens davon erzählte, in der Hoffnung, in ihren Armen Trost zu finden, sagte sie fast schon gleichgültig: „Na ja gut, das war ein besoffener Typ, der wusste nicht genau, was er tat, aber *eure* Leute machen das ja ständig, die wachsen ja damit auf, dass man sich Frauen einfach nehmen kann. Jetzt weißt du, wie es *uns* weißen Frauen in unserem Land geht."

Face Punch. So fühlten sich ihre Worte an. Ich fühlte mich in diesem Moment so verraten. Meine damalige beste Freundin fiel mir in den Rücken. Sie nahm mich nicht in den Arm, sie hatte keine tröstenden Worte, sondern nur eine Umschreibung für *„Jetzt sind wir quitt"*. Seine Herkunft gepaart mit seiner Trunkenheit waren für sie Grund genug, ihn in Schutz zu nehmen. Ihre Worte, ihre Interpretation, ihre Rechtfertigung für seine Tat und die Art, wie sie *uns andere* beschrieb, war für mich ein tieferer Dolchstich in mein Herz als der sexuelle Übergriff selbst.

Meine weißen Freund*innen behandelten mich wie eine Weiße, weil ich mich auch so verhielt. Ich hatte kein Interesse, mehr über meine ägyptischen Wurzeln zu erfahren. Ich war zwar eine gebürtige Muslima und wuchs islamisch auf, hatte aber ein sehr liberales Elternhaus und wurde nicht streng gläubig erzogen. Ich wollte, seit ich denken kann, weiß sein. Ich dachte sogar, ich sei weiß. Ich dachte, ich hätte den Integrationsorden verdient, dafür, dass ich meine Herkunft und Religion für die Anerkennung in dieser Gesellschaft aufgegeben hatte. Ich hatte meine Identität verleugnet, um dazuzugehören. Und tat es dann erst recht nicht. Ich wusste nicht mehr, wo ich stand. Irgendwie hatte ich einen Teil von mir verloren, konnte aber nicht sagen, welcher es war.

In dieser Zeit fing ich an, mich eingehend mit mir selbst zu befassen. Ich ließ meine Haarfarbe wieder rauswachsen, färbte sie nur selten nach, glättete sie aber schon noch, trug jedoch keine blauen Kontaktlinsen mehr und fing an, über die Geschichte meines Landes zu lesen und mich mit den Menschen dort auseinander-zusetzen (noch im selben Sommer durfte ich Faridas Geburt mit-erleben). Ich fing an, Romane und andere Bücher auf Arabisch zu lesen. Ich fing an, mich mit meiner Religion zu beschäftigen, um sie zu verstehen, und zwischen den vielen unterschiedlichen Zeilen, zwischen den verschiedenen Sprachen, dem Ticken der verlorenen Zeit und jener Zeit, die ich noch nicht verloren hatte, fand ich mich selbst. Dort, irgendwo, wo es vollkommen in Ordnung war, eine austroägyptische Muslima zu sein, die ihren Hijab als Akt der Rebellion in einer Gesellschaft trug, die sie zu einer Puppe machen wollte, anstatt sie zu ermutigen, zu ihrer Identität zu stehen, dort, wo man sichtbaren Musliminnen am liebsten im Deckmantel des Feminismus eine Zwangsjacke anlegen möchte, denn *was wissen wir muslimische Frauen schon?* Aus einem Mädchen, das verzweifelt nach Anerkennung suchte, wurde eine belesene Frau, die zuhört, um zu verstehen, nicht, um zu argumentieren, der die Anerkennung anderer am Kopftuch vorbeigeht, wenn der Preis dafür die Verbiegung ihrer Selbst ist. Und so wie die Jahre vergingen, veränderten sich auch die Gründe, warum ich einen Hijab trage. Manche Musliminnen fin-den diese Frage beleidigend, ich jedoch mag sie, denn auch ich bin nicht mehr dieselbe, warum also sollte es mein Kopftuch sein? Am Anfang trug ich es, weil es mir zwischen all den Erwartungen, mich zu integrieren, Halt gab. Ich fühlte mich weder ägyptisch noch österreichisch, aber als Muslima war ich vollkommen. Und daran hielt ich fest. Nachdem der antimuslimische Rassismus schlimmer wurde – und das wirklich so gut wie täglich und überall, auf der Straße, in der Uni, in der Arbeit – dachte ich mir: Jetzt erst recht! Mittlerweile finde ich den Hijab enorm hübsch an mir, er ist praktisch und schnell gebunden, und ich brauche die Bestätigung sowie die Akzeptanz in den Blicken von Fremden nicht mehr. „Für wen lassen Sie sich extra bei einer Friseurin die Haare machen, wenn Sie sie bedecken?", wurde ich öfter im Friseursalon gefragt und ruhig, aber doch frech antworte ich jedes Mal: *„Für mich."*

Das war mein erster Schritt in Richtung Feminismus. Nicht zu jenem, den man auf T-Shirts druckt, sondern jenem, der Platz für Frauen zwischen anderen Frauen schafft und die Stimmen von jenen Frauen hörbar macht, die von weißen Frauen und Männern seit Jahrhunderten stumm geschaltet, verdrängt und über die eigene Kultur, Herkunft und das eigene Leben belehrt werden. Der Feminismus ist keine Erfindung alter weißer Tanten, wie es uns so oft verkauft wird, sondern der Aufschrei kolonialisierter Frauen, die uns, deren Enkelinnen, dieses Erbe vermacht haben, aber selbst diese Erfindung wurde uns gestohlen. Uns gibt es. Wir sind keine homogene Gruppe. Ihr wisst nicht, was in unseren Köpfen vorgeht, und danke, wir können selbst für uns reden, auch in euren Sprachen.

In einer Diskussion wurde mir einmal (von einer Frau) vorgeworfen, dass ich nur eine Feministin geworden sei, weil ich hässlich sei. Mir würden keine Männer Türen aufhalten oder einen Kaffee spendieren, denn ich hätte eine Visage, neben der man nicht aufwachen wolle, schon gar nicht in nüchternem Zustand. Mein Feminismus sei die Tochter der Wut in mir, weil ich keine One-Night-Stand-Kandidatin bin, und um meinen Rassismusvorwürfen Luft zu machen. Ich habe mich lange gegen diese Theorie gestellt, aber eigentlich stimmt sie. Nicht der lächerliche Teil mit der Tür und dem Kaffee, ich kann mir die Tür selbst aufmachen und meinen Kaffee (eher Kakao für mich) selbst bezahlen, aber der Teil mit dem Rassismus stimmt. Die Wut über die Ungerechtigkeit, was sie in uns mit uns macht, und die Tatsache, dass sie weder genug benannt noch behandelt wird, macht mich wütend. Diese Doppelmoral ist meist nur für die Betroffenen sichtbar, aber wenn wir sie nicht aufgreifen und benennen, hört sie niemand. Ich nenne Ihnen zwei Beispiele.

Eine deutsche Kunstturnerin trat in der Europameisterschaft in Basel in einem Ganzkörperanzug auf und erklärte: *Mein Körper ist kein Sexobjekt. Ich zeige keine Haut.* Sie möchte anderen Mädchen und Frauen ein Vorbild sein, damit sich diese in deren Profession nicht unterdrückt fühlen. Ich applaudiere ihr von ganzem Herzen, weil sie das so möchte und selbstbewusst dazu steht. Nun stellen Sie sich vor, diese Frau wäre nicht die deutsche Sarah Voss, sondern die Fatima mit Kopftuch. Dieselbe Einstellung, dasselbe Verhalten, aber bewertet und damit umgegangen würde komplett anders. Aus den persönlichen Entscheidungen, die Frauen bezüglich ihres Körpers treffen, werden politische Statements gebastelt und als solche in die Welt gestellt – je nachdem, wer diese Entscheidungen trifft.

Ein anderes Beispiel kenne ich aus London. Mein Mann und ich haben dort in einem italienischen Restaurant auf der Clapham High Street ein Paar kennengelernt. Sie ist Engländerin und er Italiener (ihm gehört das Restaurant). Wir kamen durch meine Tochter ins Gespräch, weil sie sich mit einem der Kellner angefreundet hatte. Sie sprach mich dann auf meinen Hijab an. Sie liebte wie ich ihn gebunden hatte und konnte beim besten Willen nicht verstehen, warum dieses Stückchen Stoff überhaupt Thema sei und das im 21. Jahrhundert. Sie verriet mir dann: „Meine Schwester ist eine sehr aktive und radikale Atheistin." Sie selbst sei zwar nicht religiös oder gläubig, aber ihr Mann schon, und hier und da begleite sie ihn in die Kirche. Sie gehe als Touristin auch mal in eine Moschee. Sie glaube zwar an nichts, anderen ließ sie aber ihren Glauben. Bei ihrer Schwester sei das anders, sie belächle die Menschen, die an einen alten weißen Mann mit Rauschebart glaubten.

„Dafür, dass sie nicht an ihn glaubt, hat sie aber eine sehr konkrete Vorstellung von ihm", lachte ich.

„Irgendwann kam dieser Film mit Julia Roberts in die Kinos, in dem sie nach Italien zum Essen, nach Indien zum Beten und nach Bali zum Verlieben reist. Wie eine Getriebene flog meine Schwester nach Indien und blieb dort über ein halbes Jahr. Und wissen Sie, was sie dort gemacht hat? Die beinharte Atheistin? Gebetet", lachte sie.

Das war kein seltenes Phänomen, denn was eine weiße Frau – in diesem Fall Julia Roberts – sagt, hat mehr Glaubwürdigkeit als das, was eine Woman of Color sagt.

Nach diesem Film sind in Scharen Frauen über dreißig in weiten Hosen und in Leinenblusen, selbst jene, die noch nie zu einem Gott gesprochen haben, nach Indien und Bali gereist. Das überraschte mich überhaupt nicht. Aus diesem Grund ist es so wichtig, nicht die sprechende / handelnde Person nach Hautfarbe, Religion und sonstigen oberflächlichen Merkmalen zu kategorisieren, sondern die Handlung selbst zu betrachten und den Mut zu finden, umzudenken. Dabei wird man einiges abwerfen müssen, wie zum Beispiel die Idee, dass die westliche Kultur *die* Leitkultur ist.

Schon im Kindergarten wurden wir – *die anderen* – darauf hingewiesen, dass wir uns anzupassen hätten: *Bitte assimiliert euch, lasst eure Kultur, eure Herkunft, eure Wurzeln und alles, was eure Identität ausmacht, an der Tür.*

Nur, wie soll man ohne Wurzeln wachsen? In den letzten Jahren habe ich gelernt, dass ich zwar Österreicherin bin, aber diese eigentlich nicht sein darf. Über zwanzig Jahre lang hatte ich keine Ahnung, ob ich eine Wienerin bin, denn sobald ich mich als eine vorstellte, folgte Gelächter. „Du schaust aber aus wie eine N*", war dann oft die Antwort. Wenn ich mich in Ägypten als Ägypterin vorstellte, kam als Reaktion immer: „Du hörst dich aber nicht so an." Der deutsche Wortschatz ist zwar sehr vielfältig, aber wenn es darum geht, zu sagen, wer man ist, wird es kompliziert. Bin ich

„Österreicherin mit ägyptischem Migrationshintergrund" oder „Wienerin mit ägyptischen Wurzeln" oder „Austroägypterin"?! Erst als ich Österreich über Jahre on / off verlassen, viele Länder / Städte zwischen Texas und Indonesien bewohnt und Wien / Österreich so richtig vermisst hatte, wurde mir klar, dass ich, unabhängig von den Meinungen anderer, Wienerin bin, weil ich diese Stadt täglich vermisse. Ich bin dort aufgewachsen, meine Eltern und Brüder leben noch dort, und ich habe in fast jeder Gasse eine Erinnerung. Wie könnte ich mein Herz nicht dort gelassen haben? Erst, als ich in London auf meinen österreichischen Akzent angesprochen wurde, erst, als ich mich über Manner Schnitten in Kuwait gefreut habe, erst, als ich mich bei jedem deutschen Wort, das ich in fernen Ländern hinter mir hörte, umgedreht habe, und erst, als ich den schweißigen Geruch der U6 vermisst habe, habe ich realisiert, dass ich Österreicherin bin. Auch wenn ich nie als eine gesehen werde, möchte ich ohne Erlaubnis der besorgten Wutbürger*innen Wienerin sein. Endlich darf ich die Zerrissenheit in mir auflösen und mein Schnitzel zum Ayran und meine Baklava zum Almdudler genießen, ohne mich erklären zu müssen. Ich darf meine englischen, sudanesischen, türkischen, ägyptischen Wurzeln mit meinem Wienerischsein vereinen und muss mich nicht für eines entscheiden und auf etwas verzichten. Ich darf Weihnachten als Muslima feiern und das Fasten im Ramadan genießen, ohne das Gefühl zu haben, schizophren zu sein, weil das nicht *zusammenpasst*. Es passt. Es ist sogar schön, solange man für sich ist, ohne die Kommentare und Bemerkungen jener, die sich als den Nabel der Welt sehen und ihre weißen Privilegien als etwas so Selbstverständliches wahrnehmen, dass sie denken, allen anderen ein Lebenskonzept aufzwingen zu *dürfen*. Ihre Leitkultur meine es ja nur gut mit uns, sie wollten uns leiten, in die Freiheit, in die Arme der Moderne, *denn der Dreck, der unsere Herkunft ausmache, passe hier nicht her.*

Oh Wien!

Oh Wien, nur du allein,
kannst zugleich herzig und auch grantig sein.
Sei mir nicht bös, wenn ich sag,
dass ich dich manchmal nicht so mag.
Ich mag dich nicht, wenn du vergisst,
aus welchem Holz du wirklich bist.
Dein Holz ist kunterbunt und wild durchmischt,
auch wenn du manche dieser Spuren gern verwischst.
Ich mag dich nicht, wenn du Leute anrempelst
und sie als Tschuschen abstempelst.
Ich mag dich nicht, wenn du Menschen spaltest,
und selbst im Unrecht Recht behaltest.
Ich mag es nicht, wenn du Frauen sagst,
was sie anziehen sollen,
und ihnen einredest,
dass sie das ja eh so wollen.
Ich mag es nicht, wenn du im Deckmantel der Freiheit schreist,
was eine „islamische Zwangsjacke" heißt.
Ich mag es nicht, wenn deine Kinder denken,
dass sie anderen die Luft zum Atmen schenken.
„Schleich di dorthin, wo du herkumman bist",
sagt man hier manchmal sogar Kindern ins Gesicht.
Ja, mein Wien, auch wenn ich dich nicht immer mag –
aber ich liebe dich und das jeden Tag.
Ich liebe es, wenn deine Menschen aus vollem Herzen lachen!
Deine Leute sind berühmt für Wiener Charme & Schmäh,
sie regen sich grundlos auf,
schon bei den kleinsten Sachen.
Ich liebe dein Wetter, Sonne, Regen, manchmal auch Schnee,
alles am selben Tag!

Das ist es, was ich so an dir mag!
Du bist unberechenbar, lieb und schlau,
und wie sie im Sonnenlicht schimmert, die Donau so blau.
Dein Regen schmeckt nach Freiheit, deine Liebe nach Zimtschnecken.
Oh Wien, ich liebe all deine Kanten und Ecken!
Ich liebe es, wenn deine Leute einander die Hände geben
und wir in der Lage sind, anderen das Miteinander vorzuleben.
Ich liebe sogar den Mief in deiner U6 am Morgen,
Ich liebe deine Wutbürger*innen, die gerade so leben, für ihre Sorgen.
Ja, mein Wien, meine Liebe zu dir ist echt,
nur deine Outlanderenemies vermiss ich im Ausland nicht.

Man möchte uns *Fremde* gerne in jene Schublade stecken, in der wir Frauen dumme Gebärmaschinen und die Männer brutale Machos sind, doch an den Stränden Thailands sind es die weißen Männer, die minderjährige Asiatinnen vergewaltigen, schwängern und nach dem Urlaub wieder in den Armen ihrer Frauen liegen, als sei nichts gewesen. Auf den Stränden Sharm El Sheikhs finden sich weiße Frauen ein, um von den ägyptischen Masseuren gegen Bezahlung sexuell beglückt zu werden. Nur müssen Westler*innen dafür nicht geradestehen oder sich von dieser Art der Lebensführung distanzieren. Das verlangt keine*r, denn diese Schandtaten finden ja weit weg statt, dort, wo man weder westliche Sprachen noch die westliche Herkunft verurteilt, womit man auch leicht der Verantwortung entzogen wird, und verallgemeinern darf man sowieso nicht, wenn es um Weiße geht. Das soll also die Leitkultur sein, wenn ich als weiße Person nach Bali reise, weil ich mir dort das Leben leisten kann, die Ausbildung zur Yoga-Lehrperson mache, andere weiße Personen ausbilde und die Einheimischen durch die Finger schauen, weil sie arbeitslos werden und sich das mindeste für ihr Leben nicht mehr leisten können?

Auf Bali habe ich die lehrreichste Zeit meines Lebens verbracht. Wir hatten ein Zimmer im Haus einer einheimischen Frau gemietet.

Sie war alleinerziehende Mutter von drei Töchtern, die handgefertigten Schmuck und Taschen herstellten und an Tourist*innen verkauften. Ihre große Tochter war zusätzlich noch Fischerin. Normalerweise machen das die Männer, aber ihr Onkel war Fischer und nahm sie mit. Das war eine von vielen Familien, die nur das zum Essen zur Verfügung hatten, was sie an diesem Tag fischten. Ein Luxustag war einer, an dem es zusätzlich Obst vom Markt gab. Die Mutter war eigentlich Masseurin, Heilerin und Yogalehrerin, nur konnte sie ihre Yogastunden nicht mehr anbieten, weil die Western People nicht zu ihr, sondern zu anderen Western People in den Unterricht gingen und diese seit einigen Jahren immer mehr wurden. Sie war kein Einzelfall. In den letzten Jahren mussten sehr viele Studios von Einheimischen schließen.

Aber Hauptsache im Westen ist der Strohhalm aus Papier, der Thermosbecher ersetzt die Plastikflasche, die Kleidung ist fair hergestellt worden und es gibt genug Hashtags, um den Nachhaltigkeitspreis auf Social Media zu gewinnen. Was wir anderen Menschen mit unserem Tun im Namen der Leitkultur absprechen, interessiert uns wenig.

Weiße Frauen

Weiße Frauen, die mir sagen,
was ich kann und was nicht.
„Runter mit deinem Kopftuch,
den Hijab wollen wir nicht."
Komm, wir setzen dir einen Rahmen auf,
nennen ihn auch Freiheit, wenn du das willst,
wenn du dann mit unseren Regeln spielst.
Aber nein, deine Herkunft wollen wir nicht.
Nein, deine Hautfarbe gefällt uns nicht.
Weiße Frauen,

sie erklären uns die Welt
durch ihre eigenen Augen,
damit sie uns gefällt.
Aber deren Augen können nicht alles sehen,
ihr Verstand will nicht verstehen,
dass da noch mehr ist als ein Schleier,
den sie uns entreißen wie die Geier.
Weiße Frauen,
die beleidigt sind.
Weiße Frauen,
die uns begaffen, nicht anschauen.
Auf uns herab senken sie stolz ihre Blicke,
am liebsten hätten sie, wir würden ersticken.
Weiße Frauen,
die es doch nur gut mit uns meinen.
Weiße Frauen,
sie wollen uns nur befreien.
Weiße Frauen,
sie verstehen nicht, wieso wir unsere Identität annehmen wollen,
wo wir uns doch gefälligst integrieren sollen.

Durch meinen Beruf ist meine E-Mail-Adresse sehr leicht herauszufinden. Wöchentlich erhalte ich bis zu hundert E-Mails, mal sind es
mehr, mal sind es weniger. Von Leser*innenpost bis hin zu Koopera-
tionsanfragen ist eigentlich alles dabei. Eines Abends erreichte mich
eine E-Mail einer aufgebrachten Frau. Die Verfasserin, nach eigenen
Angaben eine *treue Leserin meiner Texte*, war *sehr enttäuscht von mir,*
da sie sich als Mutter persönlich ausgeschlossen und nicht immer ange-
sprochen fühlte. Als ich die Nachricht zum dritten Mal gelesen hatte,
bestätigte sich das, was ich mir schon von Anfang an dachte: Die
Frau ist weiß.

In meinen Texten geht es generell um die weibliche Sexualität, Mutterschaft, Bad-Hijab-Days und das Leben als eine Woman of Color. Meistens können sich mehr Frauen damit identifizieren, aber in manchen Passagen finden sich nur jene wieder, die Ähnliches erlebt haben wie ich, sprich, die so aussehen wie ich und dadurch mit Alltagsrassismus aufgewachsen sind. Das tat diese Frau garantiert nicht. Auf meine Frage, ob wir uns nicht treffen und das Ganze persönlich klären wollten, kam sofort eine Zusage, was ich als sehr positiv empfand.

Ich liebe die Wiener Innenstadt. Dort treffe ich mich am liebsten, weil man im Herzen Wiens allen Menschen begegnen kann. Jene, die aus einem Edelrestaurant herausspazieren und echten Pelz tragen, kreuzen den Weg jener, die bei einer Imbissbude stehen und vor Kälte die Hände aneinanderreiben, in der Hoffnung, dies würde sie aufwärmen. Diese Menschen gehen eher aneinander vorbei, sie begegnen einander nicht wirklich, aber in einem kurzen Moment kreuzen sich deren Wege, und für diese Momente lebe ich.

Zwischen den großen, internationalen Markenläden befinden sich die kleinen, namenlosen Shops und dazwischen Gassen, die an Italien erinnern. Es findet ein Treffen der unterschiedlichen Sprachen, Ethnien und Nationalitäten statt, weil das Wiener Herz weltberühmt ist und Menschen aus allen Ecken der Erde herkommen, um hier fotografiert zu werden.

Ich wartete in einem Café, bestellte schon meinen Virgin Mojito vor und war gespannt darauf, was sie zu sagen hatte. Was war ihr Vorwurf?

Sie wusste, wie ich aussah. Ich kannte sie nicht, aber sobald sie den Raum betrat, erkannte ich sie sofort. Sie war sehr groß, sehr schlank, hatte sehr langes, glattes, blondes Haar, ein Engelsgesicht. Alles an ihr war *sehr* von dem, wovon man eben *sehr* viel haben muss, um in dieser Gesellschaft *sehr* akzeptiert zu werden.

Obwohl sie *so ein großer Fan meiner Artikel war*, war sie sehr distanziert, so, als wäre sie eine beleidigte, enttäuschte Freundin. Sie begann ihre Rede sehr ruhig und selbsterklärend, sie habe immer auf der Seite *der anderen* gestanden, sie, die weiße Frau, die auch noch als *weiß gelesene* Frau galt, wurde immer von den anderen Weißen als Verräterin gesehen, da sie *unseresgleichen* selbstlos in Schutz nahm, während *ihresgleichen* sie dafür verhöhnte, und nun würde sie weder hier noch dort anerkannt und akzeptiert, denn ich und andere Frauen of Color würden *unsere Texte* doch nur an *unsere Leute, unsere Frauen* adressieren.

Na bumm, dachte ich mir. Stellen Sie sich diese Szene vor: Eine weiße Frau sitzt vor mir, einer muslimischen Frau of Color, und will von mir wissen, warum sie in *ihrem Land*, das *mich doch so großzügig* beherbergt, nicht von *mir* akzeptiert und inkludiert werde. In ihren Augen war ich *undankbar*. Österreich sei doch auch meine Heimat, ich sei hier aufgewachsen, wieso könne ich mich nicht in *Demut und Dankbarkeit* für ein Miteinander anstrengen, so wie *sie* es tue? Wieso schließe ich weiße Frauen absichtlich aus manchen meiner Texte aus und wieso könne ich sie – eine mir völlig unbekannte Frau – nicht verstehen? Sie sei doch auch nur ein weißes Mädchen, das vor mir, einer muslimischen Woman of Color, sitze und geliebt werden wolle, so kam es mir jedenfalls vor. Ich war ihr nichts schuldig. Auch, wenn sie sich das eingebildet hatte, so bin ich es keiner weißen Frau schuldig, sie in meine Texte zu inkludieren, denn manche Dinge sind *nur für uns* bestimmt. Ihre Heimat, die auch meine Heimat ist, hat ihr ein anderes Heim geboten als mir. Für sie war es die lebenswerteste Stadt der Welt, für mich jedoch an manchen Tagen ein Albtraum auf Erden. Ich wartete, bis sie zu Ende gesprochen hatte, und stellte dann meine Fragen.

„Wieso hilfst du, um es mit deinen Worten zu sagen, *Leuten wie mir?*"

Sie schwieg. Dann stotterte sie: „W… weil, eben … weil ich an das große Miteinander glaube, und weil ihr jede Hilfe brauchen könnt. Ich bin ein guter Mensch, deswegen, ich werde auch als Gutmensch bezeichnet, was ja als negativ gilt, weil ich so aktiv mit Fremden bin."

„Wer sagt, dass ich fremd bin?"

„Du bist doch eine ägyptische Muslima. Du bist keine *reine* Österreicherin."

„Stimmt. Ich bin keine autochthone Österreicherin, aber ich bin mit einem Jahr hergekommen und seit über zwanzig Jahren österreichische Staatsbürgerin, das macht mich zu einer *Unfremden*. Fremde, die hierhergekommen sind, um zu bleiben, bleiben ja nicht für immer fremd. Und auch wenn ich keine genetische Österreicherin bin – was auch immer das deiner Vorstellung nach sein mag –, so ist das *meine Heimat*. Die Tatsache, dass du marginalisierten Gruppen ab und zu ‚hilfst' – wie auch immer diese *Hilfe* aussehen mag –, bedeutet nicht, dass sie dir etwas schulden. Von der Wut, die durch die Ungerechtigkeit in uns geboren wurde und sich gefestigt hat und die wir an weiße Menschen adressieren, weil sie diese Wut erst erschaffen haben, darf dein Aktivismus nicht abhängen. Aktivismus ist eine Lebenseinstellung, kein Geben und Nehmen, man macht eine Sache, weil sie richtig ist, nicht, weil man dann herzlich in dieser Community aufgenommen wird. Es ist richtig zu sagen, dass Rassismus tötet. Rassismus ist keine Meinung oder eine andere *Weltanschauung,* sondern eine tödliche Hierarchieform, die von weißen Menschen *erfunden* wurde. Das ist nicht meine Ansicht, das ist eine Tatsache. Du gehörst in dieser Welt einer privilegierten Gruppe an, auch wenn dir dieses Privileg nicht bewusst ist, so genießt du es trotzdem. Erwarte bitte nicht, dass wir – *die anderen, die Fremden* – dich mit Rosen überschütten, denn jegliche Art von Aktivismus in Richtung Gerechtigkeit ist doch die Aufgabe eines jeden Menschen und betrifft uns alle. Du bist heute hergekommen, weil du dich in deinem White Savior Complex von mir betrogen fühlst. Ich bin eine muslimische Frau of Color, die in einer Gesellschaft aufgewachsen ist, die alles an meinem Aussehen, meiner Herkunft und meinem Glauben infrage gestellt hat, noch stellt und sogar kriminalisiert. Ich kann Fragen wie *„Aber woher kommen Sie denn wirklich?"* nicht mehr hören und möchte bei der Beantwortung nicht meine ganze Lebensgeschichte erzählen müssen, nur damit mich mein Gegenüber in die richtige Schublade stecken kann, weil ich nicht österreichisch genug aussehe. Das sind Struggles, von denen du nichts weißt, weil du sie nicht erlebst. Menschen, die so aussehen wie ich, erleben das, und zwar täglich. Frauen, die so aussehen wie ich, werden nur negativ repräsentiert. Ich hatte so gesehen keine Vorbilder, denn die gab es einfach nicht. Heute möchte ich, so wie viele andere, die so empfinden wie ich, für die jüngere Generation *unserer* Frauen ein Vorbild, aber vor allem ein Safer Space sein. Nicht, weil wir ein Miteinander verhindern wollen, sondern, um die Wunden, die diese Gesellschaft in uns und unseren Kindern verursacht hat, in einem geschützten Raum heilen lassen zu können. Wir stärken einander von innen heraus, denn wir hatten niemanden, der das für uns getan hat. Selbst unsere Eltern können uns nicht immer verstehen, da sie anders aufgewachsen sind als wir. Wir erwarten von Weißen weder Akzeptanz noch Verständnis, sondern arbeiten an unserer inneren Heilung. Ich spreche nicht mehr oft mit weißen Menschen über deren Rassismus und noch bestehenden Kolonialismus auf so vielen Flecken der Welt, aber ich wollte dich unbedingt sehen, denn ich wollte dir das persönlich sagen: Es ist in Ordnung und völlig okay, dass du dich nicht von allem angesprochen fühlst, denn es ist auch nicht alles für dich geschrieben worden. Einige meiner Texte widmen sich den Struggles muslimischer Frauen in nicht muslimischen Gesellschaften, inwiefern möchtest du dich da angesprochen fühlen?"

Ihre Tränen flossen vor meinen Augen. Sie war die Ruhe selbst, sprach aber mit zittriger Stimme: „Du stellst uns als die Bösen dar, dabei bemühe ich mich so sehr, es nicht zu sein."

Und da waren sie, die Tränen einer weißen Frau in der Öffentlichkeit, ausgelöst durch die Worte einer nicht weißen Frau. Der Kellner kam zu uns und fragte, ob alles in Ordnung sei. Er sah mich mahnend an. Ich ließ mich davon nicht irritieren.

„Ihr seid die Bösen. Die, die den Kolonialismus ins Rollen gebracht und Länder bis in die unendliche Armut getrieben haben, die, die weltweit Waffen liefern, damit Kriege niemals aufhören, die, die denken, über anderen Kulturen und Religionen zu stehen, bis diese verlernt haben, was Selbstliebe ist, die, die im Namen der Moderne alles weißwaschen, das sind die Bösen. Wir kehren nur den Scherbenhaufen auf, den ihr verursacht habt, indem wir versuchen, eine Generation heranzuziehen, die nicht in Selbsthass ertrinkt und sich gegen die Welt und sich selbst radikalisiert. Wenn du aktiv gegen das Unrecht schreist, marschierst, schreibst und lebst, dann mache es, weil es das Richtige ist, auch dann, wenn du dich nicht angesprochen oder sogar attackiert fühlst. Meine Texte sind nicht für dich, sondern für Frauen gedacht, die tagtäglich fremde Hände in ihren Locken und unter ihren Kopftüchern ertragen müssen. Meine Texte sind für Frauen, die von sich denken, mit ihren Problemen allein zu sein, die mit anderen Schwierigkeiten zu kämpfen haben als weiße Frauen. Mit Schwierigkeiten, die eigentlich gar keine sein müssten. Die Frauen, über die ich schreibe, haben Angst um ihr Leben, wenn sie bloß das Haus verlassen, da sie Opfer von Alltagsrassismus werden können. Es kann sogar tödlich enden, nur sind unsere Opfer nicht wichtig genug für die Titelseiten eurer Medien. Wir haben unterschiedliche Schlachten zu kämpfen, und daher fühlst du dich nicht angesprochen. Nicht, weil *ich* dich unbedingt ausschließen *möchte*, sondern, weil das, was ich schreibe, dich ganz einfach nicht betrifft, und darüber solltest du froh sein.“

„Sind also alle weißen Menschen böse geboren? Wir können es nie richtig machen?“, fragte sie mich spöttisch.

„Weißt du, woran mich diese Frage erinnert? Sie erinnert mich an den Hashtag *#notallmen*, der nach der MeToo-Bewegung entstanden ist und meint: *Ja, es gibt Männer, die Frauen vergewaltigen, aber nicht alle Männer sind so, verallgemeinert nicht.* Das wissen wir. Nicht alle Männer sind Vergewaltiger, aber *alle* Frauen haben Angst, denn es betrifft *alle* Frauen. Die Debatte darauf zu lenken, dass nicht alle Männer gewalttätig sind, verschiebt den Fokus auf das, was selbstverständlich sein sollte. Wesentlich ist, Frauen zu beschützen und auf die Tatsache aufmerksam zu machen, dass sexuelle Übergriffe stattfinden, und nicht, jene Männer in Schutz zu nehmen, die bei Frauen keine Gewalt anwenden. Noch ein Beispiel ist die Gegenbewegung zu Black-Lives-Matter. In irgendeiner Ecke dieser Demos stehen zwei bis fünf Leute mit einem All-Lives-Matter-Schild, sie sind immer weiß und fühlen sich von der Black-Lives-Matter-Bewegung verdrängt. Natürlich sind alle Leben wichtig, jedenfalls am Papier, aber in der gelebten Praxis müssen sich Schwarze Menschen um ihr Leben sorgen, jedes Mal, wenn sie sich dazu entschließen, auf die Straße zu gehen, denn sie sind an jedem Ort, egal wo, Zielscheiben für weiße Menschen. Ihr Leben zählt nicht mehr als das von anderen, aber es ist tausend Mal *mehr gefährdet* als das Leben anderer und deswegen muss darauf aufmerksam gemacht werden. Wenn ich also sage, dass weiße Ideologien der Grund sind, warum sich der Rest der Welt beschissen fühlt und das auf allen Ebenen, dann ist mir bewusst, dass es *nicht alle weißen Menschen* sind, die dafür verantwortlich sind, aber aus der Wurzel des egoistischen Weißdenkens ist dieser Grundgedanke emporgewachsen. Es gibt People of Color, die diese Ideologien ausleben, und Weiße, die sie abweisen. Ich rede nicht über Hautfarben, sondern über Mindsets und Lebenseinstellungen sowie über Erwartungen wie die deine, dass ich in jedem Artikel trotz der Entmenschlichung, die mir tagtäglich widerfährt, in Demut versinke solle, weil ich diesem Land Dankbarkeit schulde, daher mein Sein abschreiben sollte und wehe wenn nicht."

Sie lehnte sich zurück, wischte ihre Tränen ab und nippte leise an ihrem grünen Tee. Wir sagten nichts. Sobald jede von uns ihr Getränk ausgetrunken hatte, verabschiedeten wir uns.

Beim Abschied sagte sie, während ich ihre Hand schüttelte: „Ich danke dir für die vielen Inputs. Ich werde mich zurücknehmen und darüber nachdenken, denn du hast mir in mehreren Hinsichten Türen geöffnet, von dessen Existenz ich gar nichts wusste. Falls ich das darf, würde ich dir schreiben, sobald ich meinen Gedankengang beendet habe, du musst auch nicht antworten. Liebsten Dank für deine Zeit, ich weiß, dass du dir diese bewusst für mich genommen hast.‟

In diesem Moment respektierte ich sie sehr, denn was ich zu ihr gesagt hatte, war hart, das war mir bewusst, aber es ist jener Teil der Wahrheit, der gerne unter den Teppich gekehrt wird. Es ist jene Wahrheit, mit der *wir anderen* zu leben haben. Wir, die *ewig fremden Kopftuchfrauen*. Die *ewig fremden Women of Color*. Noch lange bevor wir überhaupt wissen, was Rassismus bedeutet, müssen wir ihn am eigenen Leib erfahren. Mit acht Jahren hatte ich einen fremden Finger im Hintern, es war in einem Wiener Freibad, und es war ein weißer Finger. Der Mann sagte außerdem noch „Geiler N*arsch" zu mir. *Wir anderen Frauen* müssen als *die anderen Kinder* nicht nur mit Sexismus, sondern mit rassistischem Sexismus aufwachsen, weil die Arroganz von Weißen so fragil ist, dass sie diese Arroganz nicht sehen. Mit einer Nase, die in den Himmel gestreckt ist, kann man auch schlecht in den Spiegel schauen.

Franzi hat in den Spiegel geschaut. Sie hat weder beleidigt das Gespräch abgebrochen, noch meine Aussagen abgestritten oder von sich gestoßen, am Anfang vielleicht schon, diesen Rechtfertigungskomplex haben wir alle, aber sie hat dann angefangen zuzuhören. Wichtiger noch: Sie hat mir geglaubt. Sie hat zugegeben, plötzlich unsichtbare Türen zu sehen und Zeit zu brauchen, um alles einsickern zu lassen. Für mich zeugte das von immenser Größe. In einer Welt, zu einer Zeit, in der es nur darum geht, recht zu haben, ohne richtig zu liegen, sagte eine weiße Frau zu einer Frau of Color, *warte mal, ich glaube, ich muss überlegen, denn ich lag vielleicht falsch.*

Ihre Nachricht ließ nicht lange auf sich warten, sie schrieb mir einige Tage später. „*Es geht nicht um mich,* das habe ich nun begriffen.

Ich dachte, es ginge um mein gutes Gewissen. Ich dachte, es ginge darum, anderen einen Gefallen zu tun, aber ich hatte es nicht ganz durchdacht. Ich bin draufgekommen, wie oft ich dabei nur an mich gedacht habe, wie ich-bezogen ich doch war. Durch das Gespräch mit dir habe ich zum ersten Mal verstanden, dass ich als weiße Frau bestimmte Dinge niemals nachvollziehen oder verstehen werde, aber auch, dass dies nicht nötig ist, um das zu tun, was richtig ist. Du bist mir nichts schuldig, ich verstehe jetzt, was du damit meinst. Du schuldest auch Österreich nichts, auch das kann ich jetzt verstehen. Es ist die Aufgabe eines Staates, seine Gesellschaft zu einer Einheit zu formen, anstatt diese zu spalten. Es ist nicht die Aufgabe der von Rassismus betroffenen Personen, den Rassist*innen zu erklären, dass diese Ideologie tödlich ist. Es sollte auch nicht deren Aufgabe sein, allein mit den Folgen leben zu müssen, die aus diesem diskriminierenden Gedankengut resultieren. Wir, die nicht mit all dem in Berührung kommen, weil wir in unserem Sein anders sozialisiert und behandelt werden als ihr, haben eigentlich keine Ahnung. Das habe ich schon im Café bemerkt, wie du von den anderen Gästen angesehen wurdest, ganz im Gegensatz zu mir. Die Tatsache, dass wir da überhaupt gemeinsam saßen, sorgte für Fragezeichen in den Augen mancher. Ich danke dir noch einmal für das Gespräch und hoffe für dich und unser beider Töchter, die in Zukunft solche Gespräche hoffentlich nicht führen müssen, dass sie eines Tages vielleicht sorgenlos im Sand spielen können, ohne, dass sich eine weniger heimisch fühlt als die andere."

Franzi ist heute eine sehr gute Freundin von mir. Aber Menschen wie sie sind selten. Denn es ist nicht leicht, sich als Person zurückzunehmen, die eigene Einstellung zu überdenken und vielleicht draufzukommen, dass es andere Perspektiven gibt, die man vielleicht nicht bedacht hatte, und dies auch noch vor sich – eigentlich für sich – und anderen zuzugeben. Das haben wir nie gelernt, so wurden die meisten von uns

nicht erzogen. Die meisten Menschen gehen in den Verteidigungsmo-
dus, um sich ja nicht mit der Materie konfrontieren zu müssen und
eventuell draufzukommen, dass sie falsch lagen.

Mit Menschen, die mir meinen Glauben und meine Herkunft
erklären wollen, habe ich öfter zu tun, als mir lieb ist, und nein,
ich denke nicht, dass ich die Weisheit mit Löffeln gefressen habe –
ich habe auch oft meine unerwarteten Erkenntnisse, für die ich
dankbar bin –, aber wenn es um die Lebensführung anderer geht,
habe ich gelernt, dass jede Person ihre Stimme hat. Wer bin ich,
um anderen meine Art zu leben aufzuzwingen, nur weil ich mit
meiner glücklich bin? Tief in meinem Herzen glaube ich daran,
dass manche Frauen, die anderen Frauen viel zu gerne das Kopftuch
vom Kopf reißen möchten, das wirklich aus einer befreienden Idee
heraus tun möchten, selbst wenn der Ansatz ein völlig falscher ist.
Dann gibt es Frauen, die es machen wollen, weil sie sich selbst als
die überlegenere Spezies sehen und nichts anderes dahinttersteckt als
böswillige Bevormundung. Auch solchen Frauen begegne ich ab und
zu, eine von ihnen werde ich nie vergessen, und sie mich garantiert
auch nicht. Damals im November, während einer Thanksgiving-
party unserer deutsch-amerikanischen Nachbarn in Kuwait, saßen
wir Frauen zu Tisch, und aus dem Nichts heraus erhoffte sich eine
davon meine Bewunderung: „Na, was sagst du? Ich sitze mitten
in einem muslimischen Land und trage einen Minirock. Vielleicht
sehen das ein paar Frauen hier, reflektieren, lassen den Schleier weg
und kommen im 21. Jahrhundert an", sagte eine Frau zu mir, die
schon seit über fünfzehn Jahren in Kuwait lebte, aber noch *nie* mit
einer Muslima befreundet war.

Ich lachte mir bei versammeltem Tisch den Virgin Mojito aus der
Nase. Solche Kommentare waren der Grund, warum ich mit weißen
Menschen nicht mehr über antimuslimischen Rassismus spreche und
schon gar nicht, wenn ich sie nicht so gut kenne. Wie es so oft der
Fall ist, meinte auch diese weiße Frau, dass sie *uns anderen* Frauen

etwas vorleben, etwas vorschreiben, einen weiteren Rahmen in Form der *echteren* Freiheit anbieten müsse. Nicht nur das, sie musste es mir unbedingt vorführen, denn ich trage ja auch ein Kopftuch und halte, obwohl ich über fünfundzwanzig Jahre in Österreich gelebt habe, noch an diesem Stückchen Stoff fest, das für eingestaubte und veraltete Rollenbilder steht. Wie konnte ich es nicht besser wissen, wo ich in Österreich doch so viele Vorbilder hatte?

„Stimmt. Diese Frauen haben extra auf dich gewartet, um die Abaya loszuwerden", lachte ich sie aus.

„Versteh mich nicht falsch, *dich* meine ich damit nicht, *du bist eine Ausnahme.* Ich weiß, dass du mit Leib und Seele Feministin bist", versuchte sie noch die Kurve zu kratzen.

„Nein, das bin ich nicht. *Ich bin keine Ausnahme.* Und deinen Feminismus, der nur für bestimmte Frauen gilt, während er andere Frauen bewusst ausschließt, kannst du dir behalten, den will ich nicht. Mein Feminismus schließt alle Frauen mit ein, denn wenn wir Frauen – und zwar alle – in unserem Verlangen nach Recht keine sichere Zuflucht finden, keine Stimme haben, was für ein scheiß Feminismus ist das dann bitte? Es gibt so viele sichtbare, muslimische Frauen, die ihr Leben rocken! Das sind mitunter die stärksten Frauen, die ich jemals getroffen habe, weil die nicht nur selbstbestimmt leben, sondern auch für andere Frauen neue Normen, Idole und Dimensionen schaffen. Aber so werdet ihr uns nicht sehen, weil ihr es nicht wollt. Wir werden nicht so gesehen, wie wir leben, sondern so, wie wir nach eurer Vorstellung am besten zu sein haben. Ihr seid gerne die, die den hierarchischen Schlüssel zur Inklusion in Händen halten, überheblich vor uns damit herumwedeln, weil wir euch auch noch auf ein Podest gestellt haben als die überlegenen weißen Frauen. Ihr seid der allerwichtigste Arm des Patriarchats, und das wird sich wohl nie wirklich ändern, deswegen wollen wir bei euch gar nicht mehr mitspielen. Ihr könnt euch den Schlüssel zu eurem Feminismus, der gewisse Gruppen ausschließt, behalten. Wir haben nun unseren eigenen Raum der Außenseiterinnen, die in ihrer Intersektionalität nicht mehr ersticken, sondern fliegen. Wir schämen uns nicht mehr zu atmen, wir stärken einander nun dort von innen heraus und sehen euch gar nicht mehr."

„Das wird man doch noch sagen dürfen oder ist jetzt jede weiße Frau der Feind?"

„Jede weiße Frau, die nicht einsehen kann, dass das Gefühl der Überlegenheit, mit dem sie sich rühmt, und die Ignoranz in der Arroganz anderen Lebenskonzepten gegenüber auf dem blutigen Boden des Kolonialismus und seinen bis heute noch bestehenden Folgen stehen. Ja, *diese weiße Frau* meine ich."

Es folgten dann noch andere Phrasen von ihr, denn sie wisse nicht mehr, was man denn noch sagen dürfe, es sei doch nicht so gemeint und ich würde massiv übertreiben. „Aber ich habe ja keine Länder kolonialisiert."

„Nein, das hast du nicht, aber bis heute gibt es in europäischen Ländern antimuslimischen Rassismus in der Politikführung, den Gesellschaften, in kultureller Aneignung sowie in der Modebranche, eine große Wissens- und Empathielücke, wenn es darum geht, andere Ethnien überhaupt zu sehen, und Süßspeisen, die nach dem Leid Schwarzer Menschen benannt sind." Muss ich extra erwähnen, dass ich diese Frau nie wieder gesehen habe? Ich denke nicht.

Hätte ich diese Minirock-Dame vor über zehn Jahren getroffen, wäre ich wahrscheinlich auf ihrer Seite gewesen. Damals hatte ich selbst einen White Savior Complex, der mit Überheblichkeit vermischt war – und das als Woman of Color. Das wurde mir während eines Interviews klar, das ich mit einer anderen Woman of Color, die in Wien Yoga-Stunden nur für Schwarze Frauen anbot, geführt habe. Sie selbst war zur Hälfte Deutsche und zur anderen Hälfte Afrikanerin. Ich wusste nicht mehr genau, woher ihre Familie stammte, war es Nigeria oder Ghana?! Es war mir entfallen, ich wollte aber nicht ignorant erscheinen und stellte ihr unbewusst die ignoranteste Frage, die mir einfallen konnte: „Was ist für Sie der Unterschied zwischen Deutschland und Afrika?"

Sie lachte mich aus: „Sie können doch nicht ein einziges Land mit einem ganzen Kontinent vergleichen."

Autsch. Ich wollte ihr, um meine Ignoranz zu verstecken, nicht zeigen, dass ich ihre exakte Herkunft vergessen hatte, dabei zeigte ich diese erst recht. *Sie* hielt *mir* den Spiegel vor.

Ich habe damals aber nicht nur wie eine Weiße agiert, schlimmer noch: Ich wollte weiß sein. Ich hasste es, dass ich keine weiße Frau war. Ich lebte, sprach und agierte wie eine Weiße, weil ich nicht ägyptisch sein wollte, auch nicht muslimisch. Ich hatte keine Freund*innen und Bekannte of Color, sondern nur weiße und wollte mich nicht mit meiner Identität auseinandersetzen. Ich liebte es, als Paradebeispiel der gelungenen Integration gesehen zu werden, die an Miniröcken, gebleichten Haaren und blauen Kontaktlinsen gemessen wurde, weil ich damit aufgewachsen bin, dass eine Frau wie ich sonst nicht akzeptiert würde.

Hijabs & Falafel

Unabhängig davon, was Sie vom Kopftuch denken, hier ein paar theologische Fakten: Es heißt nicht Kopftuch. Genau genommen heißt es nicht einmal Hijab. In Surat An-Nur (der Koransure des Lichts) wird im 31. Vers der „Schmuck" der Frau erwähnt, der Khimar. Khimar kommt von Khamr und Khamr bedeutet Alkohol. Was macht Khamr? Im Arabischen sagt man, „es bedeckt den Kopf / Verstand". Also ist der Khimar eine Kopfbedeckung. In diesem Vers wird darüber hinaus genau beschrieben, wer diesen „Schmuck" einer Frau sehen darf und wer nicht. Laut Überlieferung darf man von Frauen Gesicht und Hände sehen. Für mich ist in diesem Zusammenhang besonders der

Vers unmittelbar davor sehr interessant (ich verwende ihn immer, wenn ein muslimischer Mann denkt, mich in irgendeine Richtung lenken zu müssen): Im 30. Vers wird den Männern nämlich befohlen, ihre Blicke zu senken. Wieso? Um den Frauen ihre Privatsphäre zu gewähren. Um nicht zu starren. Und damit Frauen nicht begafft werden, unabhängig davon, was sie tragen. Also der Kontext ist wesentlich, genauso wie die Sprache(n), in denen der Koran gelesen, übersetzt und interpretiert wird, denn Interpretationen gibt es zuhauf und diese sind zum Teil sehr unterschiedlich. Der Befehl, sich so zu kleiden, ist keine Ungerechtigkeit den Frauen gegenüber, sondern ein Zeichen von Respekt der eigenen Religion gegenüber. Bedeutet das dann, dass praktizierende Musliminnen, die keinen Hijab tragen, respektlos sind? Nein, denn jede Frau, die ein muslimisches Gebet vollbringt (sei sie nun Muslima oder nicht – ja, auch manche nicht-muslimische Frau betet muslimisch), muss dabei bedeckt sein, das heißt, dass nur Gesicht und Hände sichtbar sein dürfen, und sich davor (wie Männer auch) waschen. Um diesen Respekt, diese Spiritualität, aufrechtzuerhalten, behalten viele Frauen den Hijab auch dann auf, wenn sie gerade nicht beten, sondern in der Öffentlichkeit unterwegs sind.

Was uns in den Medien als Unterdrückung, Zwang und rückständig verkauft wird, ist für viele Frauen eine der Säulen ihrer Identität. Wir wachen nicht jeden Tag auf und denken uns: Oh, wir sind Musliminnen, Kopftuchfrauen und migrantig. Wir wurden zu den Migrantigen gemacht und von Anfang an als *die anderen* abgestempelt, ohne *die anderen* zu sein. Wir werden als eine homogene Gruppe gesehen, die wir nicht sind. Die Zwangsbefreier beschäftigen sich mehr mit unserem Kopftuch, als wir es tun. Wir werden meist wütend, schwach, fremd und blöd dargestellt und symbolisieren Sozialhilfe, Deutschkurse und Hilflosigkeit.

Wir Kopftuch tragenden Frauen kommen aus weißer Sicht alle aus ärmeren Verhältnissen, wir werden von den Eltern / dem Ehemann oder beiden bevormundet und hassen unsere muslimische

Identität, weil wir uns nicht mit ihr identifizieren können, und sobald der nächstbeste weiße Kerl vorbeikommt, verlieren wir Herz, Hijab und Höschen an ihn. Ich darf hier nicht nur das weiße Narrativ kritisieren, in Ägypten, der Türkei und anderen Ländern wird der Hijab medial nicht anders dargestellt. Wir sind die ungebildeten, unterdrückten, verklemmten, prüden und immer im Schatten eines Mannes marschierenden Weiber, die es nicht besser wissen und gar nicht besser wissen *wollen*. Dieses Bild hat sich in den Köpfen vieler Menschen fest eingeprägt, auch in den Köpfen vieler Musliminnen, die zwischen den Kulturen und Weltanschauungen stehen. Ich weiß das, ich hatte dieses Bild auch im Kopf. Ich glaubte den westlichen Narrativen über das Muslimischsein nicht nur, sondern lebte sie. Ich sah auf meine eigene Herkunft und Religion herab, weil ich von der westlichen Gesellschaft akzeptiert werden wollte. Ich glaubte, dass der Hijab ein Zeichen gegen die Frauen im Iran ist, gegen das Freisein, gegen die Weiblichkeit und gegen die längst verbrannten BHs. Sobald man als erwachsene Frau sagt, dass man den Hijab aus Überzeugung, mit Liebe und Stolz trägt, lassen die Statements jener, die nichts mit der ganzen Thematik zu tun haben, nicht lange auf sich warten.

„Der Wind soll ihre Haare sanft berühren können, nur ein paar Mal, bevor sie sie für immer verhüllen müssen", so in etwa lautete der Appell einer weißen Journalistin an muslimische Eltern. Wie theatralisch. Die Zustimmung, die sie auf diese Bemerkung bekam, erfolgte von anderen weißen Menschen, die nur wenig bis gar nichts mit der Thematik zu tun haben. Allesamt Kopftuchexpert*innen, *ohne* auch nur das Geringste mit den Frauen unter diesen Hijabs zu tun zu haben, aber alle kannten sich aus. Muslimischen Mädchen und Frauen fehlt ganz klar der Wind in den Haaren. Vergesst Respekt, vergesst die Augenhöhe, vergesst faire Bezahlung, bleibt weiterhin rassistisch und setzt euch nicht mit eurem Rassismus auseinander.

Verbietet lieber den Hijab ganz, dann lösen sich alle Probleme von selbst. Dann sind sie unsichtbar und man muss sich nicht mehr mit ihnen auseinandersetzen.

Im deutschsprachigen Raum werden muslimische Eltern immer öfter generalverdächtigt, die eigenen Töchter zu unterdrücken und sie nicht zu lieben. Eine Frau oder eine junge Dame würde ja nie von sich aus sagen, dass sie sich bedecken möchte, nein, Frauen wollen das Gegenteil. Und anpassen müssen sie sich, scheiß auf die Religionsfreiheit. Verfassung? Welche Verfassung? Anpassung! In den zwei Wochen in der Türkei trägt die zivilisierte Europäerin für den Billigurlaub am Meer auch keine Hotpants, also können die Musliminnen für den Rest ihres Lebens den Hijab doch einfach weglassen. Sie müssten dankbar sein, dass sie überhaupt hier leben dürfen und toleriert werden, also zieh dich aus, kleine Maus, mach dich nackig, dann wirst du (vielleicht) auch akzeptiert. Freiheit gibt es nur so, wie sie uns vorgeschrieben wird, also auch in Ketten, nur sehen diese anders aus, denn gelebte Säkularität ist ein ferner Traum, eine weitere „Errungenschaft", mit der wir uns rühmen, ohne den Hauch einer Ahnung davon zu haben. *Der* Feminismus und *der* Diskurs darüber beschränken sich in Mitteleuropa auf den Hijab von Kindern. Politik wird also auf Kinder- und Frauenrücken ausgetragen, weil das Zusammenbringen der Weiblichkeit gefährlich wäre, eine Frauengruppe muss hierarchisch über der anderen stehen – und das tut sie gut. Es sind nicht nur *weiße, alte Männer,* sondern auch *weiße, beleidigte Frauen,* die dem Patriarchat einen verlängerten Arm und eine sprechende Zunge bieten.

Mit solchen Frauen habe ich fast pausenlos zu tun, auch beruflich. Es gibt Medien, von denen ich dachte, wenn man als Woman of Color wo verstanden wird, dann dort. Eines dieser Medien wollte ein Interview mit mir. Ich kann mich noch an die Luftsprünge erinnern, die ich machte, dass *die mich* interviewen wollten. Die Enttäuschung über die Fragen war groß. Es ging um meine Einstellung als (verklemmte)

Muslima zu Sex, Nacktheit, nackten Frauen, Kopftücher, Kopftücher auf nackten Frauen, ob ich mich von Genitalverstümmlern distanziere (denn ich sei ja Muslima und somit automatisch eine Unterstützerin von Beschneidungen), und dann kam die eine Frage, die den Vogel abschoss und meinen Geduldsfaden reißen ließ: „Wird Ihre Tochter auch einmal ein Kopftuch tragen und wäre es für Sie in Ordnung, würde sie sich dazu entscheiden, als Bikinimodel zu arbeiten?"

Ich lachte: „Gibt es für meine Tochter denn Ihrer Meinung nach nur diese zwei Optionen? Entweder sie trägt ein Kopftuch oder sie wird Bikinimodel?" An diesem Punkt wurde der Interviewerin die Lächerlichkeit der Frage klar und ich fuhr fort: „Dieses ganze Interview ist eine Farce. Ihre erste Frage war, ob meine Eltern Wirtschaftsflüchtlinge seien, was sich mir überhaupt nicht erschließt, und Ihre letzte Frage ist ein Fauxpas der Sonderklasse. Die Frage schreit nach: ‚Und jetzt beweisen Sie, dass Sie so open minded sind, wie Sie tun, und sagen Sie anhand des Körpers Ihrer Tochter was Sie *wirklich* denken.' So kam es rüber. Uns Musliminnen werden permanent lächerliche Fragen gestellt, damit wir uns ja von irgendetwas distanzieren, damit wir Ihren Rassismus bestätigen oder widerlegen. Nach Attentaten wird, wenn der Täter ein Muslim war, von anderen Muslim*innen und mir verlangt: *Überzeugen Sie mich, dass Sie keine Terroristin sind.* Aber solche Fragen stammen von kurzsichtigen Leuten, denn würden diese genauer hinsehen, würden sie merken, dass unter den Opfern, Helfern und Toten auch Muslim*innen waren. Das ist nicht mein Spielplatz, das ist nicht meine Rolle, das machen Sie bitte mit sich selbst aus. Beim Körper meiner Tochter (die damals vier Jahre alt war) machen Sie Halt, sonst beiß ich Sie. Und das ist kein Scherz. Der Körper meiner Tochter ist nicht Ihre Leinwand, nicht diskutabel und hat in keinem Interview dieser Welt irgendetwas verloren. Hiermit unterbreche ich dieses Gespräch."

Das Interview wurde natürlich nicht gedruckt, und die Interviewerin versteht bis heute nicht, was sie falsch gemacht hat, mehr noch, sie stellte es so hin, als hätte ich sie falsch verstanden, als würde ich ihr Unrecht tun. Warum dürfe sie mich nicht fragen, ob meine Tochter eines Tages ein Kopftuch tragen müsse und vorehelichen Sex haben könne, das seien doch ganz normale Fragen?

Ich sage Ihnen, wieso es *keine ganz normalen Fragen sind:* Man kann Eltern fragen, was sie sich für ihre Kinder wünschen, welche Werte sie ihren Kindern weitergeben, aber über Kinderkörper und deren Jungfräulichkeit zu erfragen, wie die (muslimischen) Eltern denn tatsächlich ticken, ist widerlich und purer Rassismus. Eine Mutter mit einem anderen oder keinem Glauben muss sich mit solchen Fragen, bei deren Antworten eine Bestätigung auf etwas gesucht wird, niemals auseinandersetzen. Diese Fragen werden mir nicht aus Interesse gestellt, sondern um mich bewusst in eine Ecke zu drängen, weil man in meinem Muslimischsein ein *negatives* Anderssein sieht, das inszeniert wurde.

Auch Kolleg*innen, die jahrelang mit mir gearbeitet haben und teilweise selbst aus einer marginalisierten Gruppe kommen, machen das manchmal. So wurde ich schon öfter angefragt, ob ich nicht „Kopftuchmamageschichten" schreiben wolle. Auf meine Frage, was eine „Kopftuchmama" sei, konnte mir keine*r eine Antwort geben. Hauptsache im Titel steht das Wort „Kopftuch", dann will es auch jede*r lesen. Als Aushängeschild geht ein Kopftuch ja immer.

Aber in der Öffentlichkeit in Österreich nicht. Es ist schon Jahre her, aber ich kann mich noch gut daran erinnern. Ich war im Aufzug eines Bahnhofes und wollte zur Bahn runterfahren. *Er* war allein mit mir im Aufzug und aus dem Nichts kam: „Moslemschlampe!!!!" – Mir wurde plötzlich schwarz vor Augen. Ich weiß nicht, was es war. Ein Schlag ins Gesicht, ja, aber was oder wie, ich hatte keine Ahnung. Ich ging wie ferngesteuert zu meiner Bahn weiter. Er bog in die andere Richtung ab, kichernd. Dann drehte ich mich noch einmal um, vielleicht war es ja bloß eine Einbildung, aber er war da und zeigte mir lachend den Mittelfinger. Mein ganzes Gesicht tat weh und pulsierte warm vor Schmerz. Irgendwie kam ich nach Hause und dachte nur: Gott sei Dank war meine Tochter nicht dabei. Es geschah an einem Vormittag. Sie war bei meinen Eltern, und ich hatte ein paar Stunden für mich. Seitdem trage ich den Hijab nicht mehr oft traditionell, sondern eher als Turban, weil ich ihn dann im Spiegel sehe, wenn ich ihn binde, und weil ich Angst habe. Ich *will* den Hijab aber nicht ablegen, er ist ein Teil meiner Identität und bedeutet mir aus vielen Gründen so viel. Er erinnert mich daran, dass ich praktizierende Muslima bin und wie transparent meine Persönlichkeit doch ist. Im Grunde bin ich wie Billie Eilish – my body is not your business. Trotzdem hören Rassismus und pseudofeministische Belehrungen nicht auf. Von der eigenen, muslimischen Community darf ich mir jetzt allerdings anhören: „Schwester Menerva ist nur noch Halbhijabi." Das läuft parallel.

Einmal sagte eine afghanische Freundin zu mir: „Meine Eltern haben Afghanistan verlassen, aber Afghanistan hat sie nie verlassen." Alles, was sie jemals getan hat, *musste* sie von ihrer Familie aus tun. Auch das Kopftuch *musste* sie tragen. Vor allem das Kopftuch. Mittlerweile trägt sie es nicht mehr, dafür sieht ihre Familie sie nicht mehr als Muslima an.

Einer amerikanischen Freundin erging es ähnlich. Sie wurde von der eigenen Familie verstoßen, weil sie einen Nikab trägt. Aber warum trägt eine Frau überhaupt einen Nikab? Das habe ich sie auch gefragt. Damals dachte ich, man kann es auch übertreiben. Sie war keine unterdrückte Araberin mit bösem Mann, nein, sie war eine studierte Wissenschaftlerin, die gar keinen Mann hat.

„Aber wer unterdrückt dich dann?"

Sie lachte: „Menschen, die mir vorschreiben wollen, was Freiheit ist."

Gänsehaut. Aha-Moment. „Aber wieso trägt man das?"

„Ich bin kein Teil eures Wettbewerbes. Ich sehe alles, werde aber selbst nicht gesehen. Ich wahre meine Privatsphäre, und es nimmt mir Druck weg. Den Druck, für andere perfekt sein zu müssen. Die

Abhängigkeit von der Bestätigung anderer. Ich brauche das nicht. Ich kann mich voll und ganz auf *mich* konzentrieren."

Ich kannte vorher nur negative Narrative über Frauen im Nikab, die Vollverschleierten, die keinen plausiblen Grund zu haben scheinen, um in schwarzen Roben rumzulaufen, sich zu verstecken, wer macht das denn freiwillig? Wenn ich mit jemandem spreche, will ich sein Gesicht sehen, das ist doch wohl das mindeste. Ich sah Ambers Gesicht nicht, als wir miteinander sprachen. Dennoch hörte ich ihr Lachen und konnte ihre Körpersprache erkennen, trotz des dunkelblauen „Zelts", das sie von Kopf bis Fuß bedeckte. Sie klatschte sich bei jedem Lachen fest auf die Schenkel, ihre Augen waren von Fältchen der Freude umringt, und keine Sekunde lang hatte ich das Gefühl, sie nicht zu sehen. Ich *wollte* solche Frauen vorher einfach nur nicht sehen. Sie hatten für mich etwas Unzugängliches an sich, denn durch den Nikab – der im deutschsprachigen Raum fälschlicherweise als Burka bekannt und verboten wird – entsteht eine Wand. Er schafft Abstand. Aber wir vergessen, dass darunter Menschen sind, und schreiben sie ab, noch bevor wir die Bücher zu deren Geschichten öffnen.

Die Ecken, in die wir sichtbar muslimische Frauen gedrängt werden, sind viele. Auch wenn das Narrativ über uns in nicht-muslimischen Gesellschaften nicht vollkommen wahr ist, so sind unsere Darstellung in muslimischen Ländern und die Erwartung, die man an uns hat, genauso patriarchalisch geprägt.

Als ich in Kuwait lebte, unterrichtete ich an einem Sprachinstitut Deutsch. Meine Schüler*innen waren fast ausschließlich Männer. Ärzte, Ingenieure und Maturanten, die nach Deutschland wollten. Einer davon war ein ägyptischer Maturant. Er hatte einen leichten Bartansatz, war sehr redegewandt und hatte eine genaue Vorstellung von dem, wie eine muslimische Frau zu sein habe. In meinem Unterricht ging es auch um unterschiedliche Frauenbilder und deren Entwicklung. Schon bei der Recherche zu diesem Thema und der Erstellung der Arbeitsmaterialien war ich auf seine Meinung gespannt.

Er sah mich nie direkt an, gab mir zur Begrüßung nie die Hand und spaßte nicht mit mir herum so wie die anderen. Als es um das Thema Hijab ging, war er einer der ersten, die befürworteten, dass Frauen sich verschleiern müssten. *Alles andere wäre eine Einladung zu sexueller Belästigung und unehrbar. Im Westen warteten alle Frauen sowieso mit gespreizten Beinen auf alle Männer, die sie kriegen könnten.* Er dachte, dass ich als sichtbare Muslima einfach nicken würde, denn als sichtbare Muslima *müsse* ich doch diesem Schmarren zustimmen. Da hatte er sich gewaltig geirrt, der astreine Schüler, der den Koran zwar auswendig gelernt, aber nicht verstanden hatte.

„Würdest du also eine Frau, die kein Kopftuch trägt, auf der Straße belästigen, weil sie das deiner Meinung nach so möchte?", fragte ich ihn.

„Nein, das würde ich nicht."

„Wieso nicht? Deiner Theorie nach *will* sie das doch."

„Ich würde es nicht tun, weil sie die Frau von jemandem ist, die Schwester, die Tochter, ich würde auch nicht wollen, dass jemand meine Mutter belästigt."

„Reicht es nicht, dass *sie jemand ist?* Muss sie *von jemandem etwas sein?* Wir sind nicht euer Besitz, Nadim. Deine Mutter trägt ein Kopftuch?"

„Natürlich."

„Bist du dir sicher, dass sie niemals belästigt wurde? Denkst du, dass ein Kopftuch automatisch ein Schutz vor Belästigung ist?"

„Das denke ich, ja, weil dann nichts an der Frau einen Mann reizt."

„Aber warum gehört Ägypten dann zu jenen Ländern, in denen sexuelle Übergriffe an der Tagesordnung stehen? Du hast doch eine ältere Schwester, frag sie, was sie für Erfahrungen gemacht hat. Aber frag sie nicht als Mann, nicht als ihr Bruder, sondern als Mensch, den das interessiert."

Zur nächsten Unterrichtseinheit kam Nadim nicht mehr. Auch nicht zur darauffolgenden. Er war gebildet und wollte Arzt werden. Er war ein wirklich guter Schüler, aber Bildung schützt nicht vor Ignoranz. Seine Religion war für ihn der Nährboden, auf dem stehend er dachte, sich über Frauen erhöhen zu können. Die ersten Frauen, auf denen er herumhakte, waren die Frauen seiner eigenen Familie.

Erst einen Monat später sah ich ihn wieder. Er kam nach dem Unterrichtsende und wollte mit mir sprechen. Zum allerersten Mal sah er mir in die Augen und nicht wie gewohnt an mir vorbei, somit konnte auch ich ihm in die Augen blicken, als er sprach. Mir war bewusst, dass er mir vorher nicht direkt in die Augen gesehen hatte, weil er meine Privatsphäre wahren wollte, nur hat diese Art von Respekt nichts zu bedeuten, wenn man die Person nicht respektiert.

Wir saßen im Besprechungsraum. Als ich ihn fragte, wie ich ihm helfen könne, sagte er: „Sie hat gelacht."

„Wer hat gelacht?"

„Meine Schwester, als ich danach gefragt habe, was Sie mir vorgeschlagen haben."

„Entschuldige bitte, ich verstehe nicht ganz, worüber hat sie gelacht?"

„Als ich meine Schwester fragte, ob sie irgendwann einmal belästigt worden sei, wenn auch nur verbal, lachte sie. Sie lachte, als hätte ich einen Witz erzählt, und dann fing sie plötzlich an zu weinen."

„Was ist dann passiert?"

„Sie ist unter Tränen zusammengebrochen und hat mir erzählt, wie sie als Kind von unserem Imam sexuell belästigt worden war, damals in Ägypten. Als Kind. Als kleines Kind. Abla (türkisch und arabisch für große Schwester / Lehrerin), ich bin verwirrt. Er war mir immer ein Vorbild. Er hat uns im Sommer Islam-Unterricht gegeben.

Er ist verheiratet und hat Kinder. Wie konnte das nur geschehen? Wie konnte er das tun? Als gläubiger Mann?! Ich begreife das nicht."

„Woher weißt du, dass er gläubig ist?"

„Er ist ein Imam."

„Schau mal, Nadim, wir können als Menschen den Glauben anderer Menschen nicht messen. Wir versuchen das zwar anhand von deren äußerem Erscheinungsbild, also via Kopftuch zum Beispiel oder in diesem konkreten Fall anhand des religionsbezogenen Berufs dieses Mannes, aber wir lassen uns da leicht täuschen. Man muss tiefer schauen. Wenn eine Person zum Beispiel nicht gläubig ist, so gibt uns das keine Deutungshoheit. Wir sind deswegen nicht besser. Manchmal macht es uns sogar schlechter, weil wir uns in der Arroganz der Besserwisserei verlieren."

„Und was soll ich jetzt machen?"

„Du stehst deiner Schwester bei. Sie braucht vielleicht therapeutische Hilfe. Sie muss das, was geschehen ist, verarbeiten. Sie hat daran keine Schuld, das muss sie verstehen und verinnerlichen. Dieser Mann gehört angezeigt oder wenigstens aus der Moschee entlassen, und die Leute, die dort leben, gehören gewarnt, denn er ist in seiner Position eine große Gefahr für weitere Kinder und Frauen. Er muss die Konsequenzen tragen, aber wichtiger ist, dass deine Schwester verarbeitet, was ihr geschehen ist."

Es gibt sehr viele „Nadims" auf dieser Welt, sehr viele Männer, die so denken und sich so verhalten. Muslimische Frauen, ganz egal, wie sie sich entscheiden, sich zu kleiden, müssen sich entweder in der muslimischen Community rechtfertigen, wieso sie keinen Hijab tragen, oder außerhalb der Community den Hijab verteidigen. Muslimische Frauen, die keinen Hijab oder ihn nicht traditionell tragen (so wie ich meistens), werden genauestens beobachtet und in allem, was sie tun, verurteilt. Trotzdem finden sich zwischen den Narrativen beider Gesellschaftskonzepte Parallelen. Der Nadim aus Kuwait könnte, was seine Ansichten betrifft, der Sohn der Minirock-im-muslimischen-Land-Dame oder der Bruder des Mannes sein, der mir ins Gesicht geschlagen hat. Sie alle verurteilen Frauen für das, was sie tragen oder nicht, im Glauben, es zu dürfen, weil sie besser sind.

Wir Menschen fühlen uns unbewusst durch die Ähnlichkeit zu anderen eher mit diesen verbunden als mit anderen. Sichtbare Gemeinsamkeiten sind ein großes Plus. Aus diesem Grund wird die alte Oma, die in den Alpen wohnt, wahrscheinlich nicht im türkischen Geschäft ihre Wurst einkaufen. Auch wenn besagte Frau wahrscheinlich selbst hier und da ein Kopftuch trägt, so möchte sie der türkischen Dame an der Kasse des türkischen Supermarkts am liebsten das Tuch vom Kopf reißen, denn dies hat eine andere Bedeutung und die Frau eine andere Herkunft.

Aber welche Frauen machen es jetzt richtig? Hijab oder Hotpants, das ist hier die Frage?! Beides, sage ich Ihnen. Sie sind kein Gegensatz, sondern einfach nur Kleidungsstücke. Erst die Frau, die sie trägt, gibt ihnen eine Bedeutung. Was uns fehlt, sind Frauen, die dem, was sie tragen, die Bedeutung geben, die sie wollen. Es gibt Frauen, die zwar von Kopf bis Fuß bedeckt sind, aber so transparent, dass deren Persönlichkeiten nackt vor uns stehen, in keine Ecke gedrängt werden können und auf kein Feminismus-Etikett warten, während andere halb nackt nur auf die Akzeptanz der anderen hoffen.

Als ich das letzte Mal auf Bali war, saßen mein Mann, meine (damals nur eine) Tochter und ich bei einem Wasserfall. Dort hielten sich auch viele andere Familien, Tourist*innen, Paare, Menschen aus der ganzen Welt auf, um Fotos zu machen, zu picknicken, zu schwimmen, aber jede*r schien in seiner eigenen Bubble zu sein. Irgendwann kamen zwei junge weiße Frauen, vielleicht Anfang zwanzig, in fast unsichtbaren, engen Bikinis. Eine stellte sich unter den Wasserfall, während die andere sie fotografierte. Ich konnte nicht wegsehen. Die Art der Posen zog meine Aufmerksamkeit auf sich, wie die eine den Busen vor die Kamera streckte, den Bauch einzog und den Po aus einem Winkel fotografiert haben wollte, wo er größer zu sein schien. Als die Fotografin dann meinte: „Perfekte Fotos, ein bisschen Photoshop wird nötig sein, aber das Licht ist hier super", tat mir das im Herzen weh. Nicht, weil sie quasi nackt dastanden und diese Nacktheit bewarben, sondern weil Amber in ihrem Nikab neben ihnen auf einem Plakat als die Unterdrückte gesehen würde, während sie es doch sind, die um Anerkennung lechzen, weil wir gelernt haben, dass Oberflächlichkeit ausreicht, um Menschen zu beurteilen.

Wenn die Diskussion über das Kopftuch anfängt – und sie fängt immer wieder an –, denke ich mir oft: *Lasst uns doch einfach den Hijab, wir gaben euch Falafel!* Diesen Spruch habe ich einmal auf einem Plakat auf einer Demo gesehen, damals ging es darum, das Gesetz des Kopftuchverbotes in einem europäischen Land zu verhindern.

Es ist ja nicht so, dass man nichts an den fremden Kulturen mag. Die Shisha, das Essen, die Musik und ein paar andere Dinge werden gerne von der Leitkultur des Westens angenommen, nur der Hijab hat es nicht ganz geschafft, weil er automatisch als etwas Negatives und Antifeministisches dargestellt wird. Sie kennen diese Bilder wahrscheinlich auch, sie tauchen immer dann auf, wenn sich politisch etwas ereignet. Gegenüberstellungen von Frauen in den 1970ern in Kabul oder Teheran mit Frauen in besagten Gegenden heute, komplett verschleiert. Solche aus dem Kontext gerissenen Bilder sind nicht nur gefährlich, sondern grundsätzlich nicht miteinander vergleichbar, denn der Wille einer Frau sowie ihre Selbstbestimmung hängen nicht von ihrer Garderobe ab. Die eher westliche Art, sich zu kleiden, ist nicht automatisch moderner oder freier. Aber genau das sollen diese Bilder darstellen. Der Hijab gilt fast schon universal als *das* Unterdrückungssymbol per se, obwohl er das gar nicht sein kann, er ist bloß ein Schleier. Lasst ihn uns doch, wenn wir ihn wollen. Ich sage als sichtbare muslimische Frau zu jenen Menschen, die sich wirklich um das Wohl aller Frauen kümmern: Glauben Sie uns. Glauben Sie uns, wenn wir sagen, dass wir den Hijab gerne tragen.

Und glauben Sie uns, wenn wir sagen, dass wir ihn gegen unseren Willen tragen. Glauben Sie uns, wenn wir sagen, dass diese Eingriffe in und auf unsere Körper mehr Schaden als Freiheit bringen – egal, welcher Natur diese sind. Glauben Sie uns, wenn wir sagen, dass so ein Tuch befreiend sein kann. Und glauben Sie uns auch, wenn wir sagen, dass es die Freiheit im Keim erstickt. Es kann nämlich beides. Es kann der Schlüssel zur Freiheit der Entscheidung, aber auch das Schloss sein, das jeglichen Zugang zur Freiheit verschließt. Was es ist, entscheidet jede Frau für sich selbst. Die Freiheit der Entscheidung ist es, die eine entscheidende Rolle spielt und dem Tuch erst seine Bedeutung gibt. Deswegen: Glauben Sie uns. Verallgemeinern Sie unsere individuellen Geschichten nicht. Ja, man kann gegen ein Kopftuchgebot *und* gegen ein Verbot desselben sein. Das sind jene Menschen, die jegliche Kontrolle über Menschenkörper nicht für zielführend halten.

In London lernte ich einmal eine iranische Konditorin kennen. Sie war über fünfzig Jahre alt, hatte dichte silberne Locken, die sie zwar hochgesteckt trug, aber eine dichte Strähne hing ihr von der Stirn herab. Sie hatte ihre Augen und Wangenknochen sehr intensiv geschminkt. Ihr Aussehen fesselte mich. Damals interviewte ich Migrantinnen, die in unterschiedlichen Ländern Karriere gemacht hatten. Sie hatte in London eine eigene Konditorei gegründet. Während ich von ihrem Sohan naschte, erzählte sie mir ihre Geschichte über ihre Flucht aus dem Iran zwanzig Jahre zuvor. Plötzlich wurde sie still. Sie sah mich an und sagte etwas, das diese Hijab-Thematik schön zusammenfasst: „Das Kopftuch steht Ihnen gut. Wissen Sie wieso? Weil es Ihre Entscheidung ist. Eigene Entscheidungen machen immer schön. Ich persönlich mochte es nie. Das sah man mir auch an. Ich wuchs damit auf, alles an mir als verboten zu betrachten, es zu verstecken, als würde etwas nicht mit mir stimmen. Das Erste, was ich nach meiner Ankunft hier tat, war, das Kopftuch abzunehmen, es gehörte nie zu mir. Ich hasste das Ding – bis ich euch sah. Ihr habt einen anderen Zugang dazu, ihr formt es zu einer schönen Identität -- zu *eurer eigenen*. Jede Frau, die es im Iran abnimmt, um ein Zeichen *für* ihren Körper zu setzen, ist wie eine Frau im Westen, die es liebevoll annimmt, um dasselbe Zeichen zu setzen: Unsere Körper gehören uns, egal, was uns welche Systeme auch immer einreden wollen. Es mag einigen Menschen nicht gefallen, einige werden es auch nie verstehen können, was ich tat oder was Sie tun, es wird wahrscheinlich auf ewig von irgendwem infrage gestellt werden, aber solange wir lachen und uns gegenseitig die Kronen richten, irritieren wir sie. Wir spielen nämlich für dasselbe Team."

Evas Töchter & Frauen wie hundert Männer

Wir alle kennen die Geschichte von Adam und Eva. Auch die wenig bis gar nicht Gläubigen unter uns wissen vom Ursprung unserer angeblichen Stammeltern. Zuallererst war der Mann, Adam. Die Frau, Eva, wurde aus einer krummen Rippe, jener nahe seines Herzens, erschaffen. Die Frau ist also schon im Ursprung verbogen und ein Teil von ihm. Nahe seines Herzens, damit er sie liebt. Aus ihm gemacht, weil sie ihn vollkommen macht.

Adam durfte nach Gottes Regeln nicht von den Früchten eines ganz bestimmten Baumes essen. Von allen anderen Bäumen des himmlischen Gartens durfte er naschen, nur von diesem einen Baum sollte er sich fernhalten, das ist in allen Versionen der Geschichte gleich. Ob auch Eva das Essen der Früchte von diesem einen Baum verboten wurde, das variiert von Schrift zu Schrift. Eva biss von einem Apfel des verbotenen Baumes ab – und Adam nach ihr auch. Aber die Schuld daran trägt im Verständnis der ganzen Welt nur Eva. Adam wird recht passiv dargestellt, wenn es um die Schuldfrage geht. Er könne nichts dafür, diese Sünde begangen zu haben, denn der

Apfel fiel ihm quasi in den Mund. Mehr noch, Eva hat ihm den Apfel wahrscheinlich in den Mund gestopft. „Wegen euch Weibern leben wir nicht mehr im Paradies", werden in arabischen Ländern Frauen von Männern getadelt. Frauen wird die Schuld gegeben, auch wenn es eigentlich nicht so war.

Wir sind die einfach zu verführenden, viel zu emotionalen, verrückten, wütenden und außer Rand und Band geratenden Geschöpfe, die aus einer verbogenen Rippe eines Mannes entstanden sind. Wir sind die dramatischen Gören, die verrückt sind, weil wir von Gerechtigkeit träumen.

Nein. Sind. Wir. Nicht.

Wir sind nicht die hysterischen, gebrochenen Leinwände der Verzweiflung, auf die ihr eure Schuld zu zeichnen habt.

Wir. Sind. Mehr.

Wir. Können. Mehr.

Wir sind Evas Töchter. Eva ist hebräisch und bedeutet Leben. Wir sind das Leben, das Leben schenkt, das dem Leben Bedeutung gibt, denn in der Bedeutung eines jeden Atems steckt die Stärke einer Frau, die für diesen Atem gekämpft und ihn erschaffen hat.

Wir sind nicht eure Erwartungen, nicht eure Skizzen, nicht eure Pläne, sondern der Schrei im Glauben an Hoffnung. Wir sind die, die ins Leben geboren werden, um im Leben zu kämpfen, und das Leben dabei genießen können, weil wir das Leben sind.

Wir. Wollen. Mehr.

Wir. Verdienen. Mehr.

Und um mehr zu sein, um mehr zu schaffen, müssen wir Frauen zusammenhalten. Frauen brauchen Frauen.

Stellen Sie einen Mann in einen Raum voller Frauen, er wird sich sicher fühlen, wenn nicht sogar glücklich. Stellen Sie eine Frau in einen Raum voller Männer, sie wird Angst bekommen. Stellen Sie eine Frau in einen Raum voller Frauen, sie wird sich gestärkt fühlen, *wenn diese Frauen füreinander einstehen.*

Sehen Sie sich um. Sie werden sie sehen, wahrscheinlich nicht alle in einem Raum, aber hier und da verstreut, Sie werden die Frauen sehen, die andere Frauen niemals im Stich lassen würden. Es können bedeutungslose Kleinigkeiten oder Lebensrettungen oder alles dazwischen sein, aber wir sind da, wir stehen Hand in Hand und lassen uns von all dem Hass nicht spalten.

Als ich einmal wegen einer sehr wichtigen Angelegenheit nervös in einer Behörde im Wartebereich saß, kam eine Frau herein. Sie sprach in gebrochenem Deutsch, aber man verstand sie gut. Ich bekam nicht mit, was das Problem war, aber laut der Beamtin fehlten anscheinend Papiere. Nein, es waren Kopien. Die Frau machte der Beamtin klar, sie hätte sich heute extra den Vormittag für diesen Behördenbesuch freigenommen, sie könne das sonst in dieser Woche nicht mehr erledigen, da sie Angst um ihren Job habe.

Die Beamtin zeigte auf den Kopierer: „Sie können Ihre Unterlagen auch hier kopieren. Das kostet 10 Cent pro Seite.“

Die Frau hatte kein Kleingeld mit. Niemand konnte wechseln. Ich laufe wirklich nie mit Bargeld herum, aber damals hatte ich viele lose Münzen in der Handtasche (meine Tochter hatte sie aus ihrem Sparschwein dort hineingetan).

„ICH HABE MÜNZEN“, sprang ich auf, und die Frau kopierte drauf los.

Die Beamtin schaute mich an, nickte und lächelte: „Danke.“

Danach wurde ich aufgerufen, und meine Angelegenheit, die eigentlich unmöglich zu sein schien, wurde genehmigt. Vor Freude weinend ging ich aus dem Gebäude.

Dort wartete jene Frau auf mich, der die Kopien gefehlt hatten: „Und? Gut?“

Ich lachte: „Ja! *Sehr* gut. Bei dir?“

Sie lachte auch: „Alles okay. Ich habe für dich gebetet.“

Erst jetzt sah ich das glänzende Kreuz, das ihr um den Hals hing.

Wir, zwei einander fremde Frauen, umarmten einander, einfach so. Es tat so gut zu spüren, dass Frauen unabhängig von allen Unterschieden trotzdem aufeinander aufpassen können.

Eine Frau, die man als stark empfindet, wird in der arabischen Welt als „eine Frau wie hundert Männer" bezeichnet. Es ist ein Kompliment, zu sagen, dass diese Frau so toll sei wie hundert Männer. Einmal sagte das ein Mann zu mir – er war ein Freund meines Mannes –, weil ich mich um seine schwangere Frau gekümmert hatte, und es machte mich wütend. Ich kannte die Redewendung zwar schon, aber ich sah nichts Gutes darin.

„Ist *eine* Frau denn nicht genug?", fragte ich.

„Was meinst du? Das ist doch etwas Gutes. Ich mache dir ein Kompliment."

„Was ist daran ein Kompliment, wenn ich als eine Frau nicht ausreiche, um stark zu sein?"

„Ich verstehe nicht, was du meinst."

„Du bist ein Mann wie hundert Frauen."

„Wie bitte?"

„Das ist ein Kompliment, hast du doch selbst gesagt."

„Nein, ist es nicht, es ist eine Beleidigung. Ich bin doch ein Mann."

„Siehst du jetzt, was ich meine?", fragte ich ihn und konnte an seinem Blick erkennen, wie es in seinem Hirn „Klick" machte. Der richtige Schalter hatte sich umgelegt.

Die Einstellung, dass *eine Frau allein nicht reicht,* ist weltweit verbreitet. In der deutschen Sprache existiert etwa das Wort *Mannsweib.* Ein Mannsweib ist eine Frau, die zu stark, zu gut ist, um einfach *nur eine* Frau oder *ein* Weib zu sein. Sie hat auch etwas Maskulines an sich, denn Femininität ist graziös, lieb und fragil. Irgendetwas Männliches muss in ihr stecken. Selbst mutige Menschen sind Menschen mit *Eiern.* „Lass dir mal ein paar Eier wachsen", heißt es, wenn einen die Angst übermannt. Alles, was uns überwältigt, ist männlich.

Eine Furcht vor etwas *überfraut* uns nicht, sie übermannt uns. *Aber Eier sind doch weich und empfindlich, eine Vagina hingegen kann schon einiges aushalten,* zitiere ich sehr gerne Betty White, ein wahres Golden Girl, ganz ohne den männlichen Schnickschnack.

Wie eine Frau

Lauf wie eine Frau,
wirf wie eine Frau,
Ja so! Ganz genau!
Denn das bist DU.
Einfach nur DU!
Du musst deine Tränen nicht verstecken,
deinen Willen nicht brechen,
denn du bist genug,
stark, einzigartig, klug!
Das bist DU!
Nur das bist DU!
Du bist die Wurzel jedes Lebens dieser Welt,
auch wenn das nicht jedem gefällt,
so bist das DU!
Allein DU!
Ohne dich fällt
alles, was diese Welt festhält.
Kämpf wie eine Frau,
sieg wie eine Frau,
nichts anderes bist DU!
Und du bist genug.

Servus Alaykum

Wenn ich meine Erlebnisse als muslimische Woman of Color mit einem einzigen Wort beschreiben müsste, dann wäre es: *prägend*. Es hat mich geprägt, dass ich als Kind immer daran erinnert wurde, dass ich eine Ausländerin bin, obwohl ich keine bin. Es hat mich geprägt, dass ich in meinem Geburtsland den Widerstand der Frauen gegen das Patriarchat sehe, obwohl ihre Ressourcen (weniger Freiheiten, weniger Meinungsfreiheit, etwa auf Demos) weit weniger sind als in manch anderen Ländern. Es hat mich geprägt, dass ich in Teilen der muslimischen Community als eine perverse Frau gesehen werde, die viel zu offen über weibliche Sexualität spricht, obwohl es islamisch gesehen sogar wichtig ist, gebildet zu sein. Es hat mich geprägt, als mich eine Glaubensschwester tadelte, weil ich nicht mit „Assalamu Alaykum" (arab. für „der Gruß gilt dir", islamischer Gruß), sondern mit „Servus" vor ihr ein Telefonat entgegennahm. Es hat mich geprägt, als man mir während mehrerer Bewerbungsgespräche sagte, meine berufliche Erfahrung spiele keine Rolle, solange ich ein Kopftuch trüge, würde man mich nicht einstellen. Es hat mich geprägt, dass jedes Mal, wenn ich eine Moschee betrete, kein oder nur wenig Platz für Frauen ist. Was mich aber auch geprägt hat, waren die schönen Momente, die mir Gefühle der Zugehörigkeit und der puren Liebe bescherten, an genau denselben Orten, jedoch mit anderen Menschen von besagten Gruppen. Das Leben prägt uns alle und das nicht nur mit Negativem. Im selben Land, in dem ich so viel Hass erntete, erlebte ich die schönsten Momente meines Lebens. In meinem Geburtsort, in dem ich nie lebte, startete meine Geschichte als Lebewesen und legte somit meine Wurzeln fest. Obwohl dieses Land so viel Leid erfahren hat, ist es eine unglaubliche Energie- und Lebensquelle. Für manche meiner Glaubensgeschwister mache ich einiges falsch, aber viele von ihnen sind mir im Leben so geschwisterlich ans Herz gewachsen wie meine eigenen Brüder. Auf meinem

Weg zu meiner heimatlichen Identität fand ich für mich heraus, dass ich eine muslimische Austroägypterin bin, ohne auf eine dieser Identitäten verzichten, ohne mich jemandem beweisen zu müssen und ohne die Einverständniserklärung anderer. Bis ich allerdings zu dieser Erkenntnis kam, dauerte es Jahre. Es kostete mich Tränen, Demütigung und schlaflose Nächte, in denen ich mir den Kopf darüber zerbrach, was ich anders machen könnte, um jenen Menschen zu gefallen, die mir am meisten wehtaten und mich nicht annehmen konnten, wie ich war. Ich habe ein ägyptisches Temperament, bin praktizierende Muslima und fluche auf Wienerisch. Keine Seite von mir möchte ich je missen. Als Mutter versuche ich meinen Kinder das weiterzugeben, was ich aus all dem gelernt und mitgenommen habe: *Die Liebe zu dir selbst ist der einzig wahre Widerstand, den du jemals brauchen wirst. Sie ist die Wurzel der Erkenntnis dessen, wer du wirklich bist, und das versuchen sie dir wegzunehmen, aber daran wirst du nicht zugrunde gehen, weil du weißt, wer du bist. Und solltest du auch daran sterben, wie viele andere vor dir, dann tust du es als die Person, die du bist, und nicht als jene, die sie gerne in dir sehen würden.*

grenzenlos und unverschämt

ich werde trotzdem
afrikanisch sein
auch wenn ihr
mich gerne deutsch haben wollt
und werde trotzdem
deutsch sein
auch wenn euch meine schwärze
nicht paßt
ich werde noch einen schritt weitergehen
bis an den äußersten rand
wo meine schwestern sind
wo meine brüder stehen
wo
unsere
FREIHEIT
beginnt
ich werde
noch einen schritt weitergehen und
noch einen schritt
weiter
und wiederkehren
wann
ich will
wenn
ich will
grenzenlos und unverschämt
bleiben

May Ayim, ein gedicht gegen die deutsche sch-einheit (1990)

Nehmen Sie sich, was Sie gerade brauchen

Die Schuhe der anderen Frau

Stellen Sie sich vor, Sie sind nicht Sie selbst. Stellen Sie sich vor, Sie hätten noch gar keine Meinung über irgendetwas, und dann verformt Sie die Gesellschaft in eine bestimmte Richtung und sagt: Nur eine ehrbare Frau trägt den Hijab. Das ist die Kirsche auf dem Sahnehäubchen, und wer will die schon missen? Sie müssen die Kirsche anstreben, auch wenn Sie die nicht wollen. Ständig müssen Sie sich anhören, dass Ihnen etwas fehlt, dass Sie nicht ehrbar genug sind, solange diese verflixte Kirsche fehlt. Wie würden Sie sich dann fühlen? Als Frau, als Mensch?

Stellen Sie sich vor, Sie sind nicht Sie selbst. Stellen Sie sich vor, Sie hätten noch gar keine Meinung über irgendetwas, und dann verformt Sie die Gesellschaft in eine bestimmte Richtung und sagt: Eine freie Frau kann nur halb nackt sein. Sie muss jeder und jedem ihre Weiblichkeit zeigen, sonst ist sie prüde, unterdrückt, verklemmt, und wer will das schon sein? Ausziehen, ausziehen, jede Frau muss sich ausziehen, denn verschleiert wird nur die Psyche. Wie würden Sie sich fühlen? Als Frau, als Mensch?

Stellen Sie sich vor, Sie sind mit beiden Narrativen aufgewachsen. Lehnen Sie sich zurück und lassen Sie das auf sich wirken.

„Es gibt einen besonderen Ort in der Hölle für Frauen, die anderen Frauen nicht helfen."

Das stammt nicht von mir, sondern von Madeleine Albright. Dieser Zusatz kommt aber von mir: „Dabei spielt es keine Rolle, ob sie an die Hölle glauben oder nicht." Intersektionalität bedeutet Solidarität, und genau darum geht es in der feministischen Debatte, oder? Die Frauen, die gegen die Unterdrückung von Frauen im Iran und anderswo schreien, sind die ersten, die verstummen, wenn Frauen in Europa das Kopftuch per Gesetz vom Leib gerissen wird, weil es ihnen hier in Europa eher passt. Was ist das für ein Feminismus, den Sie da vertreten? *Ihre Freiheit fängt bei Ihnen an und hört bei Ihnen auf. Sie sind nicht das Maß, mit dem Sie das Glück und das Dasein anderer Frauen zu messen haben.* Verinnerlichen Sie sich die Tatsache, dass es Dinge gibt, die Sie nicht verstehen oder nachvollziehen werden können, die anderen Frauen aber der Himmel auf Erden sind. Davon sollte Ihre Solidarität nicht abhängen, nicht von Ihrem eigenen Empfinden der Sache gegenüber. Es sollte um das Recht von jedem Menschen, jeder Frau gehen, so sein zu können, wie er oder sie es will.

Ich bin keine Verfechterin des Hijabs.
Ich bin aber eine überzeugte Verfechterin der Idee, dass jede Frau in jedem Land das tragen sollte, was sie möchte, ohne sich erklären zu müssen oder in Schubladen gesteckt zu werden. Frauenkörper werden überall auf der Welt reguliert, kontrolliert, bewertet und abgewertet, aber überall ein wenig anders, je nach Geschichte und Sozialisierung des Landes. In manchen Ländern – muslimische wie nicht-muslimische – wird das Ganze sogar gesetzlich geregelt, was Frauen wieder in einen eingeschränkten Rahmen stellt. Gebote wie Verbote signalisieren nur, dass wir nicht genug sind, nicht genug können und nicht genug haben, um selbst zu entscheiden. Machen Sie da nicht mit. Sollten Sie denken, dass es Sie nicht betrifft, dann denken Sie noch einmal darüber nach, das tut es nämlich doch. Wer heute für eine Frauengruppe ein Kleidungsgebot erschafft, der plant für die nächste Frauengruppe vor. Welche Art von Mensch wollen Sie sein? Diese Frage müssen Sie sich stellen und seien Sie dabei beinhart ehrlich zu sich selbst. Halten Sie sich gerne auch den Spiegel vor, denn man kann zu manchen Dingen zwar eine Meinung haben, aber auf welchem Boden steht diese Meinung? Inwiefern kann man als Person, die nie einen Hijab getragen hat oder einen trägt, darüber urteilen wie gut oder schlecht er ist?

Auch wenn Sie zahlreiche Dokus darüber gesehen haben und die Welt dazu befragt haben, wissen Sie nichts darüber, wenn Sie nicht davon betroffen sind.

Wir sind alle mal rassistisch.
Das macht uns nicht automatisch zu Rassisten. Nicht nur weiße Menschen treten hier und da ins Fettnäpfchen der Aussagen und Taten, wenn es um die Rassismusthematik geht. Die, die es unbewusst tun – das sind wir alle –, werden bestenfalls darauf hingewiesen, können sich selbst reflektieren und bewusst daraus lernen. Menschen, die es nicht einsehen wollen, obwohl sie es eigentlich schon besser wissen müssten, haben jeden Tag die Chance, sich zu entscheiden, wer sie sein möchten. Dabei geht es nicht darum, fehlerfrei zu sein, sondern die Fehler zu erkennen, sie bewusst anzunehmen und umzuarbeiten. Sie müssen sich jetzt also nicht schlecht fühlen, falls auch Sie ein paar Yogastunden auf Bali bei einer weißen Person belegt haben, aber vielleicht möchten Sie einsehen, welche andere Welt auf derselben Welt stattfindet, auf der Sie leben.

Was ist Heimat?
Wir fragen uns ununterbrochen, wie die sogenannten Parallelgesellschaften entstehen, in denen Gruppen von Menschen sich von anderen Menschengruppen abkapseln, kommen aber nicht auf die Idee, dass dies eventuell ein Schutzmechanismus ist. Schutz vor Abweisung, Rassismus und Demütigung. Was macht es wohl mit einem Kind, das auf der Straße mitbekommt, wie die eigene Mutter aufgrund von Kleidung / Hautfarbe beschimpft wird? Und wie wichtig ist das Gefühl der Zugehörigkeit für heranwachsende Menschen? Welche Frauenbilder leben wir kleinen Mädchen vor und wie viel Identität sprechen wir ihnen ab, wenn wir bestimmte Sprachen in der Öffentlichkeit (und eigentlich generell) verpönen, nur weil wir sie nicht verstehen (wollen)? Welche Frauen werden

eines Tages aus Mädchen, die weder hier noch dort Zugehörigkeit finden dürfen, sondern ein Zwischendasein leben, weil keine Kultur und Gesellschaft sie als angemessenen Teil akzeptieren?

Becoming Wunderweib

Kommen Ihnen die Tage bekannt vor, an denen man schon ausgelaugt aufwacht, die eigenen Kinder jedoch übermunter im Zimmer herumtanzen und man selbst die nächsten Stunden bis zum Abend am liebsten vorspulen würde, weil man nicht die geringste Energie hat, um einen Finger zu rühren, geschweige denn, mit dem eigenen Nachwuchs etwas zu unternehmen? Der Tag findet aber trotzdem statt, weil das Leben, die Zeit und Ihre Kinder nicht auf Ihre bessere Laune warten. Neben den stets aufgeweckten Kindern, die Sie an solchen Tagen wirklich nicht brauchen können, passiert noch etwas: Ihr Verstand spielt Ihnen alle negativen Gedanken in Ihrem Kopf ab und das, obwohl er doch eigentlich genau das Gegenteil tun sollte. Diese Phasen der Mutterschaft sind grausam, weil man für die eigene Heilung weder Zeit noch eine Anleitung hat. Man schwimmt förmlich in der Scheiße, und es gibt nichts, was man daran schönreden könnte, aber man kann lernen, aus Scheiße Gold zu machen. Die Frau, die Sie vor der Mutterschaft waren, ist nämlich noch da, zwar eingestaubt im hintersten Eck der Verzweiflung, der Einsamkeit und des Frustes, dort, wo Sie aufgehört haben zu suchen, weil Sie davon ausgegangen sind, dass sie nicht mehr existiert, aber sie ist noch da.

Dieses Kapitel ist meine freundliche Erinnerung für Sie, Ihnen noch einmal zu sagen: Investieren Sie! Geben Sie alles, was Sie haben, um sich erneut zu entfalten. Auch Ihre Kinder werden es Ihnen danken, aber um die soll es in diesem Kapitel nicht gehen, um die geht es ja sonst immer und überall. Jetzt geht es um Sie. Nur um Sie.

Das geht an alle Außenseiterinnen, an die anstrengenden Weiber, die wie Männer verhandeln, immer ihr Maul offen haben, um Wahres zu sprechen, wenn Richtiges nicht gehört werden möchte, weil es aus der Mode gekommen ist, selbstlos solidarisch zu sein. Das ist für alle, die in der Turnstunde niemals für Gruppenspiele gewählt wurden, sondern als letzte Person in eine der Gruppen genommen werden *mussten*. Das ist für alle, die in allen Bereichen des Lebens von anderen mit Augenrollen aufgenommen wurden, weil sie als Freaks gesehen wurden. Das ist für alle, die scheinbar nirgendwo hingehören, die nutzlosen Köpfe, die talentlos zu sein scheinen und das auch glauben.

Wir sind die aus der letzten Reihe, die ewig Unterschätzten und niemals auf Augenhöhe gesehenen Weiber, die sich ihre Stelle im Leben erarbeitet haben durch den Schmerz und die Scherben, die andere in uns verursacht haben, aber niemals verlernt haben zu lachen. Diese Frauen sind wir, und ich bin stolz auf uns. Das solltest du auch sein! Wir haben gelernt, aus unserem Leid ein liebevolles Leben zu basteln, aus Tränen Arbeitsschweiß und aus Zweifel Hoffnung. Das sage ich aus keiner Sicherheit heraus, denn das Gefühl der Sicherheit besucht mich nicht oft, aber ich sage es aus einer Gewissheit heraus, die mich begleitet, selbst in Anwesenheit der Angst. Die Angst zu versagen, die Angst, nicht genug zu sein, die Angst, etwas falsch zu machen. All diese Ängste haben Namen. Ich habe beschlossen, sie umzutaufen. Meine Ängste heißen jetzt „Sisu". Diesen Namen verdanke ich Henna. Henna lernte ich auf Bali kennen. Sie ist Finnländerin, hat aber einige Jahre in Deutschland gelebt. Das Erste, was sie wissen wollte, als sie erfuhr, dass ich Autorin bin, war, ob ich berühmt sei.

„Na ja, nur fast berühmt."

„Ich mag deinen Humor", lachte sie.

„Es ist vielmehr eine Persönlichkeitsstörung", scherzte ich weiter.

Vom Humor kamen wir auf tiefgründige Themen zu sprechen. Henna hatte eine interessante Theorie zur Lebenseinstellung: „Wir Finnen halten uns für ein glückliches Volk. Als ich in Deutschland war, hatte ich einen richtigen Kulturschock, weil die Menschen eine genervte Mimik haben. So, als seien sie von irgendetwas enttäuscht, dabei haben sie doch ein tolles Leben. Ich habe auch ein Jahr in Wien gelebt, das war schrecklich, die Menschen scheinen permanent wütend zu sein."

„Ja, ich weiß, was du meinst. Ich merke das meist, wenn ich lange weg war und dann wieder nach Hause fahre."

„Du nennst es also *Zuhause*, obwohl du dort so viel Rassismus erfahren hast?"

„Ja, ich denke, dass Leid und Freud oft Hand in Hand gehen."

„Wir haben in Finnland *Sisu*."

„Was ist das?"

„Es gibt kein deutsches Wort dafür, was mich nicht wundert, aber es kann mit Willenskraft oder Entschlossenheit übersetzt werden. Ich denke, dass das der einzig wahre Weg zur Glückseligkeit ist, *niemals aufzugeben*."

Lichter der Vergangenheit

Der Weg zur bedingungslosen Selbstliebe erfolgt durch Selbsthass. Man liebt sich nicht einfach selbst, man muss sich dafür schon ein wenig zerreißen. Und wenn nicht, hat man dann jemals wirklich gelebt? Leben bedeutet lieben, und zum Lieben gehört es auch, hin und wieder zu zerbrechen, denn auch das ist die Liebe, und die Liebe zu sich selbst zerbricht einen am meisten.

Ich erlebte einmal den Selbsthass einer anderen Person hautnah mit. Es war eine Art von Hass, die ich niemals verspüren möchte und die ich auch niemandem wünsche. Es war im Herbst 2014. Ich sparte damals jeden Cent, da ich im Winter jenes Jahres heiraten und wegziehen wollte.

Svetlana, eine Freundin meiner Mutter, wollte mir einen tollen Job vermitteln: „Es ist wie ein Geschenk des Himmels, ein Wochenende, fünfhundert Euro. Alles, was du tun musst, ist diese Frau zu unterhalten."

„Wieso machst du es nicht?", wollte ich wissen.

„Ich habe am Wochenende Dienst im Krankenhaus. Normalerweise bin ich immer bei ihr, aber an diesem Wochenende schaffe ich es nicht, und ich dachte, du könntest das Geld gut brauchen."

„Was soll ich dort machen?"

„Das, was du am besten kannst. Du sprichst mit ihr, erzählst ihr etwas. Sie ist einsam und allein. Aber sprich sie nicht auf das Bild im Wohnzimmer an und stelle keine Fragen. Sei lustig und lebensfroh, so wie du eben bist."

Ich hatte dabei kein gutes Gefühl, ich nahm solche „Jobs" eigentlich nie an. Ich tat es schließlich auch nicht wegen des Jobs, sondern wegen meines Schreibens. Die Hinweise „stelle keine Fragen", „großes Haus" und „einsame Frau" sind für eine Autorin eine Einladung. Natürlich musste ich dort hin.

Eine Frau – vielleicht Mitte siebzig – öffnete die Tür. Sie ging mithilfe eines Stocks, hinkte mit einem Bein und trug eine rote Brille. Bereits als sie mich hereinbat, hatte ich den Verdacht, dass sie blind sei – das hatte Svetlana vergessen zu erwähnen –, und sobald ich ins Wohnzimmer trat, sah ich es. Es war nicht bloß ein Bild, es war eine Fototapete, und darauf war eine bildhübsche, rothaarige, junge Frau mit waldgrünen Augen abgebildet. Ihr Gesicht war riesig. Diese Frau wollte, dass man ihr Fragen zu diesem Bild stellte. Diese immense Präsentation war wie eine Bitte darum, aber ich tat es nicht. Wir saßen in der Küche und tranken Tee. Vor dem Fenster war der Garten zu sehen. Meine Eltern hatten diesen unerfüllten Traum vom eigenen Haus. Ich musste so lachen – laut –, weil ich in einer riesigen Villa saß, aber hier waren kein Glück, keine Freude, kein Leben zu spüren. Meine Eltern waren immer der Ansicht, wenn sie es uns ermöglichen könnten, in einem Haus zu wohnen, würden wir glücklich werden und hätten somit alles im Leben erreicht, was es zu erreichen gäbe.

Da fragte sie mich: „Möchten Sie mich einweihen? Warum lachen Sie?"

„Bitte duzen Sie mich. Sie müssen mich nicht siezen. Ich lache, weil das Leben eigenartige Wege hat, uns Dinge zu offenbaren."

„Wie alt sind Sie? Du. Wie alt bist du?"

„Ich bin fünfundzwanzig."

„Und warum bist du hier?"

„Um Sie zu unterhalten."

Jetzt lachte sie: „Du bist ehrlich. Es ist übrigens o.k. zu sagen, dass du wegen des Geldes hier bist. Ich habe eine Abmachung mit meinem Arzt, dass ich nicht allein hier sitze, sonst müsste ich ins Altersheim. Offiziell ist Svetlana hier."

„Ich bin nicht wegen des Geldes hier."

„Warum sonst?"

Ich wollte sie nach dem Bild fragen, konnte es aber nicht. Dann kam es von ihr.

„Sie ist meine Tochter."

„Wer?"

„Die Frau auf der Tapete."

„Wo ist sie?"

„Tot."

„Das dachte ich mir."

„Es war ein Unfall. Es ist meine Schuld."

„Das tut mir sehr leid."

„Ja, das tut es den meisten, aber es ändert nichts daran, dass ich damit leben muss und sie es nicht mehr kann."

Darauf folgte eine eigenartige Stille. Ich fühlte mich, als hätte ich meine Zunge verschluckt. Oft versuchte ich, Gesprächsthemen einzuleiten, doch ich konnte es nicht. Ich war verstummt, und das kommt wirklich nicht oft vor. Sie saß da, sagte nichts und bewegte sich nicht. Sie war wie eine Statue. Sie hatte diese unübersehbare Tapete mit dem Gesicht ihrer verstorbenen Tochter mitten im Wohnzimmer und konnte sie als Einzige nicht sehen. Ihr eigenes Gesicht erzählte eine Geschichte des Leidens, allein sie anzusehen, schmerzte mich.

Das Wochenende verging. Sie legte mir das Geld auf die Küchentheke. Ich nahm es aber nicht, verabschiedete mich, ohne dies zu erwähnen, und ging. Kurz darauf heiratete ich, und meine Pendelei zwischen Wien und dem Rest der Welt begann. Ich hatte danach keinen Kontakt mehr zu der Frau.

Nach der Veröffentlichung meines ersten Buches war ich wegen einiger Buchpräsentationen in Wien, da meldete sich Svetlana bei mir: „Sie liegt im Sterben und möchte dich sehen."

„Wer?"

„*Sie.*"

Ich fuhr zu ihr und setzte mich zu ihr auf das Bett. Sie schlief und sah nicht viel anders aus als damals. Sie spürte meine Anwesenheit, legte ihre Hand auf meinen Bauch und fragte: „Dein erstes Kind?"

„Das zweite."

„Svetlana hat mir dein Buch vorgelesen. Ich komme darin nicht vor."

„Ich wusste nicht, ob das in Ordnung wäre."

„Gibt es ein nächstes?"

„Vielleicht."

„Komme ich darin vor?"

„Wenn du das möchtest."

„Wovon wird es denn handeln?"

„Hm … vielleicht von Selbstliebe, das schwebt mir schon länger vor."

Sie lachte: „Ausgerechnet darin soll ich vorkommen?" Sie nickte lächelnd, fuhr mir mit ihren Händen über das Gesicht und sagte: „Du bist so ein lachendes Herz. Versprich mir etwas."

„Alles, was du willst."

„Solange dein Herz noch schlägt, lebe. Hör nicht auf zu leben, egal, was passiert. Merke dir meine Worte. Ich konnte das nicht, dazu war mein Schmerz zu groß. Eigentlich habe ich jahrelang nur auf den Tod gewartet, jetzt kommt er, ich spüre ihn, ich höre seine Schritte und ich habe Angst."

„Angst vor dem Tod?"

„Angst, ich würde *sie* dort nicht finden."

Von da an besuchte ich sie jeden Tag, bis mich Svetlana einmal an der Tür mit gesunkenem Kopf in die Arme nahm und mir mitteilte, dass sie nachts friedlich im Schlaf gegangen sei. Mir sind die Einzelheiten zu der Geschichte dieser Frau noch immer unbekannt. Ich weiß nicht einmal ihren Vornamen, aber ihren Gesichtsausdruck werde ich niemals vergessen. Er erzählte eine lange Leidensgeschichte. Sie gehörte zu jenen Menschen, die ich gerne ausgefragt hätte, aber ich konnte nicht. Ich respektierte ihren Schmerz und nahm Abstand von diesem. Ihre letzten Worte an mich, die mir wie ein indiskutabler Wunsch in einem imaginären Testament vorkommen, werde ich ebenso wenig vergessen können wie den Schmerz in ihrem gesamten Auftritt: *„Solange dein Herz noch schlägt, lebe."*

In einer meiner Sitzungen mit Dr. Takahashi – mir ging es damals wirklich schlecht, das erste Buch war noch im Entstehen, ich hatte Angstzustände und war hochschwanger – stellte sie mir folgende Frage: „Menerva, was macht dich glücklich?"

„Virgin Mojitos."

„Bitte nimm das ernst", ermahnte sie mich.

„Ich weiß es nicht."

„Was ist dein nächstes Ziel? Etwas, das du nur für dich machen willst?"

„Den Thriller-Dance endlich komplett lernen."

„Menerva", ermahnte sie mich ein weiteres Mal genervt.

„Ich weiß es nicht."

„Ich kann dich nicht dazu zwingen mitzumachen. Es ist dein Leben. Es ist deine Art, wie du Dinge siehst und damit umgehst. Was ist es in diesem Moment, das dir zu viel zu sein scheint?"

„Ich bin nicht diese Person, die schon um halb sechs in der Früh aufwacht, ihren Matcha-Tee trinkt, in aller Ruhe Yoga macht oder eine Runde laufen geht und dann den Tag mit offenen Armen empfängt. Ich schaffe das nicht. Manchmal fällt mir sogar das Atmen schwer. Manchmal ist alles zu viel, und ich würde am liebsten Druck ablassen, leichter sein. Manchmal ist es die fehlende Gabe aufzugeben. Ich denke, dass es von Mut und Stärke zeugt, wenn man etwas aufgibt. Wenn der eigene Rucksack zu schwer wird, dass man etwas davon ablegen muss, damit man weitergehen *kann*. Dann steht man vor der Entscheidung: Was lege ich jetzt ab? Ich glaube, dass das unterschätzt wird. Ich habe momentan diese Leere in mir, dass ich gar nicht sagen kann, was mir fehlt. Es passt ja alles. Ich habe ein tolles Leben, sogar ein besseres, als ich es mir jemals vorstellen hätte können. Warum kann ich also nicht bedingungslos glücklich sein und das jeden Tag, ohne dass mir mein Verstand unnötige Striche durch die Rechnung macht?"

„Wer verlangt von dir, diese Person zu sein, die so früh aufwacht und dieses Leben führt?"

„Ich weiß es nicht, aber auf meinen Schultern ist eine Last, in meinem Kopf herrscht ein Druck, und ich spüre, dass diese nicht von mir kommen, aber durch mich an Stärke und Bestätigung gewinnen, weil ich sie gelten lasse. Es ist so, als wären diese Erwartungen schon immer dagewesen, als könnte ich sie nicht abschütteln und als hätte ich keine Kontrolle darüber. Ich bin Mama. Da gibt es Erwartungen, die ich zu erfüllen habe."

Dr. Takahashi nickte dann so, als hätte sie das schon tausendmal zuvor von anderen gehört. „Schau mal, unsere Gedanken sind der Schlüssel zu unserer Psyche. Wir glauben oft, dass es unsere Gefühle sind, aber das stimmt nicht. Unsere Gedanken lenken unsere Gefühle, und diese lenken wiederrum unsere Taten. Was bedeutet das? Es bedeutet, dass unsere Gedanken der Schlüssel sind, mit dem wir alle Türen öffnen können. Das Gute ist, dass wir sehr wohl unsere Gedanken lenken können. Wie du zu dir sprichst, so wie du von dir denkst und dich selbst siehst, ist das, was du lebst."

„Und was mache ich an den Tagen, an denen ich diese Kraft nicht habe?"

„Wer ist deine Lieblingsschauspielerin?"

„Meryl Streep."

„An diesen Tagen bist du Meryl Streep. Frage dich: ‚Was würde Meryl tun?', und dann sei Meryl. *Fake it till you make it!* Was ich dir jetzt sage, das sage ich dir als Freundin: Die Scheißtage kommen, die haben wir alle, aber deswegen sollten wir nicht aufgeben und vergessen, was wir alles können, sondern imaginär in den Schuhen jener Menschen laufen, die wir für toll erachten. Quasi als Starthilfe, bis wir wieder selbstständig laufen können."

An keinem Tag der Woche möchte ich nicht Meryl Streep sein, das ist wohl klar, aber es gibt eine andere Frau, die ich ein kleines bisschen eher sein möchte. Eine Frau, die ich viel zu lange vermisst habe, alles an ihr. Ich war es leid, sie vermissen zu müssen. Diese Frau bin ich selbst. Meryl in allen Ehren, aber ich kann nicht immer dann, wenn es eng wird, einfach so tun, als sei ich eine andere Person. In solchen Momenten wurde ich gedanklich zur besten Version von mir, an die ich mich noch wage erinnern konnte – und werde es noch immer, wenn es eng wird, daran wird sich wahrscheinlich nichts ändern. Ich habe gelernt, wieder in meinen eigenen, alten Schuhen zu laufen, wenn die neuen zu eng sind. Vielleicht habe ich nicht das Rad neu erfunden, aber die Zutaten für die Glückseligkeit ein wenig neu gemischt.

Der Weg zur Selbstliebe in 6 Akten

1. Körper(ge)schichten – embrace your body

Was ist ein gesunder Körper? Die meisten von uns werden so sozialisiert, dass ein schlanker Körper automatisch als gesund gilt, während ein nicht so schlanker Körper es gar nicht sein kann. Zusätzlich wird ein dünner Körper mit Komplimenten überhäuft, während einem nicht so dünnen Körper Schwäche und Hässlichkeit zugeschrieben werden. Auch einige für Außenstehende nicht sichtbare Krankheiten (wie Depressionen) werden nicht als solche wahrgenommen, was den betroffenen Personen das Sprechen darüber erschwert und ihnen das Gefühl gibt, ihre Erkrankung werde nicht ernst genommen.

„Nachdem du so viel zugenommen hast, kann ich nicht mehr mit dir zusammen sein. Ich finde dich nicht mehr attraktiv." Wird einer Frau so etwas gesagt – und das ist leider nicht selten –, wird sie sich immer daran erinnern und die Liebe zu sich selbst von der Liebe zu ihrem Körper abhängig machen. Ihr Partner hat sie aufgrund ihrer Form verlassen, wie kann sie diese Form lieben?

Meine erste Praktikantin war so eine Frau. Sie wurde wegen ihrer Gewichtszunahme von ihrem langjährigen Freund verlassen.

„Ich möchte, dass mich jemand so sehr liebt, dass er von mir besessen ist, so wie ich bin, jemand, der gut zu mir ist", beschrieb sie ihren Traummann.

Normalerweise mische ich mich nicht in Dinge ein, die mich rein gar nichts angehen (oh doch, erwischt, ich tue es ständig), aber da stand dieses junge Mädchen vor mir, das nichts von sich selbst hielt, weil eine Person, die sie liebte, nichts von ihr hielt und ihr Aussehen bemängelte. Ich musste etwas sagen. Sie erinnerte mich an mich selbst, als ich in ihrem Alter war, und es brach mir das Herz, was sie über sich selbst sagte.

„Nein, Valentina, *das* willst du nicht. Du verdienst so viel mehr als jemanden, der einfach nur *gut zu dir* ist. Was ist gut daran, von jemandem besessen zu sein? Du atmest doch auch nicht nur ein, sondern auch aus. Wo ist dann dein Freiraum? Ihr müsst einander *wollen,* aber nicht voneinander abhängig sein. Du bist eine wundervolle Person. Bitte denke nicht mehr über diesen Typen nach. Ich weiß, das ist viel leichter gesagt als getan, aber ich sage es dir trotzdem, denn ich bin mir sicher, dass du das im Nachhinein verstehen wirst: Er hat Probleme, die er auf dich projiziert. Anstatt zu sagen, dass er keine Beziehung mehr will, dich vielleicht nicht mehr liebt oder weiß der Kuckuck, was der wahre Grund für die Trennung ist, macht er dich zur Ursache, damit du seine Entscheidung nicht kritisierst. Unsere Körper ändern sich nicht nur im Laufe der Jahre, sondern innerhalb eines einzigen Tages mehrmals. Vergleiche doch deinen Bauch vor und nach dem Frühstück, im Laufe der Periode oder vor dem Schlafengehen. Wir sind Menschen. Unsere Körper tragen uns durchs Leben und das sieht man ihnen auch an. Liebe geht unter die Haut und nicht nach Maßen. Heute sitzt du zwar mit gebrochenem Herzen neben mir, aber es wird heilen, und dein Leben wird weitergehen.“

Sie aß in den Wochen darauf nicht mehr zu Mittag, was wir zuvor immer gemeinsam gemacht und worauf wir uns sogar schon vormittags gefreut hatten. Ich merkte, wie sich ihre Essgewohnheiten änderten. Ich wollte sie nicht unter Druck setzen und sie mit meiner Meinung bedrängen, also beobachtete ich sie still. Sie – und viele Frauen in ihrem Alter, mich eingeschlossen – sind ein Paradebeispiel für das, was uns die Modebranche sowie die abwechslungslose Darstellung von Frauen und ihren Körpern angetan hat, denn in unseren Köpfen können wir unsere Schönheit weder sehen noch erkennen noch spüren. Wir werden quasi wie Roboter darauf programmiert, unsere Körper zu hassen, damit wir dieses Produkt kaufen, jenes Produkt anziehen und somit immer mehr und mehr die Illusion einer

Schönheit erkaufen, die uns glücklicher machen soll, aber am Ende des Tages sind wir es doch nicht. Wie auch, wenn in gar nicht so seltenen Fällen sogar der / die Lebenspartner*in auf denselben Zug springen und unser Erscheinungsbild bemängeln, anstatt uns in dem, was wir sind, bestärken.

Wenn Selbstliebe mit dem eigenen Körpergefühl zusammenhängt – und das tat sie bei mir viel zu lange –, sollte man versuchen, den eigenen Verstand und die eigene Sicht auf das, was schön ist, zu ändern. Ihre Schönheit liegt in Ihrer Betrachtung. Wenn Ihre Schönheit für andere Augen nicht sichtbar ist oder, noch schlimmer, ein Grund, um Sie als Person fallen zu lassen, dann tun Ihnen jene Menschen in Wirklichkeit einen großen Gefallen. Sie sortieren sich selbst aus Ihrem Leben aus und entlarven sich als Personen, denen Sie es nie recht machen können. Solche Bekanntschaften werden Sie immer einer Prüfung unterziehen, die Sie nicht bestehen können. Wollen Sie das?

Erst durch eine Krankheit lernte ich, meinen Körper nicht nur zu lieben, denn auf diesem Weg war ich bereits, sondern ihn zu *ehren,* ihm zu *danken* und vor allem: ihn zu pflegen. Alles fing damit an, dass meine Tochter Bauchweh hatte. Das kommt bei Kindern häufig vor, das ist nichts Dramatisches. Das Bauchweh kam und ging, ein paar Tage lang. Wir gingen dann zur Sicherheit zur Ärztin, und nach mehreren Untersuchungen wurde eine Gastritis festgestellt, ausgelöst durch einen Erreger, der auf sie übertragen worden war. Also ließen mein Mann und ich uns auch untersuchen, außerdem verständigte ich die Eltern der Kinder in der Kindergartengruppe meiner Tochter. Mein Mann und ich mussten jeweils in einen Beutel pusten, bekamen eine Pille zu schlucken und pusteten danach erneut in einen Beutel. Ich war mir sicher, dass all dies ein unnötiges Affentheater war, aber das war es nicht. Laut Ärztin hatte ich ein Virus im Magen, das sich auf meine Tochter übertragen hatte. Ich hatte sie angesteckt. Wo ich das Virus aufgeschnappt hatte? Im Wasser.

Ich hatte irgendwo Wasser getrunken und nun dieses Virus in einer großen Menge in mir. Es würde großen Schaden anrichten können.

„Spüren Sie wirklich nichts, Frau Hammad?"

„Nein. Ich habe weder Bauchweh noch irgendwelche anderen Beschwerden."

„Schauen Sie, wir müssen das so schnell wie möglich behandeln. Wenn wir uns nicht in den nächsten Monaten darauf konzentrieren, sind Sie in den nächsten Jahren eine perfekte Magenkrebspatientin. Wir müssen sofort mit der Behandlung beginnen."

„Wie schaut die Behandlung aus?"

„Sie werden zehn Tage lang drei unterschiedliche Antibiotika nehmen. Dazu einen Magenschutz, der wird nötig sein, denn innerhalb dieser zehn Tage werden Sie 120 Pillen nehmen. Ihnen wird schwindelig werden, Sie werden müder sein als sonst, aber es wird Ihnen helfen und das Virus hoffentlich ganz auslöschen. Jetzt ist es noch keine große Sache, aber mit den Jahren kann es sich zu einer wirklich hässlichen Sache entwickeln."

„Was kann ich zusätzlich tun?"

„Hören Sie auf Ihren Körper. Sie haben die Aufblähung, die Schmerzen und die Signale überhört. Da war sicher etwas, das Sie empfunden haben. Ich möchte Ihnen natürlich nichts unterstellen oder Ihnen ein schlechtes Gewissen einreden, aber Ihr Magen ist voll von dem Ding, und da Sie Mutter sind, gehe ich davon aus, dass Sie durch den Alltagsstress Ihre kleinen Wehwehchen gar nicht als solche empfinden oder als weniger wichtig behandeln."

„Was ist mit meiner Tochter? Ist es für Sie gefährlich?"

„Sehen Sie. Genau das meine ich. Ihrer Tochter wird es nicht schaden. Bei Erwachsenen kann es hingegen dramatisch enden. Sie sind rechtzeitig gekommen. Das ist gut. Wir können das Schlimmste verhindern, wenn Sie jetzt mitmachen."

Es war an der Zeit, meinen Körper, aber auch meine Sicht auf diesen zu retten. Ich wollte für meine Gesundheit, die ich vorher als selbstverständlich betrachtet hatte, kämpfen. Ich wollte mir diesen Körper, den ich nie wirklich lieben konnte, aber es auf vielen Ebenen versuchte, nun verdienen. Wie unfair war ich zu mir selbst gewesen, meine Liebe zu mir von Cellulite, einem hängenden Busen und ein paar Kilos mehr abhängig zu machen? Wie konnte ich so blind sein? Wie konnte ich die Signale meines Körpers nicht hören?

Mit der Einnahme der Medikamente versprach ich mir selbst das Ende der Trägheit und den Beginn eines Wandels. Ich fing an, diesen Wandel zu leben. Es war eine Revolution gegen alle alten Narrative, Sozialisierungen und Normen, die ich bisher gekannt hatte. Alles, was ich nun tat, tat ich für meine Gesundheit. „Wenn Sie so weitermachen und nicht auf Ihre Gesundheit achten, könnten Sie mit fünfzig nur mehr sehr eingeschränkt oder überhaupt nicht mehr leben. Ihr Körper glaubt jetzt schon, dass er Mitte vierzig ist." *Ich werde leben.* – Das habe ich beschlossen. Vielleicht sterbe ich ja mit fünfzig, aber dann habe ich bis dahin alles getan, was nötig war, um es bis dorthin zu schaffen.

Mein Selbsthass hatte sich in meinem Körper so sehr verankert, dass ich meinen Körper weder hören noch sehen noch spüren konnte. *Ich* hatte das zugelassen und nur *ich* konnte meinen Blick auf diese Dinge ändern, indem ich mich selbst in die Arme nahm und mir vergab. Das ist oft der letzte Schritt, aber für mich war es der erste, um mit meinem Vorhaben überhaupt beginnen zu können. Sollten Sie sich selbst gegenüber ähnliche Gedanken haben, dann machen Sie das auch. Vergeben Sie sich selbst und vergeben Sie auch der Zeit, der Welt, Ihren Gedanken und was diese mit Ihnen angerichtet haben. Sie haben so oft gegen Sie gespielt und Hirngespinster erschaffen, um Ihnen den Schlaf aus den unendlich müden Augen zu rauben, es auch jedes Mal geschafft, bis Sie in der Illusion der Schuld geschwommen und beinahe ertrunken sind. *Sie sind genug.* Vergeben Sie sich, dass Sie sich nicht immer lieben konnten und noch schlimmer, Gründe gefunden und erfunden haben, um sich als nicht liebenswert genug abzustempeln. *Sie sind liebenswert.* Sie haben keine Ahnung wie sehr. Man kommt nicht einfach so mit sich ins Reine. Das Reine basteln wir uns selbst, indem wir aus all unseren Narben eine Krone formen, die wir stolz durchs Leben tragen. Das Leben hat Sie geprägt – auf einzigartige Art und Weise. Vergeben Sie sich, dass Sie dies als Bestrafung verstanden haben. Jede einzelne Ihrer Narben wurde extra für Sie ausgesucht, um Sie zu lehren, dass Sie nicht zusammenbrechen, sondern nur wachsen können.

Und so habe ich durch meinen kranken Körper, dessen Hilferufe ich lange Zeit nicht hören wollte, gelernt, nach und nach zu sehen, zu spüren, zu lieben, wer ich eigentlich bin, aber viel mehr noch: Wer ich sein kann und was mein Körper Tag für Tag leistet. Mein Körper war, ist und wird mein ganzes Leben lang mein einzig stetiger Begleiter sein.

2. Ballast-Stoffe – Misten Sie Unnötiges aus!

Es gab eine Zeit, in der ich nicht aufhören konnte, neue Kleidung zu kaufen, und in der ich mir einredete: Wenn ich gut aussehe, fühle ich mich auch gut, und um gut auszusehen, muss ich Kleidung, Makeup und Schuhe kaufen. Je mehr ich davon habe, umso mehr mache ich etwas her. Denn Kleider machen Leute, und ich wollte jemand sein. Ich war wie eine Wahnsinnige shoppen, weil ich glücklich sein wollte. War ich aber nicht. Ich saß am Boden, umringt von mehreren Haufen Kleidungsstücken, die alle nicht gut an mir aussahen, und empfand nichts. Es war zu viel. Es fühlte sich erstickend an. Irgendwann beschloss ich: Alles muss weg.

Wissen Sie, wann das war? Als ich begriff, dass ich niemals so aussehen würde wie die Frauen im Katalog. Genauer noch: Ich würde mich niemals so fühlen, wie sich die Frauen im Katalog zu fühlen schienen, wenn ich das trüge, was sie bewarben. Selbst *diese* Frauen schauten auf der Straße nicht so aus, wie sie es im Katalog taten. Für diese Fotos wurden sie von mehreren Menschen gestylt. Ihre Haare und ihr Make-up wurden speziell für sie ausgesucht und gemacht. Der ganze Look wurde inszeniert, um mich und uns alle dazu zu inspirieren, ihn zu kopieren. Gegen Bezahlung erhielt ich nicht das erhoffte Glücklichsein, nur bittere Enttäuschung. Die Zufriedenheit mit sich selbst ist nämlich nicht käuflich.

Nicht alles davon verschenkte ich, aber den Großteil. 70 % meines Kleiderschranks spendete ich, darunter noch nigelnagelneue Sachen, deren Existenz ich sogar schon vergessen, aber die ich im Kaufrausch besorgt hatte. Auch mein Make-up gab ich her. Für einige sehe ich nun kränklich aus, dabei ist das in Wirklichkeit mein Gesicht. Nach der zweiten Schwangerschaft bekam ich im Gesicht Flecken, die aussehen wie ausgetrocknete Pickel, die gehen einfach nicht weg. Anfangs versuchte ich noch, diese mit Make-up zu verdecken, hier und da meine Augenbrauen dichter zu machen, meine Lippen größer zu schminken, aber ich fühlte mich weder hübscher noch besser – nicht von innen heraus. Ich fühlte mich aber besser ohne diesen Ballast. Sehr schnell merkte ich, dass ich das alles nicht brauchte. Wenn ich langfristig und nachhaltig zu mir finden und in innerer Zufriedenheit leben möchte, muss ich mich mit mir selbst auseinandersetzen.

Das Aussortieren von überschüssiger Kleidung, Kosmetikartikeln, Gegenständen oder Möbelstücken wird Sie nicht gedanklich befreien, aber es macht Sie leichter. Sie werden sehen, in Ihrem Wohnraum wird es dann viel mehr nach Ihnen aussehen und sich nach Ihnen anfühlen. Schaffen Sie bei sich zu Hause Platz für sich und für jene Dinge, die Ihnen positive Energie geben. Diese greifbaren Sachen auszumisten hilft symbolisch, später andere Dinge auszusortieren, die Ihnen nur Gift ins Leben spritzen.

Darauf folgt die schwierigere Art der „Entsorgung". Es gibt Beziehungen, Menschen und Gespräche, die uns guttun, und jene, die uns nicht so guttun. Wenn Sie nach dem Zusammentreffen mit einer bestimmten Person nur noch Regenwolken im Kopf haben, ist eine intensive Freundschaft mit dieser Person vielleicht keine gute Idee. Menschen, die Sie nicht anfeuern, Ihnen kein gutes Gefühl Ihnen selbst gegenüber vermitteln und Ihnen nichts an Lebenswert geben, sollten Sie aussortieren. Menschen, die Ihnen kein Spiegel sind, Sie nicht zur Rede stellen, wenn es nötig ist, und nicht auf Basis von Ehrlichkeit und Loyalität mit Ihnen kommunizieren, sind Ihre Zeit nicht wert.

Als eine gute Bekannte von mir anfing, sich mit mir zu vergleichen und so gut wie alles zwischen uns zum Wettbewerb zu machen, brach ich den Kontakt abrupt ab. Dieser Marathon belastete mich sehr. Ihre Vergleichssucht nach dem besseren Leben und wer von uns dieses führe, setzte mich unter Druck. Ich wollte diesen Druck nicht. Das macht diese Person nicht automatisch zu einem schlechten Menschen, sie ist eine liebe Frau, aber nicht alle lieben Menschen müssen miteinander befreundet sein, denn nicht alle mit guter Absicht sind auf derselben Wellenlänge. Ich führte Freundschaften, sogar sehr gute, die einfach wortlos endeten. Bei manchen weiß ich bis heute nicht warum. Manchmal gibt es dafür gar keine Gründe oder besagte Personen möchten nicht darüber sprechen. Ich weiß, dass meine Mutterschaft einige Bekanntschaften beendete, weil nicht jede*r mit Kindern zu tun haben möchte. Das ist völlig in Ordnung. Auch ich musste für mein seelisches Wohl die eine oder andere Freundschaft beenden. Es ist nämlich so: In der Sekunde, in der Sie sich so respektieren, wie es Ihnen gebührt, und das ohne Wenn und Aber, geschieht etwas Magisches. Sie lassen sich dann von keine*m mehr respektlos behandeln. Das ist gut, weil es Sie vor Kopfschmerzen schützt. Es kann Sie jedoch nicht vor Herzschmerz schützen, denn hier und da werden Menschen einfach aus Ihrem Leben verschwinden. Sie werden an sich selbst zweifeln und nicht wissen, was Sie nun verbrochen haben, aber auch das gehört zum Aussortieren dazu. Mit der Zeit gewöhnte ich mir an, keine stundenlangen Gedanken an Menschen zu verlieren, die nicht einmal Minuten an mich denken würden.

Manchmal – eigentlich immer – spielt der Zeitpunkt, in dem man eine Person kennenlernt, eine enorm große Rolle, denn je nach Lebensphase verändern wir uns. Sie können mit einer Person Ihr Herz und Ihre Seele teilen und ein paar Jahre später eben genannte Person auf der Straße sehen und nicht einmal grüßen wollen. Menschen leben sich auseinander, weil sie sich unterschiedlich entwickeln, gelegentlich sogar in entgegengesetzte Richtungen. Wenn ich daran denke, welche Person ich heute bin und welche ich vor zehn Jahren war, so liegen Welten und mindestens tausend Persönlichkeiten zwischen diesen beiden Frauen. Obwohl menschliche Beziehungen und Menschen an sich oft als sehr kompliziert dargestellt werden, so sind wir eigentlich sehr einfach gestrickt: Menschen zeigen Ihnen bei vielen Gelegenheiten ihr wahres Gesicht. Sie müssen nur genauer hinsehen oder auf Ihr Bauchgefühl achten. Sie hören nur oft nicht darauf, weil Sie bestimmte Personen mögen *wollen*. Da verzeiht man dies und das, erfindet Ausreden, bis man das wahre Gesicht einer Person nicht mehr übersehen kann und sich selbst vor einer ungesunden Beziehung retten *muss*. Natürlich gibt es Menschen, Familienmitglieder, Arbeitskolleg*innen und Co., zu denen der Kontakt bestehen *muss* (was übrigens auch eine subjektive Entscheidung ist). Man kann nicht automatisch von heute auf morgen kündigen, weil die eine Kollegin keinen Sinn für Humor hat, ein bisschen anstrengend ist und einem das Leben schwermacht. Aber man kann sich dezent rausnehmen, aus den Situationen, dem Kommentieren, dem Rechtfertigen. Das brachte mir eine ehemalige Kollegin bei: Kristina mit K, so stellte sie sich immer vor. Kristina war die Diplomatie in Person. Sie war die Meisterin des vorgespielten Lächelns und des Smalltalks. Man konnte nie mit Sicherheit sagen, wen sie im Büro wirklich mochte und wen nicht. Sie lachte über jeden Witz, war zu allen nett und blieb dabei immer sachlich und neutral. „Ich muss hier keine beste Freundin von irgendjemand sein. Ich mache meinen Job, weiß genau was ich tue, und sonst schulde ich keiner / keinem irgendetwas. Ich habe von Anfang an Grenzen gesetzt und weiß, was ich hier an Arbeit leiste. Deswegen nehme ich Kritik nicht persönlich und mache einfach mein Ding."

Man kann die Arbeit auf die beste Art erledigen und verinnerlichen, dass dies nur ein Job ist, der die Miete zahlt. Am Arbeitsplatz müssen keine Freundschaften entstehen. Schaffen Sie dort klare Grenzen, und schaffen Sie sich nebenbei Ihren Kreis von Liebe, Unterstützung und Anerkennung, damit ein Gleichgewicht entsteht. Sie sind nicht allein, auch wenn Sie sich hier und da einsam fühlen. Es gibt zwei Kreise, die Sie ganz allein kontrollieren: Ihren *inneren Kreis* – das sind Sie, Ihre Gedanken, Gefühle und Taten, und Ihren *engsten Kreis* – das sind Ihre engsten Personen.

Man kann sich die eigene Lage erleichtern oder erschweren. Vielleicht kann man an der Lage selbst nicht viel ändern, aber an der Art, wie man mit der Situation umgeht, schon. Am Weg zu meiner ehemaligen Arbeit in Wien war eine Bäckerei. Jeden Morgen ging ich dorthin, kaufte mir ein belegtes Brot, einen Kakao und irgendeine Mehlspeise mit Schokolade, um an meinem Arbeitsplatz zu frühstücken, während ich die zahllosen E-Mails beantwortete. Hinter der Theke standen zwei Frauen. Eine der beiden hatte immer schlechte Laune, seufzte ununterbrochen, rollte mit den Augen und machte einen sehr unzufriedenen Eindruck. Die andere Frau hatte schon um sieben Uhr in der Früh – und das auch montags – ein breites Lächeln im Gesicht, fragte die Kund*innen nach ihrem Befinden, während diese auf ihren Kaffee warteten. Bei älteren Menschen wusste sie manchmal sogar den Namen, schenkte hier und da Kindern einen Lutscher und wünschte mir persönlich immer einen schönen Tag. Zwei komplett unterschiedliche Energien im selben Raum. Einmal, ich hatte eine schlaflose Nacht hinter mir und war daher etwas still, schenkte mir die Frohnatur einfach so meinen Kakao: „Eine kleine Aufmerksamkeit rettet manchmal den ganzen Tag", sagte sie. Ein anderes Mal beobachtete ich, wie ein Kunde sie anschrie: „Zu blöd, um Kaffee zu machen." Eines Abends, als sie gerade die Bäckerei abschließen wollte, ergab sich, dass wir miteinander ins Gespräch kamen. Wir kannten einander schon und grüßten uns, da sprach ich sie auf diesen Typen an, der sie unfreundlich angefaucht hatte.

„Ach das, das passiert mir oft."

„Aber stört Sie das nicht?"

„Nicht mehr. Dabei geht es nicht um mich, das habe ich in diesem Job gelernt. Es ist nicht gegen mich als Person. Würde dort eine andere stehen, würde er dasselbe sagen. Das sind seine Probleme, die er auf andere projiziert, mich belastet das nicht mehr."

„Haben Sie noch andere Jobs?"

„Ich bin auch Putzfrau."

Sie bemerkte meinen verwunderten Gesichtsausdruck und lachte: „Ich weiß, was Sie jetzt denken."

„Wieso?"

„Das ist momentan das Richtige für mich. Ich habe einen Sohn und mache nebenbei eine Ausbildung. Tagsüber verkaufe ich Croissants und Kaffee, nachmittags bin ich manchmal Putzfrau, abends singe ich in Bars und auf Hochzeiten, am Wochenende bin ich Studentin, aber jeden Tag bin ich Mama. Ich kann die Sängerin sein, die ich will, weil ich nicht unter Vertrag bin oder mich verstellen muss, sondern meine Kreativität frei ausleben kann, so wie ich will, ohne jemandem gefallen zu *müssen*. Alles andere sind Tagesjobs, die ihren Zweck erfüllen. Sie zahlen die Miete und das Leben, mehr brauche ich gerade nicht. Ich habe einmal in einem Hotel gearbeitet, sogar in einer guten Position, es war schrecklich, das würde ich nie wieder machen. Außerdem – und ich weiß, das hört sich eigenartig an, aber es stimmt – liebe ich das Gefühl, wenn etwas sauber wird. Ich mache sehr gerne sauber und kann es gut. Warum soll ich also nicht dafür bezahlt werden? Einmal putzte ich bei einer Frau, deren Wohnung total verwüstet war. Diese Frau hatte eine Depression, lebte allein und war jünger als ich, viel jünger. Ich hatte beim Putzen das Gefühl, als würde der Zustand ihrer Wohnung ihre Geschichte erzählen. Ihr Gesichtsausdruck beim Anblick der sauberen Wohnung war unbezahlbar. Sie weinte vor Glück. In jedem Beruf steckt mehr, als man denkt, man muss es nur sehen wollen."

Wenige Tage später, ich besorgte mir wieder mein Frühstück, drückte sie mir ein paar Postkarten in die Hand: „Schauen Sie mal, die habe ich heute in der U-Bahn gefunden, und weil es grad so ein kalter Winter ist, verschenke ich heute Sonne. Ich schenke Ihnen eine. *Nehmen Sie sich, was Sie gerade brauchen.*"

Irgendjemand hatte anscheinend in der U-Bahn Postkarten vergessen, darunter auch welche von traumhaften Inseln. „Ich nehme den Rochen, der im klaren Türkis schwimmt. Der bereitet mir jetzt im Dezember gute Laune", lachte ich. Ich musste schmunzeln, weil Rochen meine absoluten Lieblingstiere sind.

Es kann vorkommen, dass wir einigen Ballast, den wir mit uns tragen, nicht ablegen können. Vielleicht nicht jetzt, vielleicht nicht bald, vielleicht auch gar nicht, aber wir können lernen, darin zu schwimmen. Wir können lernen, uns an etwas festzuhalten, bis wir am sicheren Ufer sind. Wir können lernen, zu überleben, damit wir das Leben auch genießen können. Wir können lernen, eine Balance im Chaos zu schaffen, auch das ist eine Form des Ballastabwurfs – vielleicht sogar die realistischste von allen.

3. Mutausbrüche

Wir haben es geschafft, unseren Körper wertzuschätzen und unnötigen Ballast abzuwerfen. Arbeiten wir nun weiter und holen wir uns, verdammt noch einmal, die verflixte Selbstliebe! Aber da steht sie vor uns: Sie, die uns daran hindert, in absoluter Selbstliebe zu leben. Die Angst.

Darf ich sie Ihnen vorstellen? In ihrer wahren Gestalt?

Die Angst ist eine Lügnerin. Die Beste! Sie ließ uns glauben, dass sie stärker sei als unser Wille, sie zu besiegen. Sie pflanzte die Sicherheit in unsere Köpfe ein, dass sie unbesiegbar sei. Halten Sie sich immer vor Augen: Sie lügt. Sie ist zwar da, aber das sind Sie auch und Sie sind stärker. Sie ist zwar da, aber das ist Ihr Wille zu leben auch. Sie ist zwar da, aber alles, was Ihnen das Leben geben möchte, liegt noch vor Ihnen. Gehen Sie den Weg. Es ist egal, wenn Sie das eine oder andere Mal hinfallen. Stehen Sie wieder auf und verlaufen Sie sich. Die Liebe ist nicht das Ziel, sie ist der Weg. Das Ziel ist die Erkenntnis. Gehen Sie an der Angst vorbei und zeigen Sie ihr, wie klein sie ist, die gute alte Angst, die Sie aufhält. Und keine Sorge, auf Angst folgen Ausbrüche – Ausbrüche aus Mut.

Wenn einem etwas passiert, womit man so ganz und gar nicht rechnen konnte, weil es einfach unvorhersehbar und schrecklich zugleich ist, dann verfällt das ganze Leben in eine Art Schockstarre. Schadia lernte ich in einem Hotel in Ras Al Khaimah kennen, und obwohl es eine Unterkunft in den Arabischen Emiraten ist, waren wir beide beim Frühstücksbuffet die einzigen Kopftuchträgerinnen. Das machte uns aufeinander aufmerksam, und es stellte sich heraus, dass wir beide Ägypterinnen sind. Wir erzählten uns gegenseitig von unserem Leben, verglichen unter anderem auch Österreich und Ägypten, aber als sie mir die Geburtsgeschichte ihres Sohnes anvertraute, konnte ich meinen Ohren nicht trauen, dass diese Frau, die die Stärke und Lebensfreude in Person zu sein schien, dies durchmachen hatte müssen …

Angst. Das war mit Sicherheit auch das, was Schadia gespürt hatte, als sie nach dem Kaiserschnitt allein im Aufwachraum zu sich kam.

„Ich gebar meinen ersten Sohn Mitte der Achtziger. Damals waren Kaiserschnitte in Ägypten nicht wirklich üblich, trotzdem wurde bei mir einer durchgeführt. Ich hatte ein beruhigendes Gefühl, da ich wusste, an welchem Tag das Baby kommen würde. Darauf konnte ich mich psychisch gut vorbereiten. Mir wurde eine Vollnarkose verabreicht. Als ich aufwachte, spürte ich nur Schmerzen. Ich befand mich in einer Art Aufwachraum, ohne mein Kind, das jagte mir Angst ein. Ich dachte, ich hätte es verloren oder es hätte vielleicht irgendwelche Komplikationen gegeben. Ich rief eine Krankenschwester. Sie beruhigte mich ein wenig, dem Baby gehe es gut, sie würden nun auch mich in ein anderes Zimmer verlegen. Mein unterer Bauch tat so weh, dass ich mich nicht bewegen konnte. Zusätzlich hatte ich einen stechenden Schmerz zwischen den Beinen. Meine Vulva brannte förmlich und juckte, am liebsten hätte ich mich dort gekratzt. Ich konnte mir das nicht erklären, da ich meinen Sohn nicht vaginal geboren hatte. Warum also juckte es mich dort so? Es war mehr als nur ein Jucken, es fühlte sich an wie eine frische, brennende Wunde. Später in meinem Zimmer – mein Mann, meine Familie waren schon dagewesen, alle freuten sich über das Kind, es gab Glückwünsche, Umarmungen, Tränen und gutes Essen, dann gingen sie wieder – zog ich mich untenrum komplett aus. Und was ich da sah – dieses Bild der Entmenschlichung, werde ich nie vergessen. Ich war – ohne mein Wissen – beschnitten worden. Es geschah während des Kaiserschnitts. Ich konnte meine Beine nur schwer öffnen, aber ich sah eine genähte Wunde und keine äußere Klitoris mehr. Der Arzt hatte mir den gesamten Teil der äußeren Klitoris weggeschnitten. Immer, wenn ich daran denke, tut die Stelle wieder weh, so, als wäre sie noch frisch. Mein Herz blutete. Ich wurde in meinem gesamten Leben noch nie so entmachtet. Ich ließ den Arzt zu mir rufen. Er war kein Arzt, sondern ein Metzger. Er kam und lächelte mich an, als hätte er nichts getan, fragte mich nach dem Kind, nach meinem Wohlergehen und nach der Wunde. Um ehrlich zu sein, sagte ich gar nichts, ich ging sofort auf ihn los. Ich sprang – und fragen Sie mich nicht, woher ich diese Kraft hatte, denn ich konnte weder aufrecht gehen noch stehen –, aber ich sprang auf ihn drauf und zerkratzte ihm sein verdammtes Gesicht. Ich war wie in Trance. Ich sah nichts mehr, überall war Blut, von ihm, aber auch von mir, denn beide Nähte gingen auf, jene vom Kaiserschnitt wie auch die andere. Ich musste wieder genäht werden. Ich kann mich nur dunkel daran erinnern, was ich genau getan hatte, aber als ich aufwachte, stand mein Mann weinend neben mir, das weiß ich noch. Er meinte, der Arzt würde von meinem Angriff bei seinem linken Auge eine bleibende Narbe davontragen, er hätte mich außerdem wegen schwerer Körperverletzung angezeigt. An dieser Stelle musste ich sehr laut lachen. Was für ein Monster! Was er mir angetan hatte, hatte er nicht erwähnt. Aber als ich es meinem Mann erzählte, der natürlich wissen wollte, was in mich gefahren war, schlug er ihn höchstpersönlich grün und blau, mitten im Krankenhaus, vor allen Ärzt*innen und Patient*innen, die am Gang waren. Der Metzger war der Meinung, mich *gerichtet* zu haben. Er habe meinem Mann doch nur *einen Gefallen* tun wollen, indem er meine Lust gezügelt und somit eine ehrbare Frau aus mir gemacht hätte. Das war quasi ein Geschenk. Wir zeigten ihn wegen schwerer Körperverletzung an, und er zeigte meinen Mann und mich – also insgesamt zwei unterschiedliche Anzeigen – an. Monate später musste mein Mann eine hohe Geldstrafe zahlen und für ein halbes Jahr ins Gefängnis, während der Metzger mit einer lächerlichen Summe davonkam, da ein Dokument belegte, dass er nicht mehr gut sehen könne und sein Leben lang auf Behandlung angewiesen sei. Die Tatsache, dass ich psychisch und physisch beschnitten worden war, war dem Richter egal. Für ihn waren unsere Angriffe vorsätzlich und absichtlich, der Arzt hingegen hätte es ja nur gut mit uns gemeint und nichts Böses im Sinn gehabt, wir aber schon. Das war seine Argumentation. Dieser Unmensch, der mir das angetan hatte, hatte jahrelang in Amerika gelebt und studiert, er war also kein ungebildeter Typ. Er war verheiratet und hatte selbst Kinder. Ich konnte es mir nicht erklären. Es wird immer gesagt: ‚Die Ungebildeten aus dem

Dorf machen das', aber nein, es machen auch Leute in Anzügen, die unterschiedliche Sprachen und Kulturen kennen und es eigentlich besser wissen sollten. Ich begann über ihn zu recherchieren und stieß dabei auf eine seiner Kolleginnen. Sie versuchte schon seit Jahren, ihn hinter Gitter zu bringen. Als ich mit ihr in Kontakt trat, erfuhr ich, dass ich nicht die Erste war, der er das angetan hatte, aber die Einzige, die sich an die Justiz gewandt und im Krankenhaus ein Thema daraus gemacht hatte. ALLE anderen Frauen schämten sich, hatten Angst und kein Interesse, es an die Öffentlichkeit zu bringen. *Es würde sowieso nichts an ihrer Situation ändern,* meinten die, mit denen ich sprach. Aber darum ging es nicht. Es ging darum, dass er das keiner weiteren Frau antun dürfe, aber diesen Ansatz verstanden sie nicht. Sie wollten keine Image-Schädigung für ihre Familien und sich selbst. Der Metzger wusste, dass Frauen in unserer Gesellschaft nicht über so etwas reden. Diese eine Kollegin von ihm versuchte, die Frauen zum Reden zu bringen. Sie respektierte ihre Wünsche. Sie war Gynäkologin, aber in einem anderen Krankenhaus, in dem er zuvor gearbeitet hatte. Sie entdeckte bei den Nachuntersuchungen die Spuren seiner Schandtaten. Als sie ihn zur Rede stellen wollte, meinte er: ,Beweise es!' Da die Betroffenen selbst nicht reden wollten, hatten ihre Worte keinen Wert.

Mein Mann verlor seinen Job, da er ins Gefängnis musste. Zuvor hatte er eine leitende Position in einer Bank gehabt. Ich fiel durch alles, was passiert war, im Wochenbett in eine endlose Schleife der Depression. Meine Familie unterstützte mich. Die Familie meines Mannes brach den Kontakt zu mir ab. Sie sahen in mir den Grund für den Verlust seiner Karriere, seines Ansehens, und hätten es am liebsten gehabt, ich hätte wegen des Images der Familie auch nichts gesagt.

Die genannte Ärztin – Fatima – und ich setzten ab diesem Zeitpunkt alles daran, diesen Typen hinter Gitter zu bringen oder ihm zumindest die Zulassung als Arzt entziehen zu lassen. Wir wollten ihn von weiteren Frauen fernhalten. Wir recherchierten Tag und Nacht, um andere Frauen und ehemalige Kolleg*innen ausfindig zu machen, und versuchten diese zu einer Aussage zu überreden – nichts.

An einem gewissen Punkt meinte Fatima zu mir: „Ob wir ihn kriegen oder nicht, liegt in den Sternen, aber wir müssen schauen, dass wir dich wieder heilen. Du musst zuerst von innen heilen, denn deine Psyche ist auch beschnitten worden. Hattest du überhaupt schon Gelegenheit, darüber zu reden? Dich auszusprechen?"

Das hatte ich nicht. Ich hatte nicht daran gedacht. Im Chaos der Ungerechtigkeit hatte ich meinen Kummer verdrängt. Zugegeben, ich wusste vorher auch nichts über die Klitoris, nicht, wie sie funktionierte oder wie was zu stimulieren war. Ich habe in Fatima eine gute Freundin gefunden und sie erklärte mir alles: ‚Schau mal, Schadia. Der Metzger hat dir den äußeren Teil der Klitoris weggeschnitten, im Glauben, das würde deine Lust auf Sex reduzieren. Das ist ein Irrglaube, denn die Lust wird vom Gehirn gesteuert, genauso wie die sexuelle Orientierung, das hat nichts mit den Geschlechtsorganen selbst zu tun.'

‚Das kann ich bestätigen. Ich habe noch Lust auf Sex, aber was heißt das trotzdem? Was hat sich denn geändert?'

‚Du wirst noch immer Lust auf Sex haben, aber während des Geschlechtsverkehrs wirst du weniger spüren und es wird schwieriger für dich, einen Orgasmus zu haben. Innen verläuft die Klitoris weiter, mehrere Zentimeter, das heißt, dass du dich auf die innere Stimulation fokussieren musst – also Penetration. Es ist nicht unmöglich, wieder Orgasmen zu haben, aber du musst ausprobieren, welche Stimulationen dir in welchen Positionen intensive Impulse geben.'

‚Was würdest du mir vorschlagen?'

‚Viel allein auszuprobieren. Das wird schwierig sein, weil es nicht mehr ganz dein Körper ist. Wundere dich nicht, wenn du am Anfang in Tränen ausbrichst, es gar nicht möchtest, kannst oder mittendrin aufhörst. Es wird seine Zeit brauchen.'

Sie händigte mir eine Art *Stimulator* aus – es sei ein Geschenk von einer Freundin aus dem Ausland gewesen. Ich fand das damals sehr befremdlich. Ich glaube, ich war eine der ersten Frauen in Ägypten, die einen Stimulator für die Vagina besaß. Bis heute sind die hier ja verboten, aber dieser war schon damals sehr diskret und fiel nicht als solcher auf. Er hatte ein ganz besonderes Design. Ich brauchte Wochen, um dieses Gerät auszuprobieren. Es war ... anders. Stellen Sie sich vor, Sie stehen in einem Raum, in dem es laute Musik spielt. Sie hören die Musik laut und deutlich. Dann kommt jemand und legt Ihnen riesige Kopfhörer auf die Ohren. Natürlich werden Sie die Musik rundherum noch hören, aber nicht mehr so deutlich. Nicht mehr so nah. So ähnlich war das.

Auch als ich später wieder Sex mit meinem Mann hatte, spürte ich schon etwas, es war auch schön, aber nicht mehr so intensiv wie früher, und ich hatte den Kopf woanders, an einem Ort des Schmerzes. Wirklich genießen konnte ich den Sex nicht mehr. Der psychische Bruch meiner Seele hatte eine viel tiefere Wunde hinterlassen als der Schnitt zwischen meinen Beinen. Und irgendwann, nein, es war nicht einfach irgendwann, sondern am 19. Juni 2010, klopfte es an meiner Tür. Fatima kam mit einer ehemaligen Kollegin, die angeblich die Lösung für ‚mein Problem‘ habe. Frau Doktor Layla, eine gebürtige Ägypterin, die an vielen unterschiedlichen Orten der Welt gelebt hatte und nach wie vor lebte, hatte die längst erhoffte Erlösung von meinem Leiden: ‚Seit Anfang der Jahrtausendwende gibt es eine neue Rekonstruktionsmethode für Genitalverstümmelungen. Die Methode kommt aus Europa und hat über 80 % Erfolgsrate. Ich weiß von Fatima, was Ihnen passiert ist, und ich bin hier, um Sie zu fragen, ob Sie das möchten. Ich würde die Operation selbst durchführen.‘

‚Was genau würden Sie machen?‘

‚Ich würde zunächst die alte Wunde öffnen, dann einen Teil der inneren Klitoris nach außen verschieben, innen befinden sich ja noch einige Zentimeter, und damit wieder einen äußeren Teil herstellen.

Die Nerven bleiben dabei so gut wie unbeschädigt, was bedeutet, Sie würden bei Stimulation mehr empfinden. Das geht aber nicht nur operativ. Es muss parallel dazu auch eine psychische Behandlung stattfinden. Es wird sehr viel in Ihnen auslösen, auch die Konfrontation mit dem, was damals passiert ist. Wir öffnen auch die Wunde Ihrer Seele. Überlegen Sie es sich bitte gut, Sie haben alle Zeit der Welt. Ich warte auf Sie.'

In den Jahren vor diesem Treffen war nicht die andere Art von Sex mein Problem, nicht das Körperliche. Verstehen Sie mich nicht falsch, das natürlich auch, aber das Gefühl, nicht mehr vollkommen zu sein, nicht mehr ganz Frau sein zu können und das gegen meinen Willen, weil mir die Entscheidung genommen worden war, das hatte mich in meiner Existenz beschnitten. Ich bezweifelte, dass eine Rekonstruktion das heilen könne, aber ich hatte nichts zu verlieren. Ich ließ den Eingriff machen. Zuvor und danach hatte ich mehrere Gespräche mit einer Psychotherapeutin und dachte, es gut verarbeitet zu haben. Darf ich sagen, dass ich danach eine wunderschöne Klitoris hatte? Aber als ich sie das erste Mal im Spiegel betrachtete, kam die Angst wieder in mir hoch. Was, wenn ich trotzdem nichts spürte? Was, wenn all das umsonst war? Ich wusste nicht, wie ich damit umgehen sollte, es war zu viel auf einmal für mich, das war es all die Jahre zuvor auch schon gewesen. Und dann überkam mich ein Gefühl, das ich vermisst hatte: der Mut. Ich wollte mutig sein, weil ich es einfach satt hatte, Angst zu haben. Als ich mich dann ertastete, dort, wo seit Jahren nichts mehr gewesen war, wo die Narbe meiner Wunde eine neue Geschichte schrieb, nämlich die ihrer Reinkarnation, fühlte ich es. Ich fühlte, was Mut mit uns machen kann. Mut tritt der Angst in den Arsch, doch die Angst ist trotzdem da, das wird sie wahrscheinlich immer sein, sonst verliert der Mut an Bedeutung. Ich hatte einen großen Teil meines Lebens zurückerhalten, aber das Gefühl, dass etwas fehlte, etwas anders war, das blieb, weil ich wusste, dass er ungestraft davongekommen war.

Fatima, Layla und ich wurden sehr gute Freundinnen. Wir sprachen nicht mehr über das Geschehene oder den Metzger, bis eines Tages Layla zu mir kam. Hier weiß ich das genaue Datum tatsächlich nicht mehr. Es war ein paar Monate nach der Operation. Was sie mir an diesem Tag sagte, brachte mir Heilung.

‚Schadia, ich habe mich dir nie wirklich vorgestellt.‘

‚Was meinst du? Du bist Layla oder bist du ein Promi, den ich kennen sollte?‘, scherzte ich noch nichts ahnend.

‚Ich bin seine Ex-Frau.‘

‚Wessen Ex-Frau?‘

‚*Seine.*‘

Ich spürte, wie sich meine Augen mit Tränen füllten und der ganze Kummer der letzten Jahre über mein Gesicht kullerte. Das Leid, die Ungerechtigkeit, die Hilflosigkeit, alles floss.

‚Ich bin heute hier, um dir zu sagen, dass du nicht die erste Frau bist, die ich nach seiner Schandtat operiert habe. Ich bin hier, um dir zu sagen, dass er nie wieder eine Frau anfassen wird. Ich bin hier, um mich bei dir zu entschuldigen, dass ich es dir nicht schon früher gesagt habe, aber ich konnte nicht. Ich hatte Angst, du würdest mich dich nicht operieren lassen, weil du mich mit ihm gleichsetzen würdest, immerhin war ich seine Frau. Ich bin hier, um dir zu sagen, dass er hinter Gitter gebracht worden und dort elendig gestorben ist.‘

‚Wie?‘

‚Ich habe mich beschneiden lassen, im Ausland, und es ihm angehängt. Er ist seit Wochen tot. Er hat in seiner Zelle Selbstmord begangen.‘

‚Du hast *was?*‘

‚Es ging nicht anders. Keine Frau wollte gegen ihn aussagen. Ich kannte dich vorher nicht, und im Ausland wäre deine Aussage vielleicht nicht gültig gewesen, so wie hier auch. Es gab also keine greifbaren Beweise für das, was er getan hatte. Als er mich einmal im Ausland besuchte – ich hatte es lange zuvor geplant –, ließ ich mich von einer Freundin, einer plastischen Chirurgin, beschneiden und erhob Anzeige gegen ihn, wegen schwerer Körperverletzung und Freiheitsberaubung.'

,Wieso? Wieso hast du das getan?'

,Weil es nicht anders ging. Das war der einzige Weg. Wäre ich mit einem blauen Auge zur Polizei gegangen, wäre er schnell wieder draußen gewesen. Es musste etwas Gravierendes sein.'

,Aber was kannst *du* dafür?'

,Was konntest *du* dafür? Was konnten die anderen Frauen dafür? Keine von uns kann etwas dafür.'

,Wie lebst du damit?'

,Stolz. Diese Narbe ist meine Erinnerung daran, dass ich ihn erwischt habe. Er ist außer Gefecht. Er hat alles verloren. Geld, Ansehen, Titel, unsere Kinder, alles, was ihm je etwas bedeutet hat, und schlussendlich auch sein Leben.'

,Aber *du* hast jetzt den Preis gezahlt.'

,Zu sehen, wie andere Frauen ihren Körper wieder spüren können, sie wieder vollkommen zu machen, ihnen ein wenig zurückzugeben, das ist mein Orgasmus. Das ist die Heilung meiner Psyche. Er hat durch die eine Frau, die er nicht beschnitten hat, die Rechnung für alle anderen bezahlt, und wenn *das* der Preis war, dann zahle ich ihn.'

,Wirst du es rekonstruieren lassen?'

,Nein. Ich werde damit leben, dass diese eine Narbe die Heilung anderer Narben ist.'"

Wir sind keine Opfer. Das sagte Schadia mehrmals während unseres Gesprächs. Sie fühlte sich niemals als hilfloses Opfer, sondern sie lebte mit dem, was ihr geschehen war, und machte das Beste daraus, soweit es möglich war. Der Versuch, den Metzger anzuzeigen, und die Suche nach Gehör waren mühsame Sackgassen. Die Welt und das Universum bringen Ihnen nicht das zurück, was Ihnen zusteht, es wird Ihnen nur genommen. Menschen müssen für Menschen einstehen, sonst geht nichts weiter. Ja! Brechen Sie aus, trotz der Angst, aber bitte in mutigen Taten.

4. „Hast du noch nie einen Baum umarmt?"

Wenn es eine Sache gibt, die ich zutiefst bereue, dann ist es die Tatsache, dass ich als Österreicherin die Landschaften dieses Landes viel zu selten bewandert habe. Hat nicht jedes Fleckchen auf dieser Erde eine ganz eigene Besonderheit? Wir nehmen uns jedoch nicht mehr die Zeit dazu, Orte, Menschen und jede Kleinigkeit dieser Fleckchen bewusst zu genießen. Ich wagte einmal ein Experiment: Sobald ich in einem öffentlichen Transportmittel oder Restaurant saß, zählte ich jene Personen, die nicht mit den Augen auf den Bildschirm ihres Mobiltelefons starrten, sondern aus dem Fenster oder in die Augen anderer schauten. Es waren erschreckend wenige – und ich war viel zu lange keine von ihnen. Aber ich war nicht die Einzige, die das bewusste Genießen des Lebens wieder erlernen musste.

Sabrina ist eine alleinerziehende Mutter und erhält vom Vater der Kinder keinen Unterhalt. Sie ist finanziell und erziehungstechnisch komplett auf sich allein gestellt, was aber ganz gut klappt, da sie dadurch mehr Entscheidungsfreiheit hat, und außerdem ist der Kindesvater – ihren Worten nach – ein *totaler Verlierer*. Zweimal im Jahr gönnt sie sich ein Wellness-Wochenende ohne Kinder. Die Kinder werden dann von der Großmutter betreut, während sie in diesem Hotel-Spa viel Geld hinblättern muss, ohne sich wirklich zu erholen. Der marokkanische Hamam lässt zwar ihre Haut strahlen, aber ihre Augen bleiben trotzdem müde und der Kopf ziemlich voll. Die mentale Überarbeitung lässt sich nicht abschrubben oder wegmassieren, es muss tiefer gehen.

Als sie einmal mit einer ihrer Nachbarinnen ins Gespräch kam – der Postbote hatte ihre Pakete vertauscht –, sprach Sabrina sie auf ihr manchmal wochenlanges Verschwinden an, nach welchem sie immer eine frische Leichtigkeit und ausgiebige Zufriedenheit mit sich selbst ausstrahlte.

„Ich wandere", sagte die Nachbarin.

„Aha. Wo?"

„Überall. Ich suche mir eine Route, nehme meinen Rucksack und gehe. Manchmal wochenlang. Allein, aber auch in Gruppen."

„Das war's? Du marschierst einfach dahin?"

„Das ist nicht einfach nur ein Marschieren. Ich kann es nicht erklären, aber es hat einen wirklich heilenden Effekt. Dieses stundenlange Gehen. Es ist wie pilgern. Ich sehe mir die Landschaften bewusst an, esse aus der Dose und habe vor allem den ganzen Schnickschnack nicht um mich, den man sowieso nicht braucht. Ich mache das seit einigen Jahren und seitdem brauche ich keinen anderen Urlaub mehr."

Was für eine doofe Ökotante, dachte sich Sabrina. Als zweifache, überarbeitete Mutter, die eh den ganzen Tag unterwegs war, brauchte sie doch Entspannung und Ruhe und nicht noch mehr Bewegung. Das konnte nicht die Lösung sein. Aber es auszuprobieren würde weniger kosten als die Spa-Besuche, und mehr als es nicht zu mögen, konnte nicht passieren. Sabrina teilte ihrer Nachbarin mit, dass sie es gerne ausprobieren würde, und fragte sie, ob die Kinder (7 und 9) mitgehen könnten und was die erfahrene Wanderfrau empfehlen würde. So planten sie gemeinsam eine Route, die sie dann auch gingen.

„Wenn man bewusst spaziert, ohne Eile, ohne zu einer bestimmten Zeit wo ankommen zu müssen, sieht man die Dinge um sich herum ganz anders. Man nimmt die Natur anders wahr, und meine Kinder, die normalerweise nur an ihren iPads hängen, sich um den Fernseher zanken und mehr miteinander streiten als in Ruhe zu reden, sangen beim Wandern. Wir marschierten den ganzen Tag und waren abends so müde, dass sich das Ablegen der verschwitzten Kleidung, die heiße Dusche danach und eine warme Mahlzeit wie purer Luxus anfühlten. Nach so einem Tag fällt man wie ein Stein ins Bett. Ich hatte immer Schlafprobleme. Obwohl ich müde war, konnte ich nur schwer einschlafen. Ich musste in meinem Kopf unnötige Szenarien meines Lebens durchgehen und belastete dadurch meine Seele gedanklich mit Sorgen. Ich musste alles zerdenken, bis ich nicht mehr ruhig schlafen konnte. Aber nicht während dieser Reise, ich schlief fabelhaft. Ich hatte die heilende Kraft des Gehens unterschätzt. Seitdem wandere ich mit meinen Kinder mindestens zweimal im Jahr, allein mindestens einmal, und es hat uns als Familie, aber auch als Individuen sehr viel an Kraft gegeben."

Auch ich durfte auf den Geschmack des Wanderns kommen, in einer Zeit, in der ich es am meisten brauchte. Damals musste ich mich zwischen zwei Jobangeboten entscheiden und hatte generell das Gefühl, zwischen den Stühlen zu stehen, auf jeder Ebene meines Lebens. Was ich brauchte, war Abstand von allem, um meine Gedanken zu ordnen. Genau in diesem Moment und völlig unerwartet, kam Ingas Angebot. Inga ist eine Waldhexe oder eigentlich mehr eine Waldfee. Sie lebt mit ihren zwei Kindern und ihrem Mann in Altenmarkt im schönen Salzburger Land. Neben ihrem Familienhaus steht ein zweites Haus: der Bungalow 33, den sie als Bed and Breakfast vermietet. Sie wollte darüber hinaus auch Kräuterkurse anbieten. Inga ist für mich deshalb eine Waldfee, weil sie heilende Salben, Cremen und Öle aus selbst gepflückten Kräutern herstellt. Ihr Wunsch war es, anderen Menschen diese Gabe beizubringen, doch dafür brauchte sie Testpersonen und kontaktierte eine ihrer Freundinnen und mich. Mir war diese Anfrage damals sehr suspekt. Ich hatte Inga zuvor nur ein einziges Mal bei einem Bloggerstammtisch getroffen, trotzdem lud sie mich für zwei Nächte in ihren Bungalow ein. Sie holte mich sogar vom Bahnhof ab, mit Blumen und der Umarmung einer jahrelangen

Freundin, die sie eigentlich nicht war, aber es fühlte sich so an. Am Plan stand ein Erholungswochenende für Mütter, ohne Kinder und Männer, mit Wanderungen, bei denen Kräuter gesammelt würden, Yoga, Räuchern und die Verarbeitung der gesammelten Kräuter. Und das alles, ohne einen Cent zu zahlen. Wir waren ja die Testpersonen, und was sie von uns verlangte, war ein ehrliches Feedback.

Als ich dort ankam, war es bereits Abend, eigentlich Schlafenszeit. Auch die andere Frau – Ava –, die ich bis dahin ebenfalls nur virtuell kannte, empfing mich mit einer herzlichen Umarmung, von der ich mich eigentlich schnell lösen wollte, aber da packte sie sanft zu: „Komm mal an. Komm hier an."

Nach diesen Worten hielt auch ich sie fester. Noch nie in meinem Leben hatte mich eine fremde Person so tief mit einer Umarmung berührt.

Es gab Chili con Carne, danach folgte eine energetische Hausreinigung, indem wir das Haus ausräucherten: Inga hielt eine Schale mit einem Kräutergemisch und wedelte vorsichtig mit der Feder, Ava und ich gingen ihr hinterher, während ich laut Verse aus dem Koran rezitierte und Ava, die noch nie zuvor mit einer *echten Muslima* zu tun gehabt hatte, wie ein Kind über mich staunte, vor allem dann, als ich vor ihr den Hijab ablegte.

Am nächsten Morgen, viel zu früh, hatte ich schon meine erste Kritik abzugeben: *Bitte Kakao für die zukünftigen Gäste hinstellen.* Beide lachten, es war aber kein Scherz. Nach einer intensiven Yoga-Stunde frühstückten wir und bereiteten uns anschließend auf die Wanderung vor. Nachdem wir eine Zeit lang unterwegs gewesen waren, konnte ich verstehen, was Sabrina versucht hatte, mir zu schildern. Dieses Gefühl und der Unterschied, den es macht, wenn man bewusst über die Erde marschiert und diese bewundert, sind unbezahlbar. Inga erklärte uns die einzelnen Kräuter, die uns umgaben, und dann reichte sie mir etwas, an dem ich riechen sollte: Harz. Selten hat mich ein Geruch so gefesselt – von den vollen Windeln meiner

Kinder einmal abgesehen. Dieses Harz hatte einen unbeschreiblich positiven Effekt auf meine Nase und mein Gemüt. Es roch so gut, dass ich es aufessen wollte.

„Menerva, tu nicht so. Bäume gibt es in Wien doch auch. Hast du denn noch nie einen Baum umarmt?"

„Ich glaube nicht", überlegte ich.

Wir gingen viel, sammelten dabei Tannenzapfen, unterschiedlichste Kräuter, Blumen und viel Harz für mich, lachten viel, und mitten auf dem Weg weinte ich auch. Nicht nur ich, die anderen versteckten es nur besser. Am Abend saßen wir bei Tisch, verarbeiteten unsere Kräuterausbeute und hörten dabei ununterbrochen ein Lied: „I bin a Frau" von Monika Rosenstatter, einer anderen Waldfee. Währenddessen schickte jede einen Traum von sich ins Universum. Ava wollte, dass ihre Website einschlägt und die dort beworbenen Produkte, die fair produziert werden, bei den Leuten ankommen. Inga wollte, dass sie als Selbstständige ihre Kräuterkurse anbieten konnte, und ich wollte, dass meine Erlebnisse, Gedanken, Gespräche und Ideen eines Tages in Buchform den Weg zu Ihnen finden.

Heute, Jahre später, lebt jede von uns ihren Traum. Wir drei denken oft an dieses Wochenende zurück und sind uns einig: Diese Kombination von Natur, weiblicher Energie und dem Umarmen der Bäume, die schon immer da waren, wir aber nur zu ignorant waren, um sie zu sehen, hat etwas mit uns gemacht.

5. Die Fundkiste

Waren Sie schon einmal auf jemanden eifersüchtig? Haben Sie schon einmal jemandem sein Glück missgönnt? Geben Sie es ruhig zu. Ich mache den Anfang: Ich habe schon so empfunden – anderen Frauen gegenüber, die zu einer Zeit erfolgreich waren, in der ich es nicht war. Ich lebte mit diesen negativen Gedanken in meinem Kopf und suchte bei anderen nach Fehlern, um mich besser zu fühlen. Ich war diese Person, weil ich nicht hatte, was ich wollte. Ich redete die Erfolge anderer klein, weil ich diese Erfolge nicht haben konnte. Ich hoffe, diese Person nicht mehr zu sein. Wissen Sie, wieso wir bei Vergleichen mit anderen immer leer ausgehen? Weil wir unser komplettes Leben mit einem einzigen Aspekt aus dem Leben einer anderen Person vergleichen, der besser zu sein scheint. Wie wollen wir da gewinnen? Und vor allem: Was wollen wir gewinnen? Mich für andere zu freuen und meine Gedanken der Missgunst in Inspirationsquellen zu verwandeln war eine der größten Befreiungen, die ich jemals gespürt habe. Ich entschuldigte mich einmal sogar bei einer Dame.

Stellen Sie sich eine Frau vor, die hart arbeitet, gut aussieht und durch ihre Arbeit auch gutes Geld verdient. Die war ich nicht. Ich war die, die diese Frau beneidete und schlecht über sie sprach, um mich besser zu fühlen. Es ging sogar so weit, dass sie es durch andere mitbekam. Jahre später traf ich sie zufällig in einer Mall, und sie lächelte mich liebevoll an. Es war so, als würden mich ihre Augen umarmen. Ich konnte nicht anders, als es ihr zu beichten. Sie war nicht überrascht, aber sie verzieh mir, dort zwischen den unterschiedlichsten Unterhosen und Socken. Ich bemühte mich sehr, nicht zu heulen, da bat sie mich: „Ich möchte nur wissen, wieso."

„Ich konnte mich damals selbst nicht leiden."

Sie reichte mir dir Hand und sagte: „Ich konnte mich auch mal nicht leiden. Ich weiß, wie das ist."

Ich bin nicht vom Himmel gefallen. Auch aus meinem Mund kommen nicht für jede Person nur Liebeserklärungen, aber im Prozess der Reife wird Reflexion ein heilendes Ritual, das einen dazu zwingt, sich seinen Fehlern zu stellen und diese auch wiedergutzumachen. Mich bei dieser Frau zu entschuldigen war ein großartiges Gefühl. Das Leben hat die unterschiedlichsten Lehren für uns parat. Gute und schlechte, kleine und große. Diese Lehren des Lebens stehen in keinen Lehrbüchern. Man kann nichts nachschlagen oder schummeln. Daher ist es so wichtig, dass man sich fragt, wer bin ich und auf welcher Seite stehe ich, wenn ich meine Stimme erhebe oder schweige.

Menschen in ihrem Erfolg anzufeuern ist ein Feuerwerk der Endorphine, das die eigene Lebenskraft stärkt, während die Missgunst die eigene depressive Ader nährt. Wir neigen dazu, unsere Errungenschaften zu belächeln, weil wir uns willkürlich auf das konzentrieren, was wir nicht haben oder nicht können. Das, was wir geschafft haben, den Weg, den wir gegangen sind, sehen wir nicht. Deswegen habe ich mir selbst einen Brief geschrieben, einen Liebesbrief, in dem ich mich daran erinnerte, was ich in diesem Leben als Mensch, als Frau schon alles durchgestanden habe, ohne, dass es mich gebrochen hat. Ohne, dass mein Herz das Lachen verlernt hat, und ohne, mich selbst aufzugeben. Dieser Brief liegt in einer kleinen Kiste. In dieser Kiste befinden sich unter anderem auch die Postkarte mit dem Rochen, die Bänder mit den Namen meiner Töchter, die sie im Krankenhaus bekommen haben, die ersten Briefe, die mir mein Mann geschrieben hat, die Leser*innenbriefe, die mich erreichen, sowie ein Büschel meiner alten, geglätteten Haare. Das ist meine Fundkiste, in die ich hineinschaue, wenn ich vergesse, was ich alles hinter mir habe, und wenn ich wiedergefunden werden möchte – von mir.

In dieser Welt, in der alles schon gesagt zu sein scheint, in der alles schon gemacht und erstellt worden ist, in der alle Ratgeber für ein besseres Leben schon zu existieren scheinen, die uns sagen, wie wir uns gefälligst zu fangen haben, habe ich das Gegenteil gemacht und mich fallen gelassen. Ich habe mich noch mehr verloren und laut vor mir selbst zugegeben, dass ich eigentlich nichts weiß. Ich habe mich nicht noch mehr informiert, sondern alle Informationen, von denen ich überzeugt war, über Bord geworfen. Alles, was mir das Herz schwerer machte, definierte ich neu. Mit zwanzig glaubt man, alles zu wissen, fest auf dem Boden zu stehen, aber mit dreißig kommt man drauf, dass dieses Leben, das man sich so schick hergerichtet hat, ein einziges Chaos ist. Die Prioritäten ändern sich. Die Dreißiger sind die Aufräumzeit, in der man seine Fundkiste erstellt, die uns auf dem Weg begleiten darf, um die Vierziger mit offenen Armen zu empfangen und dort Kind sein zu dürfen, zu entdecken, mehr an sich zu erkennen, bis man sich selbst in voller Liebe sieht, ohne Wenn und Aber.

6. Heilende Rituale

Was machen Sie für sich selbst? Wie halten Sie sich selbst bei Laune, wenn sich diese im Keller befindet? An manchen Tagen möchte man am liebsten fliehen. Von der Verantwortung der Mutterschaft, von der Eintönigkeit der Tage, von den Deadlines, einfach von allem. Da es nicht immer ad hoc möglich ist, dass man sich aus dem Wohnzimmer auf die Malediven oder sonst wohin beamt, stellt sich die Frage: Was dann? Wie übersteht man solche Momente? Mit Brücken. Diese Brücken sind kleine, aber bedeutende Rituale, die man, ganz individuell, in den eigenen Alltag einbauen kann, um die schlechten Tage leichter zu überbrücken, anstatt an ihnen die letzten Nerven zu verlieren, die man noch hat.

Yoga & Gebet: Ich verbrachte eine Weile auf Bali und hatte mir bei Rian ein Zimmer gemietet. Wie ich erfahren hatte, war Rian Muslimin. Sie war mehr als zehn Jahre zuvor zum Islam übergetreten. Wir tauschten uns daher sehr intensiv über Religion aus. Bei einem unserer Gespräche wollte sie wissen, wie ich zum Gebet stünde. Damals zuckte ich immer zusammen, wenn es um „das Beten" ging. Das Gebet ist im Islam eine der fünf Säulen und wird als ein sehr wichtiges Gebot kommuniziert. Es hängt aber auch sehr mit der eigenen Gewohnheit zusammen. Wenn man nicht regelmäßig (fünfmal am Tag) betet, verschiebt sich das Gebet in die eher unwichtigeren Taten des Alltags, bis man es gar nicht mehr praktiziert. Jeden Tag dachte ich daran, kam dem aber immer seltener nach, da ich der Meinung war: „Morgen ist auch noch Zeit, da hole ich es nach". Das änderte sich, als ich Rian traf. Sie führte mir die Bedeutung von Hingabe und die Wichtigkeit der tickenden Uhr auf dieser Erde noch einmal vor Augen.

Ich wuchs in einer Gesellschaft auf, in der alles Muslimische verteufelt wurde. Das Beten symbolisiere eine Art der Unterwerfung, passend zu den Worten bücke man sich dann auch noch bildlich dazu, *der Arsch werde in die Höhe gestreckt,* kommentierte einmal eine Kollegin mein Beten, als sie mich dabei in einem Raum ertappte. Bei mir zu Hause war Beten etwas Schönes, Beruhigendes und ein Ritual, um zu sich zu kommen und sein inneres Zentrum zu finden. Ich hatte also ein gemischtes Gefühl. Da hakte Rian ein: „Eigentlich ist es vollkommen irrelevant, wie wir es nennen. Meditation, Gebet, Yoga, es spielt keine Rolle. Die Hauptsache dabei ist, dass man sich für ein paar Minuten am Tag aus dieser vergänglichen Welt nimmt. Das ist auch der Grund, warum es im Islam verpflichtend ist zu beten, nicht etwa, um uns in Schwäche zu unterwerfen, sondern, um uns selbst in Stärke zu finden. Allah s.w.t. braucht unsere Gebete nicht. Sie geben ihm nichts, aber mir als Person geben sie sehr wohl etwas, denn ich bin mit Yoga aufgewachsen und ich weiß, dass es da viele Parallelen gibt, auch in den Bewegungen. Wenn ich meine Yoga-Praxis mache, dann nicht, um einem Lehrer zu gefallen oder das Wohlgefallen anderer Menschen zu erlangen oder komplizierte Posen vorzuführen, sondern um meine Bindung zu meinem Körper zu stärken. Genauso ist es auch mit dem Gebet." Seit diesem Gespräch verrichte ich mein Gebet mit viel mehr Hingabe und Regelmäßigkeit. Manchmal fehlt die Sicht einer gleichgesinnten Außenstehenden, um bestimmte Sachverhalte richtig zu sehen.

Räuchern: Das Wochenende bei Inga machte mir bewusst, was unsere Nasen alles können. Man riecht an etwas und schon löst es einiges in uns aus. In meinem Elternhaus ist es Tradition, freitags – weil für

Muslim*innen Freitag der heilige Tag in der Woche ist – zu räuchern, mir war diese Praxis also bereits als Kind bekannt. In meinen eigenen vier Wänden räuchere ich auch, mit Salbei aus Palästina und Palo Santo aus Peru. Salbei vertreibt negative Energie, und Palo Santo lässt neue, frische und vor allem positive Energie herein. Was unsere Nasen außerdem beherrschen ist sich zu erinnern. Orte sind mit Gerüchen verbunden. Wenn wir diese einatmen, so nehmen wir diese Momente mit. Ich habe noch Harz von damals. Er riecht noch wie damals, als ich das erste Mal in meinem Leben einen Baum umarmte.

Balance: Laufen ist nicht mein Ding. Ich habe es versucht, wirklich, mit guter Intention dahinter und voller Motivation, aber ich habe mich nicht darin finden können, für mich ist es langweilig. Dafür tanze ich wieder, und ich habe mir ein Kajak gemietet, mit dem ich zweimal die Woche paddeln gehe. Zudem habe ich noch mit Wakeboarden angefangen. Ich habe nicht vor, irgendwelche Marathons zu gewinnen, aber ich werde, so lange ich lebe, diesen Körper, den ich haben darf, bewegen. Die Trägheit, in der ich lebte, in der ich zu faul war, die Fernbedienung, die in meiner Nähe lag, zu holen und aufzustehen, wenn ich es eigentlich konnte, aber nicht wollte, möchte ich nicht mehr als Teil meines Leben sehen. Ich will nicht die Person sein, die nach drei Stufen schnauft, als sei sie um ihr Leben gelaufen. Es geht nicht darum, die schnellste Läuferin zu sein, die schwierigsten Übungen zu machen oder Muskelberge aufzubauen, sondern darum, in Bewegung zu bleiben. Ich habe nicht vor, damit aufzuhören. Was ich am Wakeboarden und Kajaken so liebe ist, dass sie einen lehren, das Gleichgewicht zu halten. Balance im Sport bedeutet auch Balance im Kopf, also Balance in meinen Gedanken und Balance in meinen Gefühlen, die die Balance in meine Taten leiten können.

Ich möchte an dieser Stelle unmissverständlich darauf hinweisen, dass alle Rituale der Welt nicht heilen können, wenn man sich keine professionelle Hilfe holt. Wir müssen uns nicht dafür schämen, dass es uns schlecht geht. Wir müssen uns nicht dafür schämen, dass wir Hilfe brauchen. Die Menschen, die uns deswegen samt unserer gebrochenen Psyche ins Lächerliche ziehen, sollten sich schämen. Es gibt zwei Sorten von Menschen: jene, die sich Hilfe holen, wenn sie welche brauchen und offen darüber sprechen, und jene, die es nicht können, weil sie denken, ihr Zustand sei ihre Schuld. Am Arsch sind wir dennoch alle, das kann ich Ihnen versprechen. Die Anwesenheit Ihres Schmerzes macht Sie nicht als Person aus. Sie sind mehr als das, was Ihnen Schmerzen bereitet, und Sie sind es Ihrem Leben schuldig, nach Heilung zu suchen.

Der „Head fake"

„Wie viel ist dir dein Frieden wert, Menerva?" Das war in meiner letzten Sitzung bei Dr. Takahashi ihre letzte Frage an mich. „Für wie viel bist du bereit, diesen herzugeben? Jetzt, wo es dir richtig gut geht, wo du so hart dafür gearbeitet hast, dort zu sein, wo du heute bist, solltest du dir diese Frage immer dann stellen, wenn du nicht mehr weiter weißt."

Ich hatte das, was man eine *depressive Phase* nennt. Weil ich schnell nach Hilfe bat, konnte das Schlimmste verhindert werden. Ich benötigte keine Medikamente, eine Gesprächstherapie bei Frau Takahashi war für mich ausreichend.

Eine der Patient*innen, mit denen ich mich im Wartezimmer anfreundete, bekam hingegen Antidepressiva verschrieben. Für mich war es in dieser schottischen Kleinstadt nicht so schlimm, in Therapie zu gehen, weil ich nicht von dort kam. Die anderen Patient*innen hatten aber Familie, Freunde oder beides in der Gegend. Besagte Patientin tat sich sehr schwer damit, die Pillen zu Hause zu nehmen, da die Schwiegermutter nebenan wohnte und manchmal im Müll nachschaute, was gekauft und gegessen wurde. Was, wenn sie die leere Pillenschachtel fände? Was, wenn sie sie beim Schlucken der Pillen durchs Fenster sähe? Aus Schamgefühl nahm sie die Pillen manchmal nicht. „Nimm sie im Badezimmer, bis du stabil genug bist, da drüberzustehen. Lass dir Zeit, aber lass die Pillen nicht weg", riet ihr ihr Mann. „Wie viel ist dir dein Frieden wert, Lucy?", fragte ich sie einmal.

Ich weiß mittlerweile, wenn es mir den inneren Frieden wegnimmt, ist es nichts wert, denn um diesen inneren Frieden zu finden, habe ich Jahre gebraucht. Jetzt weiß ich, dass ich ihn nicht einfach nur gefunden, sondern selbst gemacht habe. Für mich.

Wenn man in einer Familie aufwächst, die gerade mal so über die Runden kommt, dann ist Depression ein Luxusproblem. Dieses Konzept von „in sich an sich investieren" gibt es bei uns einfach nicht, da man ja kaum Geld hat, um zu essen. Zur Therapie gehen nur Wahnsinnige. Depression wird mit einer schlechten Laune gleichgesetzt. Die gebrochene Psyche ist bei vielen der Betroffenen unsichtbar. Also kann es nicht so schlimm sein. *Nimm dir doch mal Urlaub, ein Tapetenwechsel wird dir guttun,* wird einem von jeder Person wohlwollend geraten, was eine Narkose und kurze Erholung der Psyche sein kann, aber es findet keine Heilung statt.

Vor allem als Mutter ist eine Depression Luxus. Wie oft wollte uns die große Welt des Kapitalismus nach einem langen Tag mit den Kindern ein Schaumbad als einen Act of Selfcare verkaufen? Die Marketingfuzzis machen ihre Sache gut. Die Verpackung des Badesalzes ist schön bunt, mit Palmen und weißem Sand, der Inhalt riecht nach Sommer und das Produkt ist auf die Hälfte verbilligt, also quasi eine günstige Art der Selbstliebe. Sobald die Kinder schlafen, gibt es *Me-Time*. In der Zeit, in der ich auch schlafen sollte, steige ich in die volle Wanne, in die ich das magische Salz hineinschütte. Das soll mir um 3,50 Euro den Stress des Tages aus den Knochen und

Gelenken ziehen, und danach sollte ich mich fühlen, als hätte ich den besten Urlaub meines Lebens erlebt. Dazu sind um ein paar weitere Euros Früchtetees erhältlich, die mir die innere Ruhe und Zufriedenheit versprechen, weil sie etwa „Harmonie", „Schöne Stunden" oder „Frauenkraft" heißen, aber reicht das? Es verkauft sich auf jeden Fall fabelhaft, manchmal hilft es auch, aber der Effekt verfliegt, sobald der Teesud auskühlt.

Vielleicht steht das „M" in Mutter einfach für „Mich"? Aus Neugier startete ich eine Umfrage auf Instagram. Ich konnte doch nicht die einzige Mama sein, die schon ausgelaugt in den Tag startet?!

Auf die Frage „Was macht dich glücklich?" antworteten die meisten Mütter: „Dass die Kinder gesund und glücklich sind." Einige erwähnten auch das überwichtige Glück der Männer, die auf der Liste nach den Kindern, aber noch vor dem eigenen Glück stehen – fucking why? Wenn man im Flugzeug sitzt, wird bei den Sicherheitsvorkehrungen betont: „Sollte etwas passieren, legen Sie sich die Atemmaske an und helfen Sie anderen erst *danach*." Im Video sieht man meistens eine Frau, die sich selbst, dann dem Kind neben ihr die Atemmaske anlegt. „Die eigenen Kinder sind mitgemeint", wird dabei betont. Als Mutter denkt man sich: Nein! Wenn was passiert, lege ich meinem Kind zuerst die Maske an. Für mein Kind würde ich sterben. Aber wenn Sie nicht mehr atmen können, inwiefern soll damit Ihrem Kind geholfen sein?!

Als ich frischgebackene Mutter war, roch ich einmal den stechenden Geruch des Windelinhalts meiner Tochter, musste aber gleichzeitig dringend aufs Klo. Ich stand damals so unter dem „Ich muss alles richtig machen"-Druck, dass ich bei meiner Tochter keinen wunden Po riskieren und zuerst die Windel wechseln und danach aufs Klo gehen wollte. Während ich ihr die Windel wechselte, konnte ich mich nicht mehr zurückhalten. Ich pinkelte mir die Hosen voll, weil ich mir nicht erlaubt hatte, zwei Minuten pullern zu gehen! Ich schaffte es nicht, mich selbst ohne schlechtes Gewissen an die erste Stelle zu setzen. Nicht einmal dann, wenn die Natur rief. Die Einstellung: „Die Kinder werden es überleben, und die Männer müssen es lernen", kannte ich nicht. Keine Mutter war auf einer Mama-Akademie, auch bei uns war es „Learning by Doing". Wir vergessen als Mutter, dass auch wir wichtig sind. Den Kindern geht es nur dann wirklich gut, wenn es auch uns gut geht. Entspannte Mütter können mit weniger entspannten Kindern entspannter umgehen. Auch unser Glücklichsein spielt eine Rolle, unabhängig von Kindern und Vätern. Natürlich zählt das Wohl der Familie, aber das meiste davon sind unser Schweiß, unsere Liebe, unsere schlaflosen, verweinten Nächte – und bei mir kommt noch die Inkontinenz dazu.

Randy Pausch war ein von seinen Student*innen sehr geschätzter Professor. Weltweite Aufmerksamkeit bekam er, als er in einem vollen Studiensaal seine „Last Lecture" hielt und darüber sprach, wie man seine Kindheitsträume ausleben und verwirklichen könne. Hunderttausende schauten sich im Internet die Aufzeichnung an. Was daran besonders war? Professor Randy Pausch wusste, dass er noch im selben Jahr sterben würde. Es war tatsächlich seine letzte Vorlesung, an dessen Ende er sagte: „Das hier ist ein *Head fake*. Sie denken, dass meine Botschaft an Sie ging, an Sie alle, aber eigentlich möchte ich mich mit dieser aufgenommenen Vorlesung von meinen Kindern verabschieden und ihnen persönlich sagen – auf eine immer abrufbare Weise –, dass sie niemals ihre Träume aufgeben sollen, denn es wird mir bald nicht mehr möglich sein, dies selbst zu tun."

Auch dieses Buch ist genau genommen ein *Head fake*, zumindest dieses Kapitel, das sich ganz der Selbstliebe widmet. Heilende Rituale sind wichtig, weil Sie dadurch lernen werden, sich selbst eine Pause zu gönnen, auf sich zu schauen. Der kleine Frieden in einem stressigen Moment ist gut, aber dieser ist nicht für die Ewigkeit gedacht. Ihn zur Gewohnheit zu machen, ist essenziell, aber es geht noch tiefer.

Die Selbstliebe gibt es nicht. Was es aber sehr wohl gibt, ist das Mit-sich-selbst-im-Reinen-Sein. Das ist eigentlich die wahre Form der Selbstliebe. Sich selbst zu lieben, bedeutet nicht, dass man sich jeden Tag toll findet und jede Sekunde ein Roter-Teppich-Moment ist. Ich liebe meine Kinder, sehr sogar, aber an manchen Tagen wäre ich viel lieber deren Tante. Liebe ich sie deswegen weniger? Nein. Genauso ist es auch mit der Liebe zu sich selbst. Es geht um die verinnerlichte Gewissheit, dass man nicht jeden Tag Glitzer furzen muss, weil nicht jeder Tag nur Gutes beinhaltet, aber man in seinem Innersten weiß, dass dieser eine Tag, diese eine Phase, diese eine Situation, die eigene Person nicht zur Gänze ausmacht, sondern, dass man als Person mit dem Scheiß, den das Leben oftmals nach uns wirft, klarkommen wird. Unsere Mutausbrüche geben uns die Hoffnung auf morgen und sind die einzig wahren Quellen, die uns aufatmen lassen, auch dann, wenn es am schwierigsten ist zu existieren. Das Aushalten dieser Phasen wird dank der heilenden Rituale erleichtert. Finden Sie für sich selbst heraus: Was heilt Sie? Was gibt Ihnen ein gutes Gefühl? Womit lässt es sich leichter atmen, wenn nicht alles nach Namasté Olé funktioniert?

Positives Denken ist eine Lüge. Ja, das meine ich tatsächlich so. Ohne es geplant zu haben, war ich einmal auf einer Beerdigung. Ich weiß, Sie fragen sich wahrscheinlich mittlerweile, wie ich zu all diesen Begegnungen komme, aber das ist leicht erklärt: Lebensgeschichten sind mein Hobby. So wie bei Jessica Fletcher in „Mord ist ihr Hobby" – diese Geschichten rufen mich oder vielleicht rieche ich sie, das spielt keine Rolle, wir finden einander. Ich saß mit einer Freundin im Café, und dann sagte sie plötzlich, sie müsse los, sie habe noch etwas vor, aber es wäre wirklich toll, wenn ich mitkommen könnte. Auf meine Frage, wohin wir gehen würden, meinte sie: „Auf eine Beerdigung." Ein sehr netter Arbeitskollege sei gestorben und sie sei ihm noch etwas schuldig. Da sie die Beerdigung ihres Vaters aber noch immer nicht verarbeitet hätte, könne sie nicht allein auf eine Beerdigung gehen. Ohne mich würde sie gar nicht gehen, aber sie würde gerne dort erscheinen. Die Sache mit Beerdigungen ist die: Keiner erinnert sich an die Leute, die gekommen sind, man hat eher einen Groll gegen die, die nicht gekommen sind. Auf der Fahrt dorthin wollte ich einen Rückzieher machen. Ich würde eine Witwe treffen, zwei kleine Kinder, was sagt man da, vor allem dann, wenn man sie nicht kennt? Klar, das Übliche, aber wem hilft das schon? Ich saß irgendwo in der Ecke und beschäftigte die Kinder. Auf die Frage, wer ich sei, sagte ich, ich sei eine ehemalige Kollegin des Verstorbenen, so wie es mir meine Freundin geraten hatte. Seine Frau war sehr gefasst, aber sichtlich geschockt über die neue Lage. Sie war von einigen Menschen umringt. Ich hörte nur Sätze wie: „Du musst jetzt stark sein." – „Zum Glück haben die Kinder noch dich." – „Du bist noch so jung, du wirst sicher bald jemand neuen finden." – „Das Glas ist dennoch halb voll. Das Haus ist ja schon abbezahlt. Er hat keine Schulden hinterlassen." Sie sagte nichts. Sie nickte ab und zu, aber es war kein zustimmendes Nicken, sondern mehr ein „Haltet doch bitte mal alle die Fresse"-Nicken. Dann erschien eine ältere Frau mit breiten Schultern. Sie war gefühlt drei Meter groß – Tante Martha. Sie sagte zu den Anwesenden, sie sollten sich bitte verschüssen, und nahm die Witwe mit in die Küche. Sie bot ihr eine Zigarette, Wein und Eiscreme an. Meine Freundin und ich saßen mit den Kindern im Wohnzimmer, um den beiden ein wenig Privatsphäre zu lassen (was so viel bedeutet, dass ich nicht offensichtlich hinstarrte), konnten aber alles hören.

Tante Martha hatte eine sehr markante, dennoch sympathische Raucherstimme: „Du heulst dich jetzt mal ordentlich aus und kippst dich weg. Deine Mama kommt morgen. Ich bin sowieso da. Du nimmst dir die Zeit, die du brauchst. Wir kümmern uns um die Kinder."

Für mich war das ein Schlüsselmoment. (Mittlerweile habe ich schon einen vollen Schlüsselbund an Aha-Erlebnissen.) Sie sagte ihr mit anderen Worten, dass sie die Situation so annehmen solle, wie sie eben war: total beschissen. Und dass es vollkommen in Ordnung sei, wenn man es nicht toll finde, dass der Partner gestorben ist, sondern auch daran zerbrechen *dürfe*. Dass es unmöglich sei, sich zusammenzureißen, wenn man innerlich zerbrochen ist.

Ist es mit der Depression nicht genau dasselbe? Wahrscheinlich ist eine Depression nichts anderes als ein Signal, das unser Körper versucht, unserem Gehirn zuzusenden, weil wir, obwohl wir am Verdursten sind, nur ein halb volles Glas haben und uns einreden, dass das doch gut ist, weil ein halb volles Glas besser ist als ein halb oder ganz leeres. Der Durst bleibt dennoch, und eines Tages kommt die Depression auf die Stabilität unserer Psyche zu und macht: Ding-Dong! „Hallo! Ja, du, ich wollte dir nur etwas sagen, es geht uns nicht gut. Irgendwie habe ich schon öfter versucht, dich zu erreichen, aber du ignorierst mich. Du hast sehr viele unverarbeitete Emotionen und Erlebnisse, die du unterdrückst, und ich weiß gar nicht mehr wohin damit. Könntest du dich bitte darum kümmern." So in etwa stelle ich mir das vor. Das habe ich von jener Beerdigung mitgenommen.

Wir haben nie gelernt, was es bedeutet, alles von uns abfallen zu lassen. Also wirklich alles: Informationen, Narrative und althergebrachte Einstellungen. Immerzu nehmen wir auf. Wir sind nur Empfänger*innen. Alles abzulegen und mit nackter Psyche zu analysieren, was wir eigentlich wollen, und dass es absolut in Ordnung ist, nicht immer in Ordnung zu sein, das kennen wir nicht. Wir kennen es nicht einmal zu behaupten, dass *alle* Emotionen wichtig sind, und blocken jene ab, die uns als *negativ* angelernt wurden. Um ins Gleichgewicht zu kommen, muss man eben auch manchmal daraus fallen, weil auch die Selbstliebe – möge man sie endlich empfinden – nicht konstant bestehen wird. Wissen Sie wieso? Weil das Leben in vollen Zügen stattfindet und Sie umhaut, und das ist auch gut so. Es wurde uns verschwiegen, dass das Zweifeln, das Kaputtgehen, das Zerbrechen im Grunde etwas Gutes ist, weil wir nur so die Chance bekommen, uns selbst hin und wieder zu reflektieren und neu zu entdecken.

Es ist wie „Kintsugi", diese spezielle Kunst, gesprungenes Porzellan zu reparieren. Seit dem 15. Jahrhundert werden zerbrochene Scherben mit goldfarbenem Kleber wieder zusammengesetzt. Dadurch wird ein zerbrochener Teller wieder ganz, aber man kann genau sehen, wo er zerbrochen war. Diese goldige Verbindung macht jedes zerbrochene Stück also nicht einfach nur ganz, sondern einzigartig, weil ein uniques Muster entsteht. So ist es mit uns Menschen auch. Es gibt eine Sache, die das Leben garantiert mit uns macht: Es bricht uns, und jede*r von uns hat ihre oder seine eigene Art zu zerbrechen. In Wirklichkeit sind wir zerbrochenes Glas mit individuell ausgewählten Schäden und Problemen, die unser Leben vielleicht erschweren, aber uns auch wieder zusammenflicken, um uns zu zeigen, was wir aushalten können. Wir sind nicht kaputt. Wir gehören auch nicht repariert. Wir sind einzigartig und haben es die ganze Zeit nur falsch verstanden. Das Brechen ist nichts Schlechtes, sondern ein Teil dessen, was unserem Leben einen Sinn gibt. Vielleicht sind Trauer, Wut, Angst und Co. nicht einfach Emotionen, die man nicht haben sollte, sondern Gefühle, die ein Recht darauf haben, da zu sein, damit sie verarbeitet werden und wir daran wachsen können?!

Stellen Sie sich selbst ab und zu infrage. Zweifeln Sie auch an sich. Fangen Sie an, sich zu reflektieren. Das ist nicht schlecht, es ist nur als solches kommuniziert worden.

Meine Großmutter sagte einmal zu mir: „Das Leben ist nicht fair. Das war es nie und wird es nie sein. Man kann eine herzensgute Person sein, die nie die große Liebe findet, oder ein hart arbeitender Mensch, der nie genug zum Leben hat. Die Wahrheit ist, dass man durch harte Arbeit und mit gutem Herzen nicht unbedingt an das Ziel kommt, das man sich wünscht. Daher ist es umso wichtiger, dass man sich selbst und anderen gegenüber nicht nur ehrlich, sondern auch fair ist. Nur dann macht das eigene Leben zwischen all dem Irrsinn auch einen *Gutsinn,* denn die Spirale der Fairness liegt in unserer Hand."

Der Weg zu sich selbst mag holprig sein, aber am Rand wachsen Blumen, die unser Leben schmücken. Nur wenn wir diese bewusst sehen *wollen,* auch einmal stehen bleiben, um diese zu betrachten, daran riechen und vielleicht einige pflücken, sehen wir auch den Weg mit ganz anderen Augen. Selbst das Ziel spielt dabei nicht die Rolle, die wir ihm zuschreiben. Das Ziel ist eigentlich gar nicht wichtig, sondern der Weg. Er macht im Endeffekt unser Leben aus. Wenn wir uns nicht die Zeit nehmen, hier und da stehen zu bleiben und ein paar Bäume zu umarmen, dann macht auch das Ankommen nicht viel Sinn, weil man dann den Weg nicht wirklich bewusst gegangen ist oder ihn nicht gespürt hat.

Nehmen Sie sich, was Sie gerade brauchen

Wie viel ist Ihnen Ihr Frieden wert?

Stellen Sie sich diese Frage täglich. Immer dann, wenn der Rock nicht mehr passt, die Kollegin Sie unmenschlich behandelt, die Kinder sich eben wie Kinder benehmen, fragen Sie sich, ob es Ihren Frieden wert ist. Und ich werde Ihnen eine Sache verraten, Sie werden diesen inneren Frieden, sobald Sie ihn gefunden haben, garantiert wieder verlieren. Wissen Sie wieso? Weil das Leben in Bewegung ist und Sie manchmal umhauen wird. Sie können nicht gut drauf sein, wenn jemand, den Sie lieben, stirbt, der Job nur aus Scheiße besteht und die Kinder Ihren letzten Nerv rauben. Aber mit der Gewissheit, dass es vorübergehen wird und auch wieder bessere Tage vor Ihnen liegen, und der Fähigkeit, Dinge anzunehmen, so wie sie sind und das Bestmögliche daraus zu machen, ohne in Selbstsabotage zu enden, haben Sie den Schlüssel zur Selbstliebe in der Hand. Die Selbstliebe ist kein Ziel, das denken wir zwar, aber das stimmt nicht: Sie ist der Weg selbst. Schauen Sie nun nach hinten und sehen Sie, wie weit Sie schon gegangen sind, ohne dies zu erkennen, ohne dies zu sehen, in eine ungewisse Richtung, verzweifelt auf der Suche nach dem Gefühl, in sich geborgen zu sein, wo Sie doch schon in sich sind. Alles, was Sie dazu brauchen, ist die Erkenntnis, dass selbst die Selbstliebe nicht harmonisch ist. Sich selbst auch mal verwirrte Gefühle zuzugestehen – das sind unsere inneren Ups & Downs –, ist wichtig, sie gehen vorbei. Das werden wir nicht für immer abschalten können, aber annehmen sollten wir es. Auch in dieser Annahme steckt ein gewisses Maß an Selbstliebe, weil wir alles zulassen, was uns in diesem Moment ausmacht. Das ist nicht immer easy peasy lemon squeezy, sondern auch mal difficult, difficult, lemon difficult. Daran zu arbeiten, während man aufhört, auf dem Weg dorthin alles wie versteinert zu ignorieren, und endlich anfängt, alle schönen Bäume zu sehen, anzuerkennen, hier und da vielleicht auch zu umarmen, das erst macht den Weg zur Selbstliebe nicht zum Wettbewerb, sondern zu einem erfüllten Leben. Und wenn Sie dann am Ende dastehen und rückblickend alles betrachten, war es kein Marathon in Selbsthass, sondern ein Spaziergang in Selbsterkenntnis.

Abschiedsbussi

Wir sind an einer Stelle im Buch angekommen, wo ich mir frecherweise erlaube, Sie zu duzen. Für mich fühlt es sich so an, als würden wir uns nun wirklich kennen, da darf ich das, und du darfst es auch, sollten wir jemals ein persönliches Wörtchen miteinander reden. Die folgenden Schlussworte sollen ein vertraulicher Schubs sein, mein ganz persönlicher Appell an dich: *Trau dich, lebe, werde zum Wunder, auf das du hoffst.*

Trau dich. Wenn ein Baby zu gehen lernt, sich langsam vom Krabbeln abwendet und sich dazu entscheidet, den Körper aufrecht zu halten, fällt es. Es fällt, viele, unzählige Male, es weint, es schreit, es rebelliert, aber etwas macht es nicht: *Es gibt nicht auf.* Das Kind weiß nicht, warum es gehen möchte, aber es weiß, dass es an der Zeit ist, dies zu tun. Auch wenn es in den ersten Wochen fällt und fällt und fällt, irgendetwas sagt dem Kind, dass es eines Tages klappen wird, und das tut es auch. Deine Träume haben ein Recht darauf, gelebt zu werden. Aus welch anderem Grund haben sie sich sonst in deinem Kopf eingenistet, hartnäckig und mit dem Ziel zu bleiben, ohne Aussicht auf Abschied?

Trau dich. Ziehe weiter, wenn dir Menschen statt Freude nur Leid und Kummer bereiten. In ihren Augen wirst du die Böse sein, die Unfaire, die Tussi, aber das ist in Ordnung, denn auch für dich sind nicht alle vom Himmel gefallene Engel. Seien wir ehrlich: Wir alle sind nicht zu jeder Zeit korrekt, auch wenn wir es gerne wären und so gut wie möglich versuchen. Wir leben, um zu lernen, und das tun wir jeden Tag, sofern wir es zulassen.

Trau dich. Gib deiner Angst Zeit und Respekt. Frage sie, warum sie bei dir ist, wie ein Schatten, der dich verfolgt. Frage sie, sprich mit ihr, trau dich. Vielleicht heißt sie gar nicht Angst, vielleicht ist ihr echter Name Trauer, Wut oder Einsamkeit. Sie hat so viele Gesichter, lerne deine Angst kennen.

Trau dich. Die meisten Mütter unter uns nehmen sich vor, in ihrer Mutterschaft die Fehler der eigenen Eltern nicht zu wiederholen. Dabei machen wir aber ganz andere Fehler: unsere eigenen. Wir wurden nicht geboren, um fehlerlose Muttis zu sein, das wird von unseren Kindern auch gar nicht erwartet. Anstatt dich selbst mit dem Erreichen einer nicht-existierenden Perfektion zu stressen, atme bewusst die Tage mit deinen Kindern ein. Auch wenn einige dieser Tage wie Jahre zu sein scheinen, vergehen die Jahre rückblickend wie Sekunden. In dieser Zeit schaue bitte auch auf dich, denn dein Wohl ist wichtig und kein Widerspruch zum Wohl deiner Kinder. Eine glückliche Mama, die auf sich schaut, kann eher mit den unglücklichen Situationen umgehen.

Trau dich. Du bist ein Rohdiamant, ohne zu wissen, dass du ein Diamant bist, weil du stets darauf wartest, dass andere es dir sagen. Du musst nicht auf die Bestätigung anderer warten, denn deine eigene ist viel wichtiger und gültiger als die der anderen. *DU BIST GENUG.* Das Leben wird dich schleifen, durch Schmerz, Leid, Verlust und giftige Momente, die wie der bittere Tod schmecken, aber du bist ein Wunderweib, und Wunder entstehen nicht in blühenden Rosengärten bei Sonnenschein, sondern zu Zeiten der Dürre, wenn man am wenigsten damit rechnet, aber am meisten darauf hofft, dass das Leben weitergeht und man schon beinahe dabei ist, sich selbst aufzugeben. Genau dann, wenn man denkt, dass das Ende naht, *dann* geschieht das Wunder. Dieses Wunder bist du.

Immer dann, wenn mich die Reue über die Vergangenheit packt, die Unsicherheit der Gegenwart und die Angst vor der Zukunft, denke ich daran, dass mein Frieden über alledem steht und dass ich so einen weiten Weg gegangen bin, der aus vielen Steinen, aber auch aus Rosen und Bäumen bestand. Ich denke daran, dass meine Narben aus Gold sind und mich diese Einzigartigkeit meiner Verletzbarkeit zusammenflickt, aber als Wesen nicht ausmacht. Wenn ich eines Tages im Sterben liege, möchte ich nicht bereuen, *nicht* gelebt zu haben. Ich möchte nicht zurückdenken und die Erinnerung einer Frau finden, die nichts an sich lieben konnte und somit ihr Leben nicht gelebt hat. Solange mein Herz schlägt, werde ich leben. Meine Angst heißt jetzt Sisu. Nicht, weil sie nicht mehr existiert, das tut sie, sondern weil ich gelernt habe – an manchen Tagen besser als an anderen –, (mich) nicht aufzugeben. Selbst in Wut und Trauer, selbst in Unsicherheit und Ahnungslosigkeit ist mir gewiss, dass noch schöne Tage kommen werden, auch wenn es der heutige nicht sein kann, so mache ich das Beste aus ihm, denn auch er möchte gelebt werden.

Das kannst du auch. Du bist es wert, dein Leben so zu leben, wie du es dir vorstellst.

Auf dass du auf wunderbare Weise zu dir findest,
Menerva Hammad